W0303396

ro
ro
ro

Waldi Lehnertz, geboren 1967, ist – wie die beliebte Sendung *Bares für Rares*, in der er seit der ersten Folge als Händler mitwirkt – längst Kult geworden. Mit seinem Startgebot von «Achtzisch Euro» erwarb er sich den Spitznamen *80-Euro-Waldi*. Wenn er nicht vor der Kamera steht, betreibt der gelernte Pferdewirt einen Antiquitätenhandel in der Eifel. Hier empfängt er Busladungen von Fans und unterhält die Gäste mit Anekdoten aus seinem Leben als Antiquitätenhändler. Die eine oder andere könnte ihn zu diesem Krimi inspiriert haben. Wenn er noch Zeit hat, angelt er oder malt seine eigenen Kunstwerke.

Miriam Rademacher (Co-Autorin), Jahrgang 1973, wuchs auf einem kleinen Barockschloss im Emsland auf. Heute lebt sie mit ihrer Familie in Osnabrück, wo sie an ihren Büchern arbeitet und Tanz unterrichtet. Sie hat zahlreiche Fantasy-Romane, Krimis und Kinderbücher in verschiedenen Verlagen veröffentlicht.

WALDI LEHNERTZ

MIT MIRIAM RADEMACHER

MORD AM SCHÄTZTAG

ANTIQUITÄTENKRIMI

Rowohlt Taschenbuch Verlag

Originalausgabe
Veröffentlicht im Rowohlt Taschenbuch Verlag,
Kirchenallee 19, 20099 Hamburg, Mai 2025
Copyright © 2025 by Rowohlt Verlag GmbH, Hamburg
Redaktion Christin Ullmann
Die Nutzung unserer Werke für Text- und Data-Mining im Sinne
von § 44b UrhG behalten wir uns explizit vor.
Covergestaltung FAVORITBUERO, München
Coverabbildung Frank Dicks, Shutterstock
Satz aus der Pensum Pro
bei Pinkuin Satz und Datentechnik, Berlin
Druck und Bindung GGP Media GmbH, Pößneck
ISBN 978-3-499-01635-6

Kontaktadresse nach EU-Produktsicherheitsverordnung:
produktsicherheit@rowohlt.de

FSC www.fsc.org
MIX
Papier | Fördert gute Waldnutzung
FSC® C014496

1

«Was sagst du dazu, Meister? Ist das gute Stück nicht locker 80 Euro wert?»

Siggi Malich hob den Blick von der Tischplatte und musterte ein verkratztes Emailleschild mit der verschnörkelten Aufschrift *Geschlossen*.

«Das wäre bereits mit acht Euro überbezahlt», erwiderte er, als er die schmutzigen Hände sah, die ihm das Schild darboten. «Allerdings bezahle ich gar nichts dafür, denn das Teil gehört mir. Das hing bis eben noch neben der Eingangstür.»

Mit vorwurfsvollem Blick sah er zu dem dreisten Mann auf, der versuchte, ihm seinen eigenen Besitz anzudrehen. Haare und Bart hatten schon lange weder Kamm noch Seife gesehen. Sein dünner Wintermantel war verdreckt und verströmte einen Geruch nach Moder und gebratenem Fisch. Allem Anschein nach war der vermutlich obdachlose Mann rein zufällig gerade heute, zum alljährlichen Schätztag, in Siggis Antiquitätenladen hereingeschneit und versuchte nun sein Glück. Auch wenn ihm der Mann durchaus leidtat, ließ er sich nicht gern auf so billige Weise hereinlegen.

«Das Blechding ist mir mit voller Wucht auf den Fuß gefallen. Das hat furchtbar wehgetan, Meister, das kannst du mir glauben.» Der Mann schien spontan seine Strategie geändert zu haben und setzte nun eine gequälte Miene auf. «Da ist vielleicht etwas gebrochen, ich könnte auf Schmerzensgeld klagen. Ich schau besser gleich mal nach, ob was zu sehen ist.»

Er trat einen Schritt zurück, wobei er die hinter ihm Wartenden zurückdrängte, beugte sich vor und begann, an den stark verdreckten, mehrfach verknoteten Schnürsenkeln seiner schäbigen Turnschuhe zu zerren, die vermutlich schon seit sehr langer Zeit nicht mehr geöffnet worden waren.

«Ich gebe dir zehn Euro, wenn du deine Stinkstiefel anlässt.» Siggi zückte rasch seine Geldbörse und hielt dem Mann einen Schein entgegen.

«War nett, mit Ihnen Geschäfte zu machen, Meister», rief der Mann und streckte eine schmutzige Hand nach dem Geld aus. Mit der anderen versuchte er, nach dem Schild zu greifen, doch Siggi hielt ihn davon ab.

«Das bleibt hier. Ich hänge es lieber selbst wieder auf. Schönen Tag noch.»

Während der Fremde pfeifend und offensichtlich sehr zufrieden aus der Schlange vor Siggis Tisch trat, gab Anton Schauer, der nur einen halben Meter neben Siggi am Verkaufstisch saß, ein leises Lachen von sich.

«Ich gratuliere zu dieser eleganten Lösung.» Sein Freund sah ihn durch die Gläser der goldgeränderten Brille amüsiert an. «Wenn sich diese Taktik herumspricht, wirst du dich bald vor Besuchen dieser Klientel nicht mehr retten können.»

«Das war Schadensbegrenzung», erklärte Siggi. «An jedem anderen Tag wäre dieser Windhund bei mir achtkantig rausgeflogen. Aber wir haben Wichtigeres zu tun heute. Ich hoffe noch auf ein paar gute Geschäfte. Die letzten fünf Stücke waren nicht so spannend.»

Anton blieb keine Zeit, darauf etwas zu erwidern, denn schon rückte der nächste Kunde vor und legte eine kaputte Armbanduhr vor ihnen auf den Tisch. Dabei leuchteten seine Augen so hoffnungsvoll, als ob er mindestens eine echte Graff Diamonds anzubieten hätte. Siggi beugte sich vor und tat interessiert, bevor er das Stück zur preislichen Einordnung an Anton weiterreichte.

Es war nicht das erste Mal, dass Siggi Malich und sein guter Freund, der Kunstexperte Anton Schauer, zusammen einen Schätztag durchführten. Sie waren ein eingespieltes Team. Bei Veranstaltungen wie diesen kamen Hunderte Menschen in Siggis Antiquitätenladen. Sie schleppten aus Kellern und Dachböden herbei, was sie als wertvoll erachteten, ließen es von Anton bewerten und, mit etwas Glück, auch von Siggi kaufen.

In den vergangenen vier Stunden seit dem Beginn des Schätztags hatte Siggi einen Glaspokal aus dem Spätbarock, zwei handbemalte holländische Vasen und einen antiken Fächer erworben. Aber es war ihnen auch jede Menge wertloser, nach feuchten Kellern riechender Ramsch angeboten worden, und gerade nach der letzten halben Stunde befürchtete Siggi, dass seine Glückssträhne gerissen war. Auch jetzt wurde es nicht besser, denn kaum dass Anton die defekte Armbanduhr als «leider wertlos» deklariert und der Besitzer sich wortkarg verabschiedet hatte, wurde ihnen auch schon ein fleckiger Lampenschirm aus der Nachkriegszeit präsentiert. Selbstverständlich war auch dessen Besitzerin davon überzeugt, eine echte Antiquität in den Händen zu halten, und reagierte entsprechend beleidigt, als Anton ihr anbot, das schäbige Teil für sie zu entsorgen.

Siggi verspürte einen Anflug von Müdigkeit. Seit zehn Uhr morgens saß er hinter diesem Schreibtisch, begutachtete Trödel und zückte seine Brieftasche, sobald Anton ihm, unter der Tischplatte und somit unbemerkt vom Publikum, einen leichten Tritt versetzte. Dies war das vereinbarte Zeichen, woraufhin Siggi ein faires, aber nicht zu hohes Angebot abgab. Schließlich musste er an den Stücken auch noch selbst etwas verdienen. Für gewöhnlich funktionierte das Konzept hervorragend. Siggi verließ sich gerade bei schwierig einzuordnenden Exponaten ganz auf die Expertise seines Freundes, der inzwischen allerdings ebenfalls einen müden Eindruck auf ihn machte.

«Ich stelle fest: Wir brauchen ganz dringend einen Kaffee.» Der Antiquitätenhändler erhob sich und sah Anton fragend an. «Du willst doch auch einen, oder?»

Anton nickte geistesabwesend und begutachtete auf Drängen der Kundin noch einmal den schäbigen Lampenschirm.

«Ich kann euch einen Kaffee bringen», tönte in diesem Moment Doros Stimme durch den Antiquitätenladen.

Siggis Angestellte und neuerdings Freundin hatte heute alle Hände voll zu tun, um die Wartenden mit dem Kaffee- und Waffelverkauf bei Laune zu halten, weswegen sie sich nur sporadisch in der Nähe des Händlertisches blicken ließ. Nun aber war sie hier, und das kam Siggi sehr gelegen.

«Sind unsere freiwilligen Helfer mittlerweile eingetrudelt?», fragte er, ahnte jedoch die Antwort, als er Doros getriebenen Blick und den Schweißfilm auf ihrer Stirn sah.

«Was glaubst du?» Sie verdrehte die Augen, als sie neben ihm am Tisch stand. «Deine beiden Kegelklubbrüder haben uns eiskalt hängen lassen. Ich schmeiße da draußen den ganzen Laden alleine, nur damit ihr's wisst. Ich hole euch trotzdem gern einen Kaffee.»

«Das ist nett von dir, aber ich muss mir dringend mal die Beine vertreten. Was hältst du davon, wenn du eine Weile meinen Platz neben Anton einnehmen würdest? Es ist viel einfacher, als es aussieht.»

«Aber das geht doch nicht.» Doro, die in ihrem schwarzen Hosenanzug und mit der flammend roten Baskenmütze auf ihren kurzen dunklen Haaren wieder einmal traumhaft aussah, schaute ihn entsetzt an.

«Oh doch, das geht.» Um jeden weiteren Widerspruch im Keim zu ersticken, legte er ihr beide Hände auf die Schultern und drückte sie sacht auf den Stuhl hinunter, auf dem er eben noch gesessen hatte. Die befremdeten Blicke des älteren Herren, der gerade im Begriff gewesen war, einen schweren Überseekoffer auf die Tischplatte zu hieven, ignorierte er.

«Aber ich kann doch nicht ...»

Rasch beugte sich Siggi zu ihr hinunter und flüsterte ihr ins Ohr: «Halt dich ganz an Anton. Er weiß genau, ob etwas interessant oder nur Kleinkram ist. Sobald er das Zeichen gibt, eröffnest du mit deinem ersten Angebot. Und 80 Euro sind immer ein guter Anfang.»

«Was für ein Zeichen denn? Aua!»

Anton, dem es bereits gelungen war, einen raschen Blick in den nun geöffneten Koffer des älteren Herren zu werfen, hatte offensichtlich zugetreten.

Siggi nutzte den Moment. Er trat hinter dem Tisch hervor, suchte Deckung bei einer Frau mit ausladendem Hut und Krückstock, die ihm vage bekannt vorkam, und versuchte, sich einen Weg durch die Menge zu bahnen. Mit dem Gefühl, die Dinge für den Augenblick ausgezeichnet geregelt zu haben, schob er sich an der Reihe der wartenden Menschen vorbei. Unter dem Arm trug er sein Emailleschild, das er neben der Eingangstür wieder an den dafür vorgesehenen Haken hängte.

Beim ersten Schritt ins Freie packte ihn kurz das Entsetzen, als er die Schlange sah, die sich bereits über den ganzen Parkplatz erstreckte. Die Leute hatten an diesem Sonntag wohl nichts Besseres vorgehabt. Vermutlich würde der heutige Schätztag noch bis spät in den Abend andauern. Und man brauchte kein Kunstexperte zu sein, um zu sehen, dass die meisten, die hier anstanden, Siggis Veranstaltung zum Anlass für eine Entrümpelungsaktion in ihrem Zuhause genommen hatten. Vieles von dem, was sie mit sich schleppten, wäre selbst für den Sperrmüll eine Schande.

Siggi schloss die Augen, rückte seine Basecap zurecht und atmete tief die warme Frühlingsluft ein. Es roch nach Maiglöckchen und frisch gebackenen Waffeln. Prompt gab sein Magen ein vorwurfsvolles Knurren von sich.

Er hob die Lider, ignorierte geflissentlich ein paar holländische Holzschuhe, die ihm jemand unter die Nase hielt, und schlenderte zu dem von ihm selbst in aller Frühe aufgebauten Gartenpavillon hinüber, aus dem der Waffelduft zu ihm herüberwehte. Unter dem Zeltdach, das direkt ans Haus angrenzte, hatte Doro ein provisorisches Café eingerichtet, in dem die Besucher sich mit reichlich Kalorien und Koffein versorgen konnten. Da Doro ihn gerade am Händlertisch vertrat und seine zwei Helfer ihn schnöde im Stich gelassen hatten, war der Platz hinter dem Waffeleisen verwaist. Doch wie auch Siggi setzte seine Freundin auf die Ehrlichkeit ihrer Mitmenschen und hatte einen Teller mit Gebäck sowie eine Kanne Kaffee zur Selbstbedienung bereitgestellt. Eine kleine Schüssel mit Wechselgeld befand sich ebenfalls in unmittelbarer Reichweite.

Und das Konzept schien zumindest in eine Richtung ganz wunderbar zu funktionieren, denn die Kanne war bereits so gut wie leer.

Gerade hatte Siggi sich eine halbe Tasse eingeschenkt, da entdeckte er einen Besucher im Gewühl, der eine alte Angel über der Schulter trug. Mit dem ließ sich bestimmt ein herrlicher Plausch über die Fischteiche der näheren Umgebung halten. Vielleicht kannte er sogar ein paar besonders gute Angelplätze.

Ein wenig wehmütig dachte Siggi an die regelmäßigen Ausflüge mit seinem Angelkumpel zurück, die er jetzt allein und nur noch sporadisch unternahm. Die Lücke, die ein guter Freund hinterließ, war nie einfach zu schließen. Andererseits war die Erinnerung an die Freundschaft mit Kurt nun getrübt durch den schrecklichen Verrat und die ebenso schrecklichen Erlebnisse. Doch Siggi war fest entschlossen, bald einen anderen Angelgefährten zu finden. Womöglich war sogar dieser Mann dort genau der Richtige.

Siggi wollte ihn gerade ansprechen, als er eine seltsame Beobachtung machte: Derselbe Herr, der eben noch vor seinem Händlertisch gewartet hatte, kam ohne seinen klobigen Überseekoffer aus dem Laden gehüpft. Dafür trug er jetzt eine von Siggis Basecaps mit dem aufgedruckten Schriftzug von *Kunst und Kurioses* auf dem Kopf und sah unverschämt zufrieden aus.

Spontan verschob er das Gespräch mit dem Angler auf einen späteren Zeitpunkt und beobachtete ihn, während der glückliche Kunde geradewegs auf ihn zuhielt, sich den Rest aus der Kaffeekanne einschenkte und jubelte: «Also Ihre Freundin, Herr Malich, die ist eine Wucht! Mit der würde ich jederzeit wieder Geschäfte machen. Wer hätte gedacht, dass mir der alte Krempel noch 180 Euro einbringen würde? Und diese tolle Kopfbedeckung habe ich auch noch rausgeschlagen.» Er tippte gegen den Schirm.

Siggi spürte, wie alle Farbe aus seinem Gesicht wich. «180 Euro?», wiederholte er mit zitternder Stimme.

«Ja», beteuerte der Mann. «Ich musste überhaupt nicht verhandeln. Ihr Freund, dieser Herr Schauer, sah allerdings nicht besonders glücklich aus, als sie die Scheine vor mir auf den Tisch legte.»

Siggis Finger krampften sich um den Henkel der Tasse,

und er setzte sich in Bewegung. Wesentlich schneller, als er den Laden verlassen hatte, rannte er nun wieder hinein. Der heiße Kaffee schwappte über den Rand, kleckerte ihm auf Hemd und Hose, doch Siggi spürte es kaum.

In dem Moment, da er den Verhandlungstisch erreichte, auf dem gerade eine Sammlung alter Eieruhren stand, hörte er Doro sagen: «Ich halte 180 Euro für einen fairen Preis, was denken Sie?»

Siggi starrte auf die angelaufenen Küchengeräte, schielte zu seinem Freund hinüber und las in Antons Blick dieselbe Panik, die ihn gerade überkam.

«18 Euro!», rief er schnell. «Sie wollte natürlich 18 Euro sagen.» Demonstrativ öffnete er seine Brieftasche und legte einen Zwanziger auf den Tisch. «Den Rest dürfen Sie behalten.»

Die eben noch leuchtenden Augen der Besitzerin wurden schmal. «Aber ich habe doch ganz deutlich gehört, dass Ihre Kollegin von 180 Euro gesprochen hat.»

«18 Euro.» Siggi sah die Frau mit finsterer Miene an. «Und keinen Cent mehr.»

«Dafür nehme ich sie wieder mit.» Prompt stopfte sie eine Eieruhr nach der anderen in ihre Handtasche zurück und verließ ärgerlich vor sich hin brummelnd den Verkaufstisch.

«Ob das klug war, wage ich zu bezweifeln.» Anton zog eine Grimasse. «Die alten Stücke hätten dir in Sammlerkreisen deutlich mehr als hundertachtzig Euro eingebracht. Aber das Geschäft dürfte sich jetzt wohl erledigt haben.»

«Der Krempel war tatsächlich sein Geld wert? Warum hast du denn dann so kariert geguckt?», fuhr Siggi ihn an.

«Das ist vermutlich auf den Schock zurückzuführen, den ich unmittelbar davor erlitten habe.» Anton deutete auf den fleckigen Überseekoffer, der direkt hinter ihm stand.

Rasch umrundete Siggi den Tisch, schnappte sich das von Doro erworbene Gepäckstück und öffnete es. Sein Blick fiel auf ein buntes Sammelsurium von geschnitzten Figuren, Schneekugeln und billigen Urlaubsandenken. «Dafür hast du 180 Euro bezahlt? Bist du von Sinnen?»

«Aber du hast doch selbst gesagt, das wäre ein gutes erstes Angebot.»

«80 Euro, habe ich gesagt.» Siggi fiel es schwer, die Beherrschung nicht zu verlieren. «Hast du etwa Watte in den Ohren?»

Doro lief puterrot an. «Da muss ich mich wohl verhört haben, wie dumm von mir», sagte sie wütend. «Warum überträgst du mir überhaupt solch eine Aufgabe? Du weißt doch, wie oft mir Missgeschicke passieren.»

«Ja, aber ich wusste ja nicht, dass auf deine Ohren kein Verlass ist.» Siggi begann, in dem nach Mottenkugeln riechenden Koffer herumzuwühlen. Möglicherweise war der finanzielle Schaden gar nicht so schlimm, wie es auf den ersten Blick schien. Zwischen all diesem wertlosen Kram, der aussah, als wäre er in den Souvenirläden der ganzen Welt zusammengesucht worden, konnte sich noch immer etwas Wertvolles verbergen, das den Preis rechtfertigte. Doch je mehr Gegenstände er in die Hand nahm, desto tiefer sank seine Laune.

«Das ist Plunder», stellte er fest und nahm zu allem Überfluss auch noch einen leichten Schimmelgeruch wahr. «Der Kram lässt sich nicht einmal mehr verschenken.»

«Also, bevor du alles wegschmeißt, darfst du es mir schenken.» Doro streckte die Hände nach einer der Schneekugeln aus. «Ich könnte zu sammeln beginnen und ein ganzes Regal damit bestücken. Das sieht bestimmt sehr hübsch aus.»

«Nicht so schnell.» Mit einer raschen Bewegung schlug

Siggi den Kofferdeckel zu. «Erst muss ich ganz sicher sein, dass nichts, was sich darin befindet, die 180 Euro wieder reinbringt. Danach kannst du darüber herfallen.»

«Was ist eigentlich aus meinem Kaffee geworden?», mischte Anton sich ein und verschränkte die Arme vor der Brust. «Wolltest du mir nicht einen mitbringen?»

«Das habe ich glatt vergessen», gestand Siggi. «Der Schock, du weißt schon. Ich gehe gleich noch einmal und hol dir eine Tasse.»

«Lass mich das lieber machen, bevor noch mehr schiefgeht», sagte Doro und wollte schon aufstehen, doch Siggi hielt sie zurück.

«Jetzt brauche ich erst recht eine kleine Pause», erklärte er und schnappte sich seine Kaffeetasse, in der durch das Überschwappen nur noch ein winziger Schluck übrig war. «Ich vertraue darauf, dieses Mal klappt es besser.» Siggi schob sich zum zweiten Mal an der Reihe der Wartenden vorbei, inklusive der Dame mit dem ausladenden Hut, unter dem er sich hindurchducken musste. Er erreichte wieder den verwaisten Waffelstand und griff nach der Kaffeekanne, doch diese war nun leer bis auf den letzten Tropfen.

Grummelnd trat Siggi hinter den Tresen, fand Filter und Pulver in einer Plastikbox und befüllte die Maschine. In den folgenden Minuten stand er ungeduldig und untätig herum und wartete darauf, dass der Kaffee endlich zu fließen begann. Während er drei Muffins aus Doros Auslage verdrückte, sah er die Dame mit dem Hut seinen Laden verlassen. Offensichtlich ging es drinnen gerade gut voran.

Das Gerät vor ihm gab gurgelnde Geräusche von sich. Bis ihm endlich der vertraute Geruch heiß aufgebrühter Bohnen in die Nase stieg, schien eine halbe Ewigkeit zu vergehen.

«Ist es nicht verrückt, dass ausgerechnet eine Kaffeemaschine im Porsche-Design das langsamste Modell auf dem ganzen Markt ist?», sagte er zu sich selbst, als er die Kanne in die Hand nahm. Er wollte gerade eine zweite Tasse Kaffee für Anton einschenken, als es plötzlich fürchterlich rumste.

Erschrocken blickte Siggi auf und spürte kurz darauf, wie ihm der heiße Kaffee auf die Finger tropfte, als Antons Tasse überlief. Rasch zog er die Hand weg. Es hatte geknallt, als wäre etwas sehr Großes zu Boden gestürzt. Oder war ein Auto irgendwo hineingefahren?

«Was war das? Ist jemand verletzt?», rief er in die Menge.

«Hier nicht, aber dort drüben vielleicht», rief ein älterer Herr, der in der Schlange wartete, ihm zu und deutete auf den Bereich des Hofs, in dem Skulpturen, Terrassenmöbel und antike Gartenzwerge lagerten.

Verwundert strich sich Siggi die Basecap aus der Stirn. Ihm war es so vorgekommen, als ob der Krach seinen Ursprung irgendwo hinter dem Waffelstand gehabt haben musste. Doch als jetzt auch andere Leute die Hälse reckten und zu den Skulpturen schauten, beschloss er, sich zu vergewissern, dass dort nichts passiert war. Im Laufschritt legte er die zwanzig Meter vom Pavillon bis zu den Gartenartikeln zurück, fand dort allerdings nichts, das umgestürzt oder zerbrochen war. Trotzdem verspürte er ein ungutes Gefühl in der Magengegend. Irgendetwas war gerade außerhalb seines Blickfelds auf seinem Grund und Boden geschehen. Und nicht zu wissen, was es war, machte ihn nervös.

«Ich denke, der Knall kam von weiter weg», bestätigte unvermittelt eine junge Frau neben ihm seinen Verdacht. Sie trug ein Baby im Tragesack vor ihrer Brust und sah sich ebenfalls besorgt um. «Von dort hinten, glaube ich.» Sie deutete über seinen Kopf hinweg in Richtung Waffelstand.

«Ja, das vermute ich auch», stimmte er ihr zu.

Noch einmal kehrte Siggi hinter den Tresen zurück und versuchte, die dünne Plane des Gartenpavillons ein Stück beiseitezuschieben, was wegen einer sicherlich patentgeschützten Befestigung aus Plastikringen gar nicht so einfach war. Statt mühevoll die einzelnen Ringe zu lösen, gelang es ihm, eine Ecke der Zeltkonstruktion so weit zu verrücken, dass er einen Blick in den hinteren Teil des Hofes werfen konnte. Zwischen Antiquitätenladen und Schuppen lagerten heute, abseits des Trubels, einige seiner sperrigen Exponate, um für die Besucher Platz zu schaffen. Trotzdem war es möglich, sich diesem Bereich von der anderen Seite her zu nähern.

Zunächst fiel ihm nichts Ungewöhnliches auf. Er wollte sich schon abwenden, als ihm doch noch etwas ins Auge sprang. Etwas, das den lauten Knall verursacht haben musste. Hastig schob er sich zwischen Hauswand und Zeltplane hindurch und lief auf ein paar große Bruchstücke zu, die auf dem Pflaster verteilt lagen. Erst im Näherkommen offenbarte sich ihm das ganze Ausmaß des Schadens: Eine der terrakottafarbenen römischen Säulen, die er von einem Gartenliebhaber erstanden hatte, der auf griechische Amphoren umsatteln wollte, war umgestürzt und zerbrochen. Die eine Hälfte lag zerborsten auf dem Pflaster, der Rest ragte über die Brüstung des Brunnens und lag mit dem Kapitell, dem oberen Ende, im Wasser.

Der Brunnen war eine gelungene Nachbildung des berühmten Trevi-Brunnens, der in Rom vor dem Palazzo Poli stand. Das nierenförmige Becken, an dessen Rückseite sich Meeresbewohner auf einer Felslandschaft tummelten, war eine wesentlich kleinere Kopie des barocken Originals, hatte aber immerhin die Ausmaße eines mittelgroßen Gartenpools. Ohne Zweifel handelte es sich um ein prächtiges Stück, das Siggi jedoch nur zu gerne wieder losgeworden wäre. Es verschlang nämlich eine Menge Platz. Wenn es durch den Einschlag der Säule beschädigt worden war, würde es noch schwerer werden, für diesen Koloss einen Käufer zu finden.

Siggi trat näher an das Becken heran. Auf den ersten Blick schien die Einfassung des Beckens heil geblieben zu sein, obwohl er alles unterhalb des bräunlichen Wasserspiegels nicht sehen konnte. Das Wasser im Brunnen war keineswegs klar, vielmehr handelte es sich um Dreck und Regenwasser, das in den letzten Wochen und Monaten in der Eifel gefallen war. Ein Teppich aus braunen Blättern vom letzten Herbst schwamm auf der Oberfläche.

Vorsichtig wischte er kleinere Bruchstücke und roten Terrakottastaub beiseite. Nein, außer ein paar Kratzern, die sich rasch überschminken ließen, war die Brunneneinfassung unversehrt. Er konnte von Glück reden. Zudem hätte der Teil, der jetzt im Wasser lag, um ein Haar die schönen Figuren am hinteren Brunnenrand gestreift. Doch glücklicherweise waren Agrippa und auch die Jungfrau unbeschädigt geblieben. Wie die Säule allerdings überhaupt hatte umfallen können, war Siggi ein Rätsel.

Schon wollte er sich abwenden, um wieder nach vorn zum Waffelstand zurückzukehren, da bemerkte er, was außer den Blättern auf dem Wasser trieb. Es sah aus wie eine Hand. Und unterhalb der Säule ragte etwas aus der schlammbraunen Brühe, das ein spitzes Knie hätte sein können. Siggi fühlte, wie ihm das Herz in die Hose rutschte. Da befand sich irgendein armer Mensch direkt unter der schweren Säule. Aber warum zappelte dieser Jemand nicht und versuchte, den Kopf über Wasser zu bekommen?

Mit einem entsetzten Schrei sprang Siggi in den Brunnen – das Wasser reichte ihm fast bis zu den Oberschenkeln – und stemmte die schwere Säulenhälfte am Kapitell in die Höhe, wuchtete sie über die Einfassung, wo sie krachend aufschlug und endgültig in Stücke ging. Mit beiden Händen griff er in das trübe Wasser, ertastete einen reglosen Körper und krallte die Finger in etwas, das sich wie ein Hemdkragen anfühlte. Heftig zog er ihn hoch und sah vor sich ein schlammverschmiertes Gesicht. Sofort erkannte er den Mann, der sich gerade eben noch wie ein Schneekönig über leicht verdiente 180 Euro gefreut hatte.

«Hey!» Voller Panik schüttelte Siggi den Mann. «Atmen Sie! Na los, atmen Sie. Es war doch nur ein kleiner Stein. Los doch!»

Mit einem Mal war Siggi nicht mehr allein. Etliche Menschen, die eben noch in der Schlange vor dem Laden gestanden hatten, drängten sich an dem Waffelstand vorbei und kamen auf ihn zugelaufen. Während einige mit Entsetzen in den Gesichtern am Brunnenrand stehen blieben, stiegen die Mutigeren zu ihm ins Wasser und halfen dabei, den Körper des Mannes zuerst auf und letzten Endes über die Brüstung zu heben. Bald lag der reglose Körper neben den Bruchstücken der Säule, die ihn unter Wasser gehalten hatte.

«Der ist tot», verkündete einer der Helfer in sachlichem Tonfall und wischte sich die nassen Hände an der Hose ab. «Da kann man nichts mehr machen.»

«Blödsinn. Lassen Sie mich mal durch, wir müssen Erste Hilfe leisten», sagte ein Mann hinter ihnen und drängte sich nach vorn. «Haben Sie in Ihrem Geschäft einen Defibrillator, Herr Malich?»

«Defi... was? Nein, ganz bestimmt nicht», erwiderte Siggi.

Der Ersthelfer überstreckte den Nacken des Mannes und beugte sich tief über dessen Gesicht. Anschließend musterte er mit kritischem Blick den Brustkorb und legte beide Hände darauf. «Ruft mal bitte jemand den Notarzt?»

«Der ist tot, das sieht man doch», rief der Erste noch einmal besserwisserisch. Trotzdem zückte er sofort sein Handy und wählte den Notruf, während Siggi noch nach seinem eigenen Telefon erfolglos in den Hosentaschen suchte. Er musste es irgendwo liegen gelassen haben.

Den Blick unverwandt auf das Opfer gerichtet, ließ er sich schwer atmend auf den Rand des Trevi-Brunnens fallen, als ein Dritter verkündete: «Ich wette, das gibt jede Menge Ärger.»

2

Eine Viertelstunde später überließ der enthusiastische, aber sehr erschöpfte Ersthelfer seine Bemühungen einem anderen Freiwilligen, richtete sich auf und sagte schwer atmend an Siggi gewandt: «Ich fürchte, da kommt wirklich jede Hilfe zu spät. Sehen Sie, er spricht jetzt schon ziemlich lange auf nichts an, was wir tun. Zu lange, wenn Sie mich fragen.»

«Ich verstehe.» Siggi schluckte hart und sah auf das fahle, schon fast wächsern wirkende Gesicht des Opfers herab. Es erinnerte Siggi auf unangenehme Weise an das Gesicht eines anderen Toten, in das er kürzlich geblickt hatte. «Trotzdem, Sie haben alles versucht. Danke.»

«Schon gut.» Der Mann wischte sich den Schweiß von der Stirn. «Falls Ihnen mal ein Defibrillator angeboten wird, schlagen Sie zu. Die Dinger sind Gold wert.»

«Das werde ich mir merken», erwiderte Siggi, als ihm plötzlich eine Person zwischen den Umstehenden auffiel, die sich mit einer Fotokamera im Anschlag dem Toten bis auf wenige Zentimeter näherte.

«Hey, Sie da!», rief Siggi und machte mit nassen Hosenbeinen und Schuhen ein paar Schritte auf ihn zu. «Gaffen Sie nicht und machen Sie sich nützlich. Schicken Sie die Leute hier weg!»

Der junge Mann, dessen sommersprossiges Gesicht unter dem wirren braunen Haar Siggi noch nie zuvor gesehen hatte, ließ seine Kamera sinken. «Ich bin Moritz Knie vom Radiosender Antenne P...»

«Ist mir völlig wurscht, wer oder was Sie sind. Haben Sie überhaupt keinen Anstand?», blaffte Siggi ihn an. «Der Mann ist tot, also sorgen Sie bitte dafür, dass nicht noch mehr Schaulustige hierherkommen.» Schlagartig wurde Siggi klar, dass dies erneut ein Fall für die Polizei war. Alles, was er gerade geglaubt hatte, hinter sich gelassen zu haben, begann von vorn. Er atmete tief durch, tastete erneut erfolglos nach seinem Telefon und fand es nicht. «Seien Sie so gut und rufen Sie die Polizei, anstatt hier Bilder von ihm zu knipsen.»

«Aber die Öffentlichkeit hat ein Recht auf Information», entgegnete der Sommersprossige. «Die Hörer unseres Senders ...»

«Haben Sie nicht zugehört? Ihre Hörer sind mir egal! Außerdem: Wozu brauchen Sie denn Fotos, wenn Sie fürs Radio arbeiten?» Siggi war langsam auf hundertachtzig. «Tun Sie endlich, was ich sage, oder Sie fliegen auch noch in den Brunnen!» Mit einem Mal hatte er das unangenehme Gefühl, sich wie Gunnar Bartels, der Chef der hiesigen Polizeiwache anzuhören. Der Schock und der Stress brachen aus ihm hervor.

Siggi versuchte, sich am Riemen zu reißen. «Entschuldigen Sie meinen Ausbruch, aber es ist wichtig, dass nicht noch mehr Menschen hier auftauchen und eventuelle Spuren verwischen.»

«Spuren verwischen? Okay.» Der Reporter schien jetzt regelrecht begeistert. «Dann gehe ich wieder nach vorn und sage allen, sie sollen sich verkrümeln, weil hier ein Mord stattgefunden hat. Was für eine Story.»

Siggi schloss für einen Moment die Augen. «Ja, toll, eine Massenpanik ist genau das, was mir noch gefehlt hat.» Er konnte den sarkastischen Ton in seiner Stimme nicht zurückzuhalten. «Verständigen Sie bitte die Polizei, und anschließend gehen Sie zum Verkaufstisch und fragen meinen Freund Anton, ob er die Gäste wegschickt. Der ist dafür vermutlich besser geeignet.»

«Verstanden.» Er steckte die Kamera weg. «Und was tun Sie so lange?»

«Ich bleibe bei dem Opfer und tropfe vor mich hin», murmelte Siggi. Er ging neben dem schwitzenden Freiwilligen, der noch immer das Herz des Opfers massierte, in die Hocke und tastete noch einmal nach dem Puls des Toten. Zu gern hätte er dabei festgestellt, dass alles nur ein Irrtum und der Mann noch am Leben war. Doch das war natürlich Unsinn.

«Soll ich Sie vielleicht ablösen?», fragte Siggi und hoffte, der andere würde ablehnen, was dieser auch tat. Offensichtlich war er fest entschlossen, bis zum Eintreffen des Rettungswagens durchzuhalten.

Während Siggi in seiner Position verharrte, hörte er mit halbem Ohr, wie der Radiofritze alle Neugierigen zurück auf den Parkplatz scheuchte. Auch jene, die ihm geholfen hatten, den Mann aus dem Brunnen zu bergen, traten nun den Rückzug an. Zurück blieben nur er selbst und der letzte verbissen weitermassierende Retter. Siggi betrachtete den Toten, das glatt rasierte Gesicht unter dem zurückweichenden Haaransatz, das schlichte blaue Hemd und die an den Oberschenkeln ausgeblichene Jeans. Ein Durchschnittsmensch. Eben noch hatten ihn 180 Euro in Verzückung versetzt, und jetzt war sein Leben vorbei. Seine Familie, falls er eine hatte, würde heute vergeblich mit dem Abendbrot auf ihn warten, seine Kollegen ihn morgen bei der Arbeit vermissen. Denn er war in einem Brunnen gestorben, begraben von einer Terrakottasäule – was für ein Trauerspiel.

«Siggi, was ist denn passiert? Warum taucht ein Reporter an meinem Tisch auf und faselt etwas von einem Toten?» Ein atemloser Anton kam mit Doro im Schlepptau herbeigeeilt und erstarrte, als er das reglose Opfer am Boden bemerkte.

Doro stieß einen kleinen Schrei aus und schlug sich die Hand vor den Mund, woraufhin Siggi sie spontan und nass, wie er war, in die Arme schloss, um ihr die Sicht auf die Leiche zu nehmen.

«Kannst du die Leute heimschicken?», bat Siggi seinen Freund, der stumm dastand und als Antwort nur ein Nicken zustande brachte.

«Siggi, was hast du denn nur getan?», flüsterte Doro, deren Oberteil nun ebenfalls ganz durchweicht war. «Man kann doch über alles reden. Nur wegen 180 Euro ...»

«*Ich* habe den Mann doch nicht auf dem Gewissen», rief Siggi. «Den habe ich hier gefunden. Genau wie beim letzten Mal. Er war schon tot, als ich ihn unter der Säule hervorgeholt habe.» Als sie nicht sofort antwortete, fragte er vorsichtig: «Du glaubst mir doch, oder?»

«Aber natürlich, ich war nur einen Moment verwirrt.» Sie griff sich an den Kopf und schüttelte ihn kurz und heftig. «Geht es dir gut? Brauchst du etwas?», fragte sie dann.

«Ja, ein paar vertrauenswürdige Helfer, die sich um die Besucher kümmern, während ich dafür sorge, dass hier nichts verändert wird. Weiß der Teufel, was dieser Radioreporter den Leuten gerade auftischt.»

«Wir kümmern uns darum.» Doro machte sich von ihm los und versetzte dem immer noch erstarrten Anton einen leichten Stoß, woraufhin dieser ein zweites Mal nickte, bevor er sich von ihr mitziehen ließ.

Siggi konnte nur hoffen, dass die beiden die Situation meisterten, denn er war entschlossen, den Toten bis zum Eintreffen der Polizei nicht aus den Augen zu lassen. Mit dem plötzlichen Verschwinden von Leichen hatte er bereits so seine Erfahrungen gemacht.

Bald darauf hörte er jenseits des Waffelstands eine Vielzahl von Autotüren zuklappen. Motoren sprangen an, verklangen und verrieten, dass es Anton gelungen war, die Veranstaltung ruhig und gesittet zu einem Ende zu bringen. Siggi war Anton unendlich dankbar, und als nun auch die Sanitäter eintrafen, fühlte es sich an, als würde ihm eine schwere Last von den Schultern genommen werden. Von ferne näherte sich das Heulen einer Polizeisirene. Typisch Gunnar. Wenn sich ihm einmal die Chance bot, hielt er auch prompt sein Blaulichtkonzert ab.

Siggi ließ die Sanitäter ihre Arbeit machen und ging der Polizei steifbeinig in feuchten Hosen entgegen. Auf seinem Parkplatz bot sich ihm ein Bild des Grauens. Viele Besucher des Schätztages hatten es für unnötig befunden, ihren Sperrmüll wieder mitzunehmen. Das Gelände vor seinem Haus glich einer Müllkippe. Er würde das Zeug mittels Container teuer entsorgen müssen, was den schmalen Gewinn der abgebrochenen Veranstaltung vermutlich gänzlich auffressen würde.

Als der Polizeiwagen zwischen all dem Gerümpel hielt und unangenehme Erinnerungen in Siggi wachrief, drückte Doro gerade den letzten Besuchern ein paar Waffeln in die Hand. Die Fahrertür des Streifenwagens flog auf, und ein schlanker Mann in Uniform stieg aus. Siggi erkannte zu seiner Überraschung den schweigsamen Kollegen wieder, der Gunnar Bartels schon beim letzten Mal unterstützt hatte.

«Wo ist der doppelte Gunnar?», wollte Siggi wissen und streckte dem Beamten die Hand entgegen.

«Wer?» Die Augen des Mannes verengten sich.

«Herrn Bartels meine ich», korrigierte sich Siggi rasch.

«Urlaub.» Sein Gegenüber war offenbar noch immer kein Freund vieler Worte.

«Wie kann Gunnar im Urlaub sein, wenn ich schon wieder eine Leiche abzugeben habe?», rief Siggi. «Was für ein Timing.»

Der «doppelte Gunnar», wie Siggi den selbstherrlichen Polizisten gern nannte, war nicht im eigentlichen Sinne doppelt vorhanden. Der Mann schielte lediglich sehr stark, was die Vermutung nahelegte, dass Gunnar Bartels allzeit von Zwillingen umgeben sein musste. Problematisch war es, wenn Gunnar sich in der Nähe zerbrechlicher Antiquitäten befand. Aber heute hätte Gunnar nach Siggis Einschätzung bei der Untersuchung des Tatorts nichts zerstören können. Der Brunnen hatte schließlich sogar die Kollision mit der Terrakottasäule überstanden.

«Der Chef ist morgen wieder da», erklärte der Polizist und zückte einen Notizblock. «Wo ist denn jetzt der Tote?»

Siggi lotste den Beamten zum Trevi-Brunnen. Der zog irritiert die Augenbrauen hoch. «Den kenne ich aus dem Fernsehen. Müsste der nicht in Rom stehen?»

Schlagartig dämmerte es Siggi, warum Gunnars Kollege bei ihren bisherigen Begegnungen überwiegend die Klappe gehalten hatte. Möglicherweise war der Mann nicht der schnellste Denker.

«Stimmt, Sie haben mich erwischt, Kommissar Zufall. Ich habe den Trevi-Brunnen geklaut, ihn von Italien bis hierher geschleppt und nun einen unliebsamen Zeugen um die Ecke gebracht. Bitte legen Sie mir Handschellen an.»

«Mein Name ist nicht Zufall, sondern Schneeweiß. Axel Schneeweiß.»

«Na, dafür können Sie ja nichts», murmelte Siggi ein wenig zerstreut und beobachtete, wie einer der Sanitäter sich soeben aus der Hocke erhob und die Latexhandschuhe mit einem schnalzenden Geräusch von den Händen zog.

Schneeweiß, der mittlerweile näher an das Opfer herangetreten war, beugte sich runter. «Wie sieht es aus?»

«Der Mann ist tot», antwortete Siggi anstelle einer der Männer in den neonfarbenen Westen.

Schneeweiß warf ihm einen scharfen Blick zu. «Da höre ich mir lieber noch mal die Meinung eines Fachmanns an.»

«Ich denke, das können wir bestätigen.» Der noch am Boden kniende Notarzt klappte seinen Koffer zu. «Wir sind zu spät gekommen.»

«Ertrunken, was?» Schneeweiß nickte bedächtig. «Normalerweise wirft man Münzen in einen Wunschbrunnen und keine Menschen.»

«Tja, aber wenn er nicht von selbst rückwärtsgefallen ist, dann hat ihn offenbar irgendjemand in den Brunnen geschubst und eine schwere Säule hinterher. Oder was meinen Sie?», fragte Siggi.

Noch bevor Schneeweiß darauf antworten konnte, bemerkte Siggi etwas, das auf dem Wasser zwischen den braunen Herbstblättern trieb. Er streckte die Hand danach aus und fischte es heraus. Es war die Basecap mit seinem Logo auf der Front, die der Mann ihm kurz zuvor noch stolz präsentiert hatte.

Nachdenklich betrachtete Siggi das durchweichte Stück Stoff. Mit einem Mal beschlich ihn ein ungutes Gefühl, und er betrachtete den Toten genauer. Eine durchschnittliche Statur in einem blauen Hemd und ausgeblichener Jeans – völlig unauffällig, ein Durchschnittsmensch eben. Siggi dämmerte, dass genau dasselbe auch auf ihn selbst zutraf. Alles, was ihn und den Toten von den anderen Besuchern des Schätztags unterschieden hatte, war dieses alberne Käppi mit dem Werbeaufdruck gewesen.

«Der Tote sieht ein bisschen aus wie ich.» Fassungslos wandte er sich an Schneeweiß, der mit skeptischer Miene und einem Notizblock in der Hand neben dem Toten stand und den Sanitätern dabei zusah, wie sie ihre Geräte wieder einpackten.

«Verstehen Sie, was ich damit sagen will?», fuhr Siggi fort, als der Polizist nicht sofort reagierte. «Jeans, blaues Hemd und Basecap, ähnliche Statur. Von hinten müssen wir uns zum Verwechseln ähnlich gesehen haben.»

«Und wennschon», meinte Schneeweiß. «Wo ist das Problem? Er ist gekleidet wie viele andere.»

«Kapieren Sie denn nicht?» Siggi wies auf die Leiche und hörte selbst den Anflug von Hysterie in seiner Stimme. «Vielleicht ist sein Tod ein Irrtum gewesen. Was, wenn der arme Kerl nur gestorben ist, weil er sich diese Cap aufgesetzt hat?»

Er zwang sich, ruhig durchzuatmen. Als er glaubte, die Kontrolle halbwegs wiedererlangt zu haben, sagte er in etwas ruhigerem Ton: «Ich möchte, dass in diesem Fall ermittelt wird. Ein Toter mit meiner Mütze in meinem Brunnen. Hier geht etwas vor sich. Schon wieder. Gerade ein paar Wochen hatten wir Ruhe, seitdem der letzte Mord aufgeklärt wurde, und schon habe ich die nächste Leiche am Hals. Eine, die aussieht wie ich!»

«Wahnsinn!», rief der Reporter, der sich von Siggi unbemerkt wieder dem Tatort genähert hatte und mit einem Mikrofon herumfuchtelte, das zu einem altmodischen Aufnahmegerät gehörte. «Darf ich das senden? Wie war das mit diesem ersten Mordfall? Meinen Sie, er steht mit diesem irgendwie in Verbindung? Unsere Hörer von Antenne P…»

«Ruhe! Dies hier ist überhaupt kein Mordfall», herrschte Schneeweiß ihn an, der soeben eine klatschnasse Geldbörse aus der Hemdtasche des Opfers gezogen und aufgeklappt hatte. «Und es gibt verdammt viele Männer, die in Jeans und blauem Hemd durchs Leben gehen. Der Tote hieß übrigens Pohl. Eduard Pohl. Ich muss als Erstes seine Familie ausfindig machen, falls der arme Teufel eine hatte, und ihnen die traurige Nachricht überbringen.»

Schneeweiß nickte den Sanitätern und dem Notarzt noch einmal zu, steckte das Portemonnaie des Toten ein und ging in Richtung Pavillon davon.

«Sie können doch jetzt nicht einfach abhauen.» Konsterniert stand Siggi vor dem Brunnen und sah dem Polizisten hilflos hinterher. «Ich habe hier eine Leiche für Sie. Daneben liegt die potenzielle Mordwaffe, es ist alles vorhanden! Hallo?» Er wies anklagend auf die zerbrochene Säule, woraufhin Schneeweiß innehielt, einen langen Seufzer ausstieß und zu ihm und dem gespannt lauschenden Reporter zurückkehrte.

«Soll ich Ihnen mal verraten, was sich hier abgespielt hat, Herr Malich? Der Mann hat sich auf Ihrem Hof umgesehen, hat den Wunschbrunnen entdeckt und wollte gerade eine Münze hineinwerfen, als ihn von hinten ganz unvermittelt die von Ihnen nicht ausreichend gesicherte Säule traf, ihn zu Fall brachte und unter Wasser drückte. So werde ich es in meinen Bericht schreiben.»

«Säulen wie diese, die zudem auf einem geraden Untergrund stehen, braucht man nicht zu sichern, die fallen nicht einfach so um», entgegnete Siggi. «Was meinen Sie, was auf der Akropolis los wäre, wenn die Säulen dort einfach umplumpsen würden?»

«Die Akropolis ist mir egal, das hier ist ein blöder Unfall, Herr Malich.» Schneeweiß war die Ruhe selbst. «Und in der Pathologie wird man bestimmt zum selben Ergebnis kommen. Während ich jetzt die Angehörigen verständige, rufen Sie besser Ihren Anwalt an, denn ich bin mir ziemlich sicher, dass eine Anzeige wegen fahrlässiger Tötung auf Sie zukommt. Was Ihre Aussage betrifft, dürfen Sie morgen bei uns auf der Wache vorbeischauen. Da ist der Chef dann auch wieder da. Schönen Tag noch.»

«Und was wird Ihr Chef wohl sagen, wenn es hier doch einen Fall zu lösen gibt und Sie es nicht einmal für nötig gehalten haben, auch nur eine einzige Spur zu sichern?», rief Siggi ihm nach, als Schneeweiß Anstalten machte, durch den Schlitz in der Plane zu verschwinden.

Der Polizist hielt erneut inne, drehte sich langsam zu Siggi um und schien angestrengt nachzudenken. «Und was soll ich Ihrer Meinung nach sichern?», fragte er schließlich. «Die Säule? Tut mir leid, aber die passt nicht zwischen zwei Aktendeckel.» Und nach einer kurzen Pause ergänzte er: «Was wollte der Mann eigentlich bei Ihnen? Kennen Sie ihn?»

«Es ging um einen Koffer», antwortete Siggi. «Ein Koffer voller Andenken. 180 Euro hat er dafür bekommen. Die müssen noch in der Geldbörse sein, die Sie gerade eingesteckt haben.»

Schneeweiß runzelte die Stirn, zog das Portemonnaie von Eduard Pohl hervor und warf einen Blick hinein. «Alles noch da. Raubmord fällt also ebenfalls weg.» Kurz überlegte er. «Wo ist dieser Koffer jetzt?»

«Im Laden, hinter dem Händlertisch.»

Schneeweiß nickte und trat nun endgültig durch den Spalt in der Rückseite des Pavillons. Siggi folgte ihm in den Laden, wo der Polizist zielsicher den Händlertisch ansteuerte. Dort saß Anton und versuchte gerade, sich mit der Begutachtung einer Bonbonniere aus buntem Glas vom Geschehen abzulenken. Daneben auf dem Tisch entdeckte Siggi sein Handy und steckte es ein.

«Also? Wo ist er?», wollte Schneeweiß wissen.

«Er meint das Riesending voller Andenken», erklärte Siggi. «Den Koffer, den uns der Tote verkauft hat.»

«Ach der? Der nahm hier einfach zu viel Platz weg. Ich habe ihn weggestellt zu ein paar anderen Gepäckstücken, die sich bei dir da hinten in deinem Laden stapeln. Moment bitte.» Anton ging davon, kehrte kurz darauf mit dem gesuchten Objekt zurück und schob es vor Schneeweiß auf den Tisch.

«Der ist hiermit beschlagnahmt.» Schneeweiß sah Siggi an. «Jetzt zufrieden? Ich ermittle in Ihrem angeblichen Fall, und morgen kann der Chef dann selbst entscheiden, wie es weitergeht.»

Siggi war alles andere als zufrieden, doch ihm war die Lust auf weitere Diskussionen mit dem Gesetzeshüter vergangen. Wortlos beobachtete er, wie Axel Schneeweiß seine Last zum Polizeiauto schleppte und in den Kofferraum wuchtete. Kurz bevor der Mann einstieg, fiel Siggi noch etwas ein.

«Bekomme ich keine Quittung für den Koffer?»

Schneeweiß aber stellte sich taub und fuhr grußlos davon.

Die Sanitäter hatten den toten Eduard Pohl mittlerweile auf eine Bahre und in den Rettungswagen verfrachtet und fuhren kurz darauf ebenfalls ab. Siggi, der sich außerstande sah, irgendwelche Fragen zu beantworten, überließ es Doro und Anton, den eifrigen Radioreporter abzuwimmeln. Er selbst kehrte zurück zum Brunnen und schoss mit seiner Handykamera ein Foto nach dem anderen.

«Wozu soll das gut sein?», fragte Anton, als er durch die Plane hindurchtrat und Siggi einen frisch gebrühten Kaffee brachte. «Falls du dich rechtlich absichern möchtest, solltest du lieber die Trümmer der Säule einsammeln. Vor allem den Sockel, der hoffentlich so absolut gerade ist wie der Untergrund, auf dem er gestanden hat. Gut wäre auch, wenn du ein unbeschädigtes Exemplar zum Vergleich hättest.»

«Das war kein Unfall», beharrte Siggi und knipste weiter. «Schneeweiß behauptet, der Mann hätte gerade eine Münze in den Brunnen geworfen, als ihn die Säule von hinten getroffen und ins Wasser gestoßen hat.»

«Das klingt doch gar nicht so unwahrscheinlich.»

«Hast du den Inhalt von Eduard Pohls Koffer gesehen? Ist dir die Schneekugel mit dem Petersdom aufgefallen? Der Mann war mal in Rom und vermutlich auch am Original des berühmtesten Wunschbrunnens der Welt. Bekanntermaßen wirft man dort die Münze über die rechte Schulter nach hinten, wenn der Wunsch in Erfüllung gehen soll.»

«Ja und?», fragte Anton verblüfft.

«Hast du mir überhaupt zugehört?» Siggi ließ das Handy sinken. «Wenn er tatsächlich eine Münze hineinwerfen wollte wie beim Original-Trevi-Brunnen, dann hätte ihn die Säule von vorn getroffen. Er hätte die Gefahr gesehen. Ich frage dich also, warum er dann nicht einfach ausgewichen ist?»

«Ich wette, du hast darauf bereits eine Antwort.»

«Allerdings», erwiderte Siggi. «Weil Pohl schon im Brunnen lag, als er von der Säule getroffen und hinuntergedrückt wurde. Er wurde erst gestoßen und dann ersäuft. Und ich glaube, dass dieser Anschlag mir galt.»

«Wie kommst du darauf?» In Antons Stimme schwang keine Bestürzung mit. Nur ehrliche Neugier.

«Weil der Mann mir auffallend ähnlich sah. Und warum

sollte man irgendjemanden am Schätztag in meinem Brunnen ertränken wollen? Ist es nicht viel wahrscheinlicher, mich hier anzutreffen als diesen Pohl?» Er sah Anton in die Augen und entdeckte darin nun eine Spur von Furcht, die auch in ihm selbst hochkroch.

Einige Stunden später rutschte Doro zu Siggi unter die Bettdecke und presste ihre eiskalten Füße gegen seine Waden. «Das war fürchterlich», stellte sie zum wiederholten Male fest. «Einer der schlimmsten Tage meines ganzen Lebens.»

«Und er ist leider noch nicht zu Ende», murmelte Siggi, der sich nach dem erlösenden Schlaf sehnte, und wälzte sich unruhig hin und her. «Wenn ich nur wüsste, wer mich ermorden will. Und warum. Das macht mich noch total verrückt.»

«Und mich und Anton machst du gleich mit verrückt.» Doro sah ihn vorwurfsvoll an. «Sieh endlich ein, dass du auf diese Frage keine Antwort findest, solange du dir nicht einmal sicher sein kannst, dass der Anschlag dir galt. Vielleicht hat der Mörder sich ja gar nicht vertan. Du solltest mehr über diesen Pohl herausbekommen. Und über seinen Koffer.»

«Das geht nicht, den hat jetzt dieser Schneeweiß», motzte Siggi und wurde beim Gedanken an das beschlagnahmte Gepäckstück richtig ärgerlich. Die darin enthaltenen Schneekugeln mochten wertlos sein, aber sie gehörten jetzt ihm. Und sie in der Nähe von Gunnar zu wissen, war kein beruhigender Gedanke.

«Hast du dich eigentlich mal gefragt, wie Täter und Opfer zum Brunnen gelangt sind? Da stand doch der Waffelstand im Weg.»

«Nun, sie werden von der anderen Seite gekommen sein, hinten um das Haus herum», meinte Siggi. «Dieser Pohl hatte dort womöglich sein Auto abgestellt, denn der Parkplatz vorn war ja gnadenlos überfüllt. Er hatte bei dir viel Geld verdient und wollte gerade wieder nach Hause fahren ...»

«Erinnere mich nicht an das Geld», stöhnte Doro. «Ich könnte schwören, du hättest einhundertachtzig anstatt achtzig gesagt. Da kann man mal sehen, wie man sich vertun kann.»

«Jedenfalls wird er auf dem Weg zu seinem Wagen gewesen sein, als ihn der Mörder gesehen und mit mir verwechselt hat. Und aus irgendeinem Grund hat er einen kleinen Abstecher in Richtung Brunnen unternommen, wo sein Mörder über ihn herfiel.»

«Einen Abstecher zum Brunnen? Um was zu tun? Und hat sein Mörder ihn herangerufen, was meinst du?», fragte Doro. «Aber nein, dann hätte er ja erkannt, dass es nicht du bist. Vielleicht ging es ihm eben doch um Pohl. Dann wäre es möglich, dass sie einander gekannt haben.»

«Möglich, ja, aber das lässt sich genauso wenig klären wie die Frage, ob der Koffer und sein Inhalt zu diesem Rätsel gehören», meinte Siggi und wälzte sich auf die andere Seite. «Herrgott, wie soll man denn schlafen, wenn einem so viel im Kopf rumgeht?»

«Schade, dass wir so rein gar nichts über den Mörder wissen, dann hätten wir vielleicht auch das Motiv.» Doro spielte mit ihren eiskalten Zehen Klavier auf seinem Schienbein. «Gab es denn niemanden, der sich auf dem Schätztag verdächtig benahm?»

«Du meinst, ob ich jemanden mit einer römischen Säule zum Brunnen habe laufen sehen? Nein, tut mir leid», brummte Siggi. «Und Schneeweiß will mir auch noch einreden, es sei ein Unfall gewesen, an dem ich eine Mitschuld habe. Das ist eigentlich die größte Frechheit.»

«Ja, das ist wirklich dumm, denn solche Unfälle gibt es einfach nicht. Ein tödlicher Dominoeffekt, bei dem jemand ertrinkt? Also, das ist nun wirklich zu weit hergeholt», meinte Doro.

Siggis Ärger flaute ein wenig ab. «Du glaubst also auch, dass es Mord gewesen sein muss.»

«Natürlich. Und Anton ebenfalls. Die Vorstellung, dass der Übergriff eigentlich dir gegolten haben könnte, macht mir dabei am meisten Angst.»

«Mir auch, aber es ist nicht auszuschließen, dass ich damit richtigliege. Es ist sogar sehr wahrscheinlich. Ich habe deswegen auch ein ziemlich mieses Gefühl in der Magengegend. Was, wenn es der Mörder ein zweites Mal versucht?»

«Deswegen ist Anton nicht zurück nach Köln gefahren, sondern bleibt über Nacht hier. Wir lassen dich jetzt nicht allein», erklärte Doro. «Fällt dir denn irgendjemand ein, der einen Grund hätte, dich umzubringen? Vielleicht eine deiner Ex-Frauen?»

«Bestimmt nicht.» Siggi musste bei der Vorstellung für einen Moment grinsen. «Vielleicht hat sich ein Kunde ungerecht behandelt gefühlt. Aber ein konkreter Vorfall kommt mir jedenfalls nicht in den Sinn.»

«Morgen gehst du jedenfalls mit Anton auf die Wache, wo ihr den Koffer zurückfordert. Irgendwo müssen wir ja anfangen, und wenn Schneeweiß weiterhin an einen Unfall glauben will, bleibt dir nur die Flucht nach vorn. Finde den Mörder.»

«Ich tue mein Bestes.» Siggi wurden die Lider schwer. Im gleichen Moment, da seine treue Boxerhündin Lola zu ihnen unter die Decke kroch, wo sie hoffentlich Doros Füße aufwärmte, löschte er das Licht und war bald darauf auch schon eingeschlafen.

Eine halbe Stunde später aber war Siggi wieder hellwach und schlich sich leise aus dem Zimmer, um Doro nicht zu wecken. Auf der Couch fand er Anton, der sich seine seidene Schlafmaske über die Augen gezogen hatte und leise schnarchte. Entschlossen rüttelte Siggi an seiner Schulter.

«Schläfst du?»

«Jetzt nicht mehr», knurrte Anton.

«Du hast die Sachen im Koffer doch auch gesehen», begann Siggi. «Die billigen Souvenirs und die Schneekugeln. Könnte irgendetwas davon ein brauchbares Mordmotiv sein? Ich will den Gedanken, dass ich das eigentliche Opfer gewesen sein könnte, unbedingt loswerden. Es macht mich nervös.»

«Du bist ein guter Kerl, Siggi, wer sollte dich umbringen wollen?» Anton setzte sich auf. «Ich halte es jedenfalls für möglich, dass der Tod von diesem Herrn Pohl kein Unfall war. Es müsste schon eine recht eigenartige Verkettung unglücklicher Umstände gewesen sein. Aber außer eurer Kopfbedeckung und einer gewissen Ähnlichkeit gibt es keinen Grund zu glauben, dass der Mörder einen Fehler gemacht hat.»

«Dazu die Tatsache, dass man mich auf meinem Gelände immer antrifft, diesen Eduard Pohl jedoch nur zufällig heute», gab Siggi zu bedenken.

Anton seufzte. «Warum gehst du nicht zu diesem Schneeweiß und hältst den wach? Vielleicht rückt er den Koffer dann wieder raus.» Anton drehte sich auf die Seite.

«Du nimmst mich nicht ernst», protestierte Siggi.

«Nicht vor Sonnenaufgang. Dann können wir gern weiterdiskutieren.»

Siggi sah ein, dass er auf verlorenem Posten kämpfte. Er ging in die Küche, wo sein Handy am Ladekabel hing und auf ihn zu warten schien. Automatisch rief er die Fotos vom Tatort auf und betrachtete sie zum wiederholten Mal. Brunnen und Säule verrieten ihm nichts Neues. Aber er bemerkte im Hintergrund ein am Zaun lehnendes Fahrrad mit einem kleinen Anhänger und dahinter die Motorhaube eines Wagens mit dunkelblauer Lackierung. War der Mann mit dem Rad gekommen und hatte sich gerade auf den Heimweg machen wollen? Dann konnte er zumindest nicht allzu weit entfernt vom Laden wohnen. «Ich muss mehr über den Mann herausfinden», murmelte Siggi. Nur so würde er erfahren, für wen von ihnen beiden das Bad im Brunnen wirklich bestimmt war.

3

Eigentlich passt mir das gar nicht, wenn du für Stunden unterwegs bist.» Doro stand mit vorwurfsvoller Miene neben ihm, während Siggi den Antiquitätenladen aufschloss, über die Schwelle trat und das Licht einschaltete. «Ich verstehe sehr gut, dass du mehr über das Mordopfer erfahren willst, aber ich kann mich nicht zerreißen. Solange ich an der Ladenkasse für dich die Stellung halte, fehlt mir die Zeit, um die Walpurgisnacht vorzubereiten.»

«Es dauert gar nicht lange», behauptete Siggi und schob die widerspenstige Doro auf den Platz hinter der alten Registrierkasse. «Anton und ich klemmen uns gemeinsam dahinter, und du legst schön die Füße hoch und bewachst die Kasse. So früh ist hier ohnehin kaum was los. Und außerdem muss ich noch Gunnar auf die Zehen treten, damit er den Koffer wieder rausrückt. Ich habe ihn schließlich gekauft.»

«Genau genommen habe ich ihn gekauft.» Seufzend nahm Doro auf dem Stuhl nahe der Kasse und der Eingangstür Platz und ließ es zu, dass die Boxerdame Lola sich unter dem Tisch quer über ihre Füße legte.

«Ja, aber mit meinem Geld. Womöglich verrät der Kofferinhalt mir mehr über seinen Besitzer, also will ich ihn wiederhaben.» Siggi verstummte. Soeben hatte ein Mann, der ihm vage bekannt vorkam unter seinem fleckigen Schlapphut, den Laden betreten und widmete sich mit Interesse einer Sammlung antiker Weingläser. Ein ganz normaler Tag im *Kunst und Kurioses* nahm seinen Lauf, die ersten Kunden fuhren schon auf den Parkplatz. Obwohl ihn die Frage umtrieb, ob er gestern nur knapp einem Attentat entgangen war, konnte er das Geschäft nicht einfach geschlossen lassen.

«Wie wäre es denn, wenn ich dir später bei den Vorbereitungen für die Party helfe? Ist das eine gute Idee?», schlug Siggi vor.

Der Blick aus Doros Augen war vernichtend. «Du hilfst MIR? Es ist doch deine Party, also helfe ich dir! Gestern erst war der Schätztag, bald ist die Walpurgisnacht, ich kann das nicht alles allein stemmen, was du veranstaltest. Demnächst eröffnest du hier noch ein Café oder bringst deine eigene Kaffeemarke heraus, nur um wieder einen Grund zum Feiern zu haben.»

«Keine schlechte Idee.» Siggi wies auf Anton, der soeben zur Tür hereinkam und dem Kunden mit dem Schlapphut fast die Tür ins Kreuz rammte. «Der könnte zumindest eine Portion Koffein brauchen.»

Anton, dessen Augen tief in den Höhlen lagen, unterdrückte ein Gähnen. «Guten Morgen. Was ist das überhaupt mit dieser Walpurgisnacht? Ein heidnischer Feiertag in der Eifel, von dem ich noch nie gehört habe?»

«Nein, nur eine typische Siggi-Idee», erwiderte Doro schnippisch. «Ein Kostümfest, bei dem der schönste Teufel oder auch wahlweise die hässlichste Hexe prämiert wird. Der Gewinner erhält einen Gutschein für den Laden und wird ein Jahr lang zu allen Festivitäten, die Siggi sonst noch so plant, eingeladen.»

«So eine Art Weinkönigin oder Nürnberger Christkindl für den Trödelladen, ich verstehe.» Anton nickte.

«Antiquitätengeschäft», verbesserte Siggi. «Es ist vor allem eine tolle Party, und um Mitternacht gibt es Feuerwerk. Trommeln gehört eben zu meinem Handwerk. Wenn ich mich hier draußen am Dorfrand gemütlich in die Kissen setze, kann ich die Bude auch gleich dichtmachen.»

«Schon gut.» Anton gähnte verhalten. «Dann sollten wir Doro mit den Vorbereitungen nicht so lang allein lassen. Wir hören uns etwas um und fahren anschließend zum Polizeirevier. Hoffentlich ist dein Kumpel Gunnar tatsächlich aus dem Urlaub zurück, damit wir die Angelegenheit mit ihm regeln können.»

«Er ist nicht mein Kumpel.»

Ein weiterer Kunde trat in den Laden: Es war Gunnar Bartels persönlich, und zunächst glaubte Siggi, der Kommissar habe es so eilig gehabt, bei ihm reinzuschauen, dass er sein Urlaubsgepäck noch bei sich hatte. Dann aber erkannte er das Objekt seiner Begierde wieder und streckte instinktiv die Hände danach aus. Gunnar schloss jedoch das gute Stück fest in seine Arme und drückte es an sich, während er an ihm vorbeiging und in einem teuren Lehnstuhl Platz nahm.

Siggi hielt den Atem an. Das tat er immer, sobald der doppelte Gunnar sein Geschäft betrat. Seine unkoordinierten Bewegungen bedrohten jeden zerbrechlichen Gegenstand in Reichweite seiner Gliedmaßen. Und gerade neben diesem Lehnstuhl waren auf einem Tablett Tierfiguren aus Kristall ausgestellt.

«Wie man mir heute Morgen, noch vor dem ersten Kaffee, erzählt hat, bist du auf die Idee verfallen, meine Abwesenheit für ein Verbrechen zu nutzen.» Gunnar fixierte Siggi, so gut ihm das eben möglich war.

«Nicht ich, jemand anders hat den Mann in meinem Brunnen ertränkt», rechtfertigte sich Siggi und ärgerte sich gleichzeitig darüber. «Deine Urlaubsvertretung hat sich leider als unfähig erwiesen, das zu erkennen. Aber jetzt bist du ja wieder da.»

Siggi beobachtete mit angehaltenem Atem, wie Gunnars Arm knapp über die Glastiere hinwegfegte, bevor er mahnend den Zeigefinger erhob. «Immer langsam, Siggi. So wie ich es gehört habe, sieht es nach einem Unfall aus. Einem Unfall auf deinem Firmengelände. Aber bitte, überzeuge mich von deiner Theorie.» Gunnar streckte beide Arme von sich und brachte einen antiken Lampenschirm leicht aus dem Gleichgewicht. «Hier sitze ich und bin ganz Ohr. Warum sollte die Polizei, also ich, in diesem Fall wegen Mordes ermitteln?»

«Weil Siggi glaubt, der Anschlag hätte ihm gegolten», brach es aus Doro heraus, noch bevor Siggi auch nur hatte Luft holen können. Seine Freundin saß mit hochrotem Kopf hinter dem Kassentisch und bog einen Bleistift zwischen ihren Fingern, der jeden Augenblick bersten wollte.

Auch Anton, der mit vorgeschobener Unterlippe dicht neben Siggi stand, schien der überhebliche Auftritt des Polizisten gegen den Strich zu gehen. Er räusperte sich mehrfach. «Der Mann starb in einem Bereich, der den Besuchern des Schätztags offiziell gar nicht zugänglich war», ergänzte er Doros Statement. «Er musste sich dem Brunnen von hinten nähern, um dort zu sterben. Nicht nur, dass es schon verdammtes Pech sein muss, von einem Dekoartikel in einen Brunnen befördert zu werden. Es gelang ihm auch noch, in dem flachen Gewässer zu ertrinken. Dazu gehört schon ziemlich viel Pech.»

«Und er sah mit seiner Statur, seiner Kleidung und der gleichen Basecap wie Siggi aus», ließ Doro sich wieder vernehmen und wies auf einen Hutständer, an dem weitere Exemplare für den Preis von acht Euro hingen. «Das kann doch kein Zufall sein.»

Siggi war gerührt, als er sah, wie seine Freunde für ihn Partei ergriffen. Fast hätte er deswegen seinen Einsatz verpasst, und er bemerkte erst, als Gunnar in seine Richtung schielte, dass er nun an der Reihe war, sich zu äußern.

«Falls ich mich irre und es dem Mörder doch um Pohl ging, könnte die Antwort in diesem Koffer stecken. Deswegen ist er schließlich hergekommen.»

«Du meinst also, in dem alten Ding steckt etwas Wertvolles», schlussfolgerte Gunnar. «Natürlich tut es das. Warum solltest du sonst überhaupt deine Hände danach ausstrecken, du alte Krämerseele.»

«Antiquitätenhändler», korrigierte Siggi schon automatisch.

«Aber um was könnte es sich handeln?», fuhr Gunnar fort, ohne auf die Unterbrechung einzugehen. «Ich habe bereits einen Blick auf das Gerümpel geworfen, und mir ist nichts Besonderes aufgefallen. Du wirst doch nicht die Katze im Sack gekauft haben.»

«Irgendwie schon, und deswegen bin ich auch nicht schlauer als du», gab Siggi zu und sah sich Hilfe suchend nach Anton um. Der zuckte nur mit den Schultern.

«Niemand weiß es?» Gunnar runzelte die Stirn. «Das ist aber seltsam. Warum sollte jemand einen Mann ermorden wollen, weil er einen Koffer voller Plunder verkauft hat? Warum sollte jemand dich ermorden wollen? Das ergibt beides keinen Sinn.»

«Wir haben eigentlich gehofft, die Polizei würde das für uns herausfinden.» Doro malträtierte noch immer den Bleistift zwischen ihren Fingern. «Es ist ja nicht so, als ob wir besonders scharf darauf wären, die Arbeit anderer zu erledigen. Wir haben gerade genug zu tun. Dieser Tote kommt uns sehr ungelegen.»

«Eduard Pohl kam die Säule auch sehr ungelegen», erwiderte Gunnar scharf. «Der Mann ist tot, das ist nicht einfach nur ein störendes Missgeschick. Es sei denn, es war eben doch nur ein Unfall, an dem der Mann vermutlich auch noch selbst die Schuld trug, weil er sich in diesen eigentlich abgesperrten Bereich begeben hat. War es so? Möchte jemand von euch zufällig, dass es so war? Ich hätte Verständnis dafür.»

«Wir wollen, dass du ermittelst. Ich lege nämlich keinen Wert auf Morde und Leichen auf meinem Grundstück. Das hatten wir alles schon mal, und es gefällt mir nicht, wenn andere ihre Probleme bei mir abladen.»

«Ja, das kann ich verstehen. Dein Parkplatz sieht aus wie eine Müllkippe. Und ich will nun ebenfalls diesen Trödel bei dir loswerden.» Gunnar wies auf den Koffer, der jetzt zwischen seinen Füßen stand. «Das Zeug darin scheint mir wie gesagt völlig wertlos zu sein. Und ich kann mir sehr gut vorstellen, dass dieser Pohl einfach nur Pech gehabt hat. Klingt logischer, als dass ihn jemand mit dir verwechselt hat.»

«Für mich nicht», meinte Anton.

Gunnar versetzte dem Koffer einen Tritt, woraufhin er sich rutschend ein Stück auf Anton zubewegte, aber auf halber Strecke an Schwung verlor und stehen blieb. «Bitte schön. Holen Sie das Mordmotiv heraus. Ich kann es nicht, für mich sieht das alles aus wie Ramsch.»

Bereitwillig ging Anton in die Hocke und ließ die angelaufenen Messingschlösser des fleckigen, ehemals braunen Koffers aufspringen. Ein muffiger Geruch stieg in Siggis Nase, als sein Freund den Deckel anhob und angesichts des Sammelsuriums einen Augenblick innehielt. Dann griff er hinein, zog wahllos einen Gegenstand heraus, reichte ihn an Siggi weiter und nahm sich selbst einen weiteren.

Siggi drehte das bunte Souvenir in den Händen und suchte auf der Unterseite nach einer Signatur.

«Ein Leuchtturm aus Gips», konstatierte er schließlich. «Mit lieben Sommergrüßen von Norderney. Neuwert etwa acht Euro. Zeitwert im Cent-Bereich.» Er stellte den kleinen Leuchtturm neben sich und wartete auf Antons Einschätzung, der eine Panflöte in Händen hielt.

«Ein Andenken aus Athen mit leichten Gebrauchsspuren. Jemand hat Lippenstift darauf hinterlassen.»

«Vielleicht ist unser Mörder ja eine Frau», rief Doro aufgeregt.

«Ach ja?» Gunnar saß im Lehnstuhl und fixierte Doro. «Das bringt mich auf einen Gedanken. Wo waren Sie eigentlich, als der Mann im Brunnen ertrank, werte Dame?»

Doro brummelte etwas Unverständliches und senkte den Blick verunsichert auf ihren Bleistift. Da Gunnar nicht auf eine Antwort bestand, hatte er offensichtlich genau das erreichen wollen.

Währenddessen hatte Anton einige Bücher an Siggi weitergereicht, deren Einbände Flecken aufwiesen, die für ihn verdächtig nach Schimmel aussahen. «Diese alten Schinken lassen sich nicht einmal mehr verschenken.»

«Zum Wegschmeißen sind sie aber zu schade», meinte Doro. «Gib sie mir. Ich habe gerade in einem Abendkurs gelernt, wie man aus alten Büchern Kunstwerke fertigt, indem man die Seiten so faltet, dass auf dem Buchrücken Formen oder sogar Worte entstehen. Das sieht sehr hübsch aus. Orimoto nennt man das.»

«Mal sehen.» Jetzt betrachtete er die Namen der Autoren auf den Buchdeckeln genauer. Kein einziger von ihnen klang auch nur ansatzweise interessant.

«Twain, Vendergood, Untermeyer, Williamson. Das sieht

mir alles ziemlich unverdächtig und obendrein wertlos aus», sagte er und legte die Bücher neben den Leuchtturm.

«Warum hast du den Kram dann überhaupt gekauft?», wollte Gunnar wissen.

Siggi schwieg und warf Doro einen vorwurfsvollen Blick zu, doch die schaute wohlweislich nicht zurück.

«Manche dieser Dinge lassen sich nicht spontan zuordnen», stellte Anton fest und drehte eine silberne Puderdose in den Händen. «Ich brauche Zeit, um alles einer genauen Prüfung zu unterziehen.»

«Die haben Sie, Herr Schauer», verkündete Gunnar und stemmte sich aus dem Sessel. «Passen Sie nur gut auf unseren Siggi auf, nicht dass ihn doch noch einer in den Brunnen schubst. Und falls ihr etwas entdeckt, lasst es mich wissen. Allerdings halte ich das für sehr unwahrscheinlich.»

Er hob grüßend die Hand, kollidierte beim Hinausgehen mit dem Türrahmen und war verschwunden. Krachend brach Doros Bleistift in zwei Teile.

«Offensichtlich ist es uns nicht gelungen, ihn zu überzeugen.» Anton schnappte sich den Leuchtturm und den Bücherstapel und legte alles zurück in den Koffer. Er schloss den Deckel, ließ die Schlösser einrasten und streckte sich. «Ich setze mich damit in deine Küche und sehe mir die Sachen alle einzeln an. Vielleicht stoße ich doch noch auf so etwas wie ein Mordmotiv. Dann wärst du aus dem Schneider, und wir könnten die Arbeit am Fall Pohl getrost Gunnar überlassen.»

«Ich danke dir.» Siggi meinte es ehrlich. Ohne Antons Expertise, das wusste er nur zu gut, würde er selbst vermutlich etwas Bemerkenswertes zwischen den Souvenirs übersehen. Anton besaß nicht nur eine große Bandbreite an Wissen, er verfügte zudem über Beziehungen.

«Kann ich die Bücher denn haben?», fragte Doro. «Alte Bücher sind vielseitig verwendbar. Man kann sogar Leselampen aus ihnen bauen.»

«Beeindruckend.» Anton schleifte den schweren Koffer in Richtung Ladentür. «Wenn ich ihren Wert geprüft habe, kannst du die wertlosen Exemplare darunter gern haben.»

Der Kunstexperte hatte kaum den Verkaufsraum verlassen, da stand Doro von ihrem Platz an der Kasse auf, warf die Überreste des Bleistifts in den Mülleimer und verkündete: «Da du nun also doch nicht auf die Jagd nach deinem eigenen Mörder gehst und auch nicht zur Wache musst, um den Koffer zu holen, kannst du dich auch selbst hierhersetzen. Währenddessen überlege ich mir, wie ich einen Haufen kostümierter Gäste im Laden unterbringe. Wir können ja nicht immerzu unter freiem Himmel feiern. Was, wenn es regnet? Und bitte mach dir Gedanken wegen des Mülls auf dem Gelände. So kann es jedenfalls nicht bleiben.»

Doro stolzierte davon, und Siggi setzte sich mit einem Seufzen zu Lola. Die Boxerhündin warf ihm einen mitleidigen Blick zu und legte ihren Kopf in seinen Schoß.

«Hoffentlich findet Anton etwas, das einen Mord wert ist.» Er kraulte sie hinter den Ohren. «Ich wäre viel ruhiger, wenn ich wüsste, dass der Mörder sich nicht im Opfer geirrt hat.»

In der folgenden Stunde blieb es auffallend ruhig im Laden. Die vereinzelten Kunden sahen sich meist schweigsam im Laden um. Siggi wäre fast eingeschlafen. Kein Wunder nach der unruhigen Nacht. Nach einer Weile kamen ein paar ältere Damen herein, die sich für Sammeltassen interessierten und etwas Geld daließen, bevor sie schwatzend und plappernd wieder abzogen. Dann tauchte Doro wieder an seiner Seite auf. Auf ihrem Handrücken klebten blaue Punkte.

«Bist du ein Sams?», fragte Siggi und deutete auf die ungewöhnliche Dekoration.

«Ich habe keine Ahnung, was das sein soll, aber ich habe wichtige Entscheidungen getroffen. Nur leider hapert es an der Umsetzung, denn dafür brauche ich einen starken Mann.»

Siggi schwante Übles.

«Ich habe mir gedacht, wir nutzen unsere vorhandenen Sitzmöbel, um gemütliche Tischgruppen mitten zwischen den Ausstellungsstücken aufzubauen. An denen können die Partygäste Platz nehmen, in Ruhe essen und sich unterhalten. Für eine Tanzfläche ist hier drinnen beim besten Willen nicht genügend Freifläche, aber wir brauchen eine, denn ohne Tanzen ist es keine richtige Party. Also kommt die Musik nach draußen, das Büfett ins Porzellanzimmer und die Gäste überallhin. So müsste es funktionieren.»

«Das klingt für deine Verhältnisse ja ungewohnt strukturiert und tatsächlich nach einem Plan. Wofür brauchst du denn Muskelschmalz? Die belegten Brötchen und Frikadellen werden wohl nicht das Problem sein.»

«Es ist der Platz», erklärte Doro.

«Geht das etwas genauer?»

«Du sollst Platz schaffen», rief sie ungeduldig. «Wenigstens zehn größere Exponate müssen weichen. Wofür haben wir schließlich ein Lager? Ich habe die betreffenden Gegenstände mit einem blauen Punkt gekennzeichnet, und ich gebe dir …», sie las die Uhrzeit von ihrem Handy ab, «… genau eine Stunde Zeit, um diese aus dem Haus zu entfernen und in den Schuppen zu tragen. Sollte es dir dann noch gelingen, den Schrott vom Parkplatz verschwinden zu lassen, bist du mein Held der Woche. Also hopp, hopp!»

Siggi hätte gern behauptet, dass sein Platz an der Kasse sei und er derzeit unabkömmlich wäre. Doch mit einer solch offensichtlichen Lüge wäre er bei Doro niemals durchgekommen.

Also fügte er sich in sein Schicksal. «Von wie vielen Stücken reden wir denn genau?»

«Keine Ahnung, bring einfach alles weg, was einen blauen Punkt hat.» Sie zuckte mit den Schultern und widmete sich dem Display ihres Handys, auf dem es offensichtlich Interessanteres zu sehen gab als ihn.

Siggi wollte sie gerade daran erinnern, dass Ostern vorbei war und er keine Lust hatte, in allen Ausstellungsräumen nach blauen Punkten Ausschau zu halten, doch er wusste, dass sie ihm schon nicht mehr zuhörte. Er kannte Doros manchmal begrenzte Aufmerksamkeitsspanne nur zu gut.

Die erste blaue Markierung war kaum zu übersehen. Gleich im angrenzenden Porzellanzimmer klebte ein Punkt auf dem Deckel einer geräumigen Holztruhe. Siggi fluchte, holte eine Sackkarre und schaffte es mit viel Mühe, das sperrige Möbelstück aus dem Haus und quer über den Hof bis in den Schuppen zu bugsieren, wo er es unsanft ablud. Als er wieder ins Freie trat, bemerkte er das zufällig von ihm fotografierte Fahrrad mit dem Anhänger. Es lehnte noch immer am Gartenzaun. Von einem dunkelblauen Wagen allerdings fehlte jede Spur.

Siggi besah sich das Gefährt genauer und stellte fest, dass im Anhänger mehrere elastische Spanngurte mit Haken aus Metall lagen. Es sah ganz so aus, als wäre mit diesem Rad etwas transportiert worden. Eventuell ein sperriger Überseekoffer? Das würde seine Theorie über Eduard Pohl bestätigen. Wie weit fuhr man üblicherweise mit dem Rad durch die hügelige Eifel? 15 Kilometer? Oder auch 25?

«Was treibst du denn da?» Doro schaute durch ein geöffnetes Fenster aus dem Laden. «Arbeite gefälligst weiter.»

«Aber ...»

«Nichts aber. Wir haben jede Menge Arbeit vor uns!» Das Fenster schloss sich mit einem Knall, und Siggi sah sich gezwungen, seine neusten Überlegungen vorerst für sich zu behalten. Mit einem Seufzer kehrte er zurück in den Laden.

Während er nach und nach die mit einem blauen Punkt versehenen Antiquitäten auslagerte, kümmerte er sich zwischendurch auch um ein paar Kunden, die Fragen stellten oder einfach nur bezahlen wollten. Als nur noch ein dunkelblaues Auto vor seinem Geschäft parkte, befand er, dass er Doro kurz im Laden allein lassen konnte, um sich in seiner privaten Küche die verdiente Kaffeepause zu gönnen.

Es dauerte nicht lange, bis Doro feststellte, dass Siggi sich wieder einmal verdrückt hatte. Kurzzeitig erwog sie, ihn an den Ohren zurück in den Laden zu schleppen, in dem noch so viel Arbeit auf sie beide wartete. Dann aber ließ sie es sein. Ihr selbst war auch nicht mehr nach Organisieren und Umräumen, sie wusste nicht mehr, wo sie anfangen oder aufhören sollte. Ihre Gedanken flatterten wie Kolibris in ihrem Kopf herum – das Signal, dass auch sie eine Pause brauchte. Seufzend lehnte sie sich im Porzellanzimmer an den alten Büfettschrank und nahm eines der dort deponierten Bücher zur Hand. Ein altes Buch mit vergilbten Seiten und speckigem Einband. Fast automatisch begannen ihre Hände damit, die ersten Seiten zu falten, wie sie es in ihrem Abendkurs gelernt hatte. Nach und nach entstanden auf diese

Weise die ersten Zacken eines Sterns auf dem Buchschnitt. Und je mehr sie sich auf das konzentrierte, was ihre Hände taten, umso weniger hektisch flogen die Kolibris hinter ihrer Stirn. Ihr Kopf schaltete ab und ließ sie eine angenehme Leere fühlen. Doch plötzlich spürte sie noch etwas anderes. Ihr Instinkt sagte ihr, dass sie nicht mehr allein im Raum war.

Ihre Finger erstarrten in der Bewegung. Doro hob den Kopf und bemerkte einen großen schlanken Mann mit einem Schlapphut, den er tief über die Stirn gezogen hatte. Ein dunkler Bartschatten bedeckte Kinn und Wangen.

Im ersten Moment verursachte der Mann ihr ein unangenehmes Bauchgefühl. Dann aber setzte ihr Verstand ein und erinnerte sie daran, wo sie war: Sie stand mitten im Porzellanzimmer von Siggis Laden. Ihr Freund selbst war nicht weit weg, und Lola saß zu ihren Füßen. Was sollte ihr schon passieren? Der Mann war ein Kunde wie jeder andere und verdiente es, dass sie ihm freundlich gegenübertrat.

«Hübsch, nicht?» Sie hielt das Buch hoch, damit er den unfertigen Stern im Papier bewundern konnte. «Ich werde eine ganze Kollektion erstellen, die Siggi dann ausstellen und verkaufen kann. Alte Bücher haben wir mehr als genug. Erst gestern haben wir einen Koffer erstanden, in dem ein paar richtig alte Schwarten waren. Leicht angeschimmelt, aber mit etwas Liebe und Duftöl bekomme ich das wieder hin. Sobald ich sie umgestaltet habe, werden es echte Hingucker sein.» Doro verstummte, als Lola ein tiefes Grollen von sich gab. Die Körpersprache des Fremden hatte sich verändert. Er schien am ganzen Körper zu beben, sie konnte ihn atmen hören, es klang fast schon wie ein Schnaufen.

«Was haben Sie? Geht es Ihnen nicht gut?»

Zum ersten Mal hörte sie ihn sprechen. Seine leise Stimme, kaum mehr als ein Flüstern, hatte einen bedrohlichen Unterton angenommen.

«Der Koffer ...»

«Ja? Was ist damit?» Instinktiv machte sie einen Schritt rückwärts, um so viel Abstand wie möglich zwischen sich und den Mann zu bringen.

«Du lässt deine Hände davon. Bleib weg vom Zeidis.»

«Zeidis? Was ist ein Zeidis?», konnte sie gerade noch stottern, dann sprang er mit einem Satz auf sie zu, packte ihren Arm und drehte ihn auf den Rücken.

Doro schrie auf, Lola bellte laut und verstummte genauso plötzlich wieder. «Ja, das schmeckt dir, oder?», hörte sie den Mann sagen. «Hier kommt noch mehr. Fang!»

Aus den Augenwinkeln sah Doro den nichtsnutzigen Wachhund davonspringen. Lola war ein bestechliches Mistvieh, ein ... sie spürte einen dumpfen Schlag an der Schläfe, der ihr die Sinne raubte und sie zu Boden schickte. Nur verschwommen sah sie, wie der Mann die Tür zu einer kleinen Kammer zuschlug, die als Lager für weiteres Porzellan diente, und die Klinke mit einer Stuhllehne verkeilte. Doro rappelte sich auf und wagte ein paar schwankende Schritte vorwärts, als sie erneut die Hand des Fremden spürte. Diesmal im Nacken.

«Du kommst mit mir.»

«Aber ...»

Sein fester Griff auf ihrem Mund ließ Doro verstummen, und sie wurde in Richtung Ladentür geführt. Wo blieb nur Siggi, wenn man ihn brauchte? Aber sie kam notfalls auch gut allein zurecht. Der Mann würde schon erleben, wozu sie auch mit Kopfschmerzen noch fähig war. Doro schlug mit einem Arm und Bein nach hinten aus, verfehlte aber ihren Angreifer, der sie kräftig schüttelte. Etwas fiel laut klappernd zu Boden, es musste ihr Handy sein, Doro brüllte Siggis Namen, doch schon legte sich eine Hand des Fremden wieder auf ihren Mund. Sie wurde durch die Tür gezerrt. Ein Kofferraumdeckel wurde geöffnet, und sie erhielt einen kräftigen Stoß. Sekunden später wurde es dunkel um Doro.

Oben in Siggis Küche saß Anton gelangweilt vor seinem Laptop und hielt dabei die Miniaturausgabe einer Figur von den Osterinseln in Händen.

«Du wirst es kaum glauben», sagte er zu Siggi, «aber auch wenn diese Nachbildung aus Bronze ist, hält sich ihr Wert aufgrund der bescheidenen Größe in Grenzen.»

Siggi zuckte mit den Schultern und goss sich eine große Tasse Kaffee ein. Dann stellte er sie neben Anton. «Und? Hast du irgendetwas entdeckt?»

Anton schüttelte den Kopf. «Es ist kaum zu fassen, wofür die Leute ihr Geld ausgeben. Schau mal, dieser hässliche Esel ist ein Salzstreuer. Wer stellt sich ein Tier auf den Frühstückstisch, dem das Salz aus dem Hintern rieselt?»

«Ich jedenfalls nicht. Falls du in diesem Chaos rein zufällig auf eine Wärmflasche stößt, ist das meine. Doro lässt mich Möbel schleppen, um Platz für die Walpurgis-Party zu schaffen. Mein Kreuz fühlt sich schon an, als würde es gleich brechen.»

«Ich habe hier ein Körnerkissen in Form einer römischen Säule», erwiderte Anton und griff in den offen stehenden Koffer. «Riecht etwas muffig, ist aber bestimmt noch tauglich. Angesichts unseres gestrigen Todesfalls ist es allerdings ein recht makaber anmutendes Mittel gegen Rückenschmerzen.»

«Das kannst du aber laut sagen.» Siggi befühlte den hellbraunen Stoffbeutel voller Kirschkerne und steckte ihn in die Mikrowelle. Beim Erwärmen entstand ein säuerlicher Geruch, der sich in der ganzen Küche verbreitete. Siggi fielen die fleckigen Einbände der Bücher wieder ein.

«Ich erhitze hier doch wohl keine Schimmelpilze. Das stinkt ja ekelhaft.» Er öffnete die Klappe, stopfte sich das Kirschkernkissen hinten in den Hosenbund und gab ein wohliges Stöhnen von sich. «Aber es erfüllt seinen Zweck.»

Ohne einen Gedanken an die Arbeit zu verschwenden, die noch auf ihn wartete, trank er gemächlich seinen Kaffee aus. Dann ließ er Anton mit seinen Nachforschungen in der Küche allein. Als er wieder über die Schwelle seines Ladens trat, bemerkte er sofort, dass etwas ganz und gar nicht stimmte.

4

Der Platz hinter der Kasse war verlassen. Keine Lola und keine Doro, so weit das Auge reichte. Dafür war die Hündin laut und deutlich zu hören. Ihr aufgeregtes Gebell scholl durch alle Räume. Siggi rannte los, um nach Lola zu suchen, und folgte ihrem Kläffen bis zu einer Kammer neben dem Porzellanzimmer, die ihm als Depot diente und deren Tür für gewöhnlich weit offen stand. Jetzt aber war sie verschlossen, und unter der Türklinke klemmte die Lehne eines Biedermeierstuhls. Dahinter kratzte Lola am Holz und gab immer wieder ein verzweifeltes Bellen von sich.

«Was zum Teufel soll das denn?» Siggi zerrte den Stuhl weg, und kaum hatte er die Tür geöffnet, sprang Lola an ihm hoch. Die Hündin führte einen wahren Freudentanz auf, den Siggi erst einmal würdigen musste, bevor er einen Blick in ihr Gefängnis werfen konnte. Aber abgesehen von ein paar umgeworfenen Kleinigkeiten, die vermutlich auf Lolas Konto gingen, wirkte alles ganz normal.

«Wo ist Doro?», fragte Siggi die hechelnde Hündin und begann nach seiner Freundin zu rufen. Er erhielt keine Antwort.

Ratlos wanderte Siggi, gefolgt von Lola, quer durch alle Ausstellungsräume, auch die oberen. Er fand weder Doro noch einen Hinweis darauf, was er durch seine Kaffeepause verpasst hatte. Doro war wie vom Erdboden verschluckt. Zurückgeblieben waren nur blaue Punkte, die auf den verschiedensten Exponaten klebten und ihm immerzu ins Auge sprangen.

Schließlich kehrte er ins Erdgeschoss zurück und wollte sich gerade auf den Weg ins Lager machen, um dort nach Doro Ausschau zu halten, als er den pinkfarbenen, glitzernden Gegenstand bemerkte, der halb unter ein Regal gerutscht war. Als er ihn aufhob, wurde seine Sorge noch um einiges größer. Er hielt Doros Telefon in der Hand. Das Handy, von dem sie selbst sagte, es wäre ihr ganzes Leben. Denn es enthielt neben den üblichen Fotos und Telefonnummern auch eine Reihe digitaler Notizzettel, die der chronisch schusseligen Doro dabei halfen, ihren Alltag zu organisieren.

Seit Siggi wusste, dass seine Freundin unter einer spät diagnostizierten Konzentrationsstörung litt, sah er ihr vieles nach und konnte auch das ein oder andere seltsame Verhalten eher als Symptom einordnen denn als Absicht. Doch mit absoluter Gewissheit konnte er davon ausgehen, dass sie ihr Handy niemals freiwillig auf diese Weise zurückgelassen hätte. Aus irgendeinem Grund hatte Doro das Telefon fallen gelassen und nicht wieder aufgehoben. Bevor oder nachdem sie den Hund eingesperrt hatte? Und aus welchem Grund hätte sie der lammfrommen Lola das angetan?

Auf keine dieser Fragen fiel ihm eine logische Antwort ein, und er setzte seine Suche im Lager fort, doch auch hier hatte Doro sich nicht versteckt. Verwirrt kehrte er in die Küche zurück, um Anton um Hilfe zu bitten. Aber der Kunstexperte saß ebenfalls nicht mehr auf seinem Platz. Nur der Koffer stand geöffnet am Boden und der Laptop unverändert auf dem Esstisch.

«Anton? Verdammt noch mal, was geht hier vor sich? Ist das ein Paralleluniversum? Bin ich der einzige Mensch in dieser Zeitlinie?»

In diesem Moment rauschte die Toilettenspülung, Anton trat aus dem Badezimmer und schaute ihn verständnislos an. «Man wird doch wohl noch pinkeln dürfen, ohne dass die Welt untergeht. Ist etwas geschehen?»

«Weiß ich nicht», gab Siggi zu. «Doro ist verschwunden.»

«Na, vielleicht musste die auch mal», schlug Anton vor. «Das ist doch kein Grund, gleich Alarm zu schlagen.»

«Jemand hat Lola in die Kammer neben dem Porzellanzimmer gesperrt und die Tür blockiert. Doros Handy lag auf dem Fußboden. Anton, ich habe ein ganz blödes Gefühl. Was, wenn das etwas mit diesem Koffer zu tun hat?»

«Nun mal keine Panik», erwiderte sein Freund. Doch die sorgenvolle Miene strafte seine Worte Lügen. «Dafür kann es viele Gründe geben.»

«Ach ja? Welche?» Unwillkürlich begann Siggi an der funkelnden Schutzhülle von Doros Handy herumzuknibbeln. Dabei entdeckte er einen Riss im Display. «Es ist kaputt! Es ist wohl doch nicht einfach nur heruntergefallen, für solche Fälle ist diese hässliche Schutzhülle ja gedacht.»

«Auch mit Schutzhülle kann so ein Telefon mal blöd aufkommen und splittern», meinte Anton und nahm ihm das Handy ab. «Genauso gut könnte es ihr allerdings jemand aus der Hand gerissen und dorthin, wo du es gefunden hast, geworfen haben, damit es für sie außer Reichweite ist. Oder dieser Jemand hat es mit dem Fuß weggekickt.»

«Aha. Jetzt sprechen wir die gleiche Sprache. Was sollen wir deiner Meinung nach tun?»

«Wir vergewissern uns», sagte Anton. «Genau das würde die Polizei auch tun. Das ganze Gelände muss abgesucht werden. Womöglich wurde sie ebenfalls einfach weggesperrt wie Lola. Gut möglich, dass jemand in deinem Laden freie Bahn haben wollte.»

Anton klappte den Koffer zu, ließ die Schlösser zuschnappen und hob ihn auf.

«Was hast du damit vor?», wollte Siggi wissen.

«Nur für den Fall, dass diese neue Entwicklung irgendetwas mit dem Todesfall von gestern zu tun hat, lasse ich das gute Stück bestimmt nicht unbewacht zurück.» Er sah sich um. «Hast du einen abschließbaren Schrank?»

Siggi lotste Anton samt Koffer bis zur Abstellkammer, schob das geheimnisvolle Gepäckstück unter die betagte Alarmanlage und verschloss die Tür sorgfältig. Den Schlüssel gab er Anton.

Anschließend begab er sich mit Anton nach draußen und suchte als Erstes beim Trevi-Brunnen. Von dem grässlichen Gedanken getrieben, nicht auch Doro am Grund des Beckens finden zu wollen, stocherten sie mit einem Spazierstock im trüben Wasser herum. Matsch und Blätter wurden aufgewirbelt, doch auf einen Körper stießen sie glücklicherweise nicht.

Nach dieser Aktion untersuchten sie zuerst das Porzellanzimmer und stießen auf Doros halb fertige Faltarbeit. Anschließend umrundete Siggi Haupthaus und Lagergebäude in immer größer werdenden Kreisen und hatte mehr und mehr das Gefühl, wertvolle Zeit zu verschwenden. Auch Anton, der unablässig Doros Namen rief, klang von Minute zu Minute ungeduldiger.

Auf dem verlassen vor ihm liegenden Parkplatz voller Gerümpel angekommen, reichte es Siggi. Gerade wollte er die Suchaktion für beendet erklären, da fielen ihm die zahlreichen kleinen blauen Punkte neben einer der Regenpfützen auf. Bei näherer Betrachtung entpuppten sie sich als die Art Klebepunkte, mit denen Doro die noch wegzubringenden Möbel gekennzeichnet hatte.

«Anton? Komm sofort hierher!» Siggi ging in die Hocke und sammelte einen der Punkte vom feuchten Boden auf.

War es einer von denen, die Doro auf ihrem Handrücken platziert hatte?

«Was ist los? Was hast du entdeckt?» Anton war zu ihm geeilt, und einen Augenblick später hockten sie zu zweit neben der Pfütze und starrten auf die blauen Punkte, die dort nicht das Geringste verloren hatten.

Siggi erklärte Anton, wozu Doro die Aufkleber benutzt hatte. «Sie könnte sie absichtlich zurückgelassen haben», fügte er hinzu. «Damit wir sie finden.» Siggi schaute sich um, ob es noch weitere Spuren auf dem Parkplatz gab. Und dabei fiel ihm auf, dass etwas fehlte. «Bevor ich zu dir in die Küche kam, um einen Kaffee zu trinken, stand genau hier ein Auto. Ein dunkelblauer Wagen, glaube ich.» Kaum dass er das gesagt hatte, fiel ihm noch etwas ein. «Warte mal ... ich habe doch Fotos vom Tatort gemacht. Und genauso einer parkte gestern auch auf der anderen Seite des Grundstücks, ganz in der Nähe des Brunnens. Sieh mal hier.»

Siggi zückte sein Handy und ließ Anton einen Blick auf die von ihm geschossenen Bilder werfen.

Der Kunstexperte erhob sich und atmete hörbar auf. «Dann könnte ja doch alles ganz harmlos sein.»

«Wie bitte?» Siggi glaubte, sich verhört zu haben.

«Na, du weißt doch, dass deine Freundin gern mal per Anhalter fährt, um von A nach B zu kommen. Vielleicht hat sie sich vom Besitzer irgendeines blauen Autos, denn davon gibt es ja bekanntlich mehrere, mitnehmen lassen.»

«Ohne uns etwas davon zu sagen? Außerdem hat sie mir versprochen, nie wieder zu Fremden ins Auto zu steigen.»

«Unter der Bedingung, dass du ihr einen Dienstwagen zur Verfügung stellst», erinnerte ihn Anton. «Was ist daraus geworden?»

«Es ist nicht so einfach, einen günstigen und verkehrstüchtigen Wagen aufzutreiben», versuchte Siggi, sich zu rechtfertigen. Tatsache war jedoch, dass er in den letzten Tagen einfach keine Zeit gefunden hatte, sich um ein Fortbewegungsmittel für Doro zu kümmern. Im Stillen hatte er gehofft, den fahrbaren Untersatz eines ehemaligen Kumpels, der nun wegen Mordes im Gefängnis saß, günstig kaufen zu können. Aber auch das war nicht so einfach zu bewerkstelligen gewesen wie erhofft.

«Doro hat doch einen Vater im Altersheim», unterbrach Anton seine Überlegungen. «Was, wenn es dem alten Mann nicht gut geht? Sie könnte einen Anruf erhalten haben, bei dem ihr vor Schreck das Telefon aus der Hand gefallen ist. Daraufhin hat der nette Kunde oder die nette Kundin sich bereit erklärt, sie sofort zu ihrem Papa zu bringen. Da blieb natürlich keine Zeit, uns zu informieren. Klingt das logisch?»

Siggi musste zugeben, dass Antons Theorie durchaus glaubwürdig war. Einen Moment lang starrte er auf die blauen Punkte zu seinen Füßen. Dann versuchte er, Doros Handy einzuschalten. Zu seiner Erleichterung leuchtete das Display trotz der Beschädigung auf und schien noch funktionstüchtig.

«Mal sehen, ob sie immer noch diesen nutzlosen Sicherheitscode hat», murmelte er und gab die Zahlen 1 bis 4 ein. Der Bildschirm veränderte die Farbe. «Ich bin drin.»

Als Erstes ging er in die Anrufliste. Dann sah er Anton resigniert an. «Der letzte eingehende Anruf war gestern Nachmittag. Und der letzte ausgehende Anruf wurde am späten Abend getätigt.»

«Und wennschon?» Anton rang die Hände. «Es gibt ja noch andere Möglichkeiten, eine schlechte Nachricht zu erhalten.»

«Der letzte WhatsApp-Kontakt mit ihrem Vater fand heute noch vor Ladenöffnung statt, und die letzte SMS kam von ihrem Mobilfunkanbieter.» Siggi ließ das Handy sinken.

«Ruf ihn an.» In Antons Gesicht zuckte kein Muskel. «Ruf Doros Vater an und vergewissere dich, dass sie nicht dort ist.»

Siggi tat wie ihm geheißen. Er wählte die Nummer von Isä, wie Doro ihren Vater liebevoll nannte, und der alte Mann ging augenblicklich an den Apparat.

«Na, mein kleiner Schatz, wie läuft es im Trödelparadies? Viel zu tun? Ist dein Siggi nett zu dir? Oder muss dein alter Vater handgreiflich werden?»

Siggi spürte, wie sein Mund trocken wurde. Es wäre an ihm gewesen, Isä mit einer netten kleinen Floskel zu antworten, die mit keiner Silbe verriet, dass seine Tochter soeben spurlos verschwunden war. Doch die Worte schienen in seinem Hals stecken zu bleiben und hatten dabei ihre Reihenfolge getauscht.

«... Ordnung», brachte er schließlich heraus. «Ich meine, es ist alles in Ordnung ... Hier spricht Siggi ... Doro hat ihr Handy liegen lassen. Ist sie bei dir?»

Der Mann, den Siggi noch nie getroffen hatte, klang verwundert. «Nein. Sie hat doch viel zu viel zu tun, seit sie dich kennt. Was kein Vorwurf sein soll, ich bin froh, dass mein Mädchen einen Job länger als vierundzwanzig Stunden behalten hat. Und verliebt ist sie schließlich auch, da sollte sie nicht bei ihrem alten Vater herumsitzen. Sorg dafür, dass sie ihr Leben genießt. Das ist es, was ich von dir erwarte.»

«Mach ich», würgte Siggi heraus. «Versprochen.»

Er legte auf und sah Anton an, der ihn stumm beobachtet hatte. Doch noch bevor einer von ihnen etwas sagen konnte, klingelte nun Siggis eigenes Handy. Rasch zog er es hervor und sah auf dem Display einen Anruf mit unterdrückter Rufnummer.

«Ja?», fragte er aufgeregt.

«Siggi?», hörte er Doros leise, ängstliche Stimme.

«Wo steckst du denn, was ist passiert?» Siggi presste sich das Telefon fester ans Ohr, um sie besser verstehen zu können.

«Er wird mir nichts tun. Er hat mich mitgenommen, weil er musste, aber er verspricht, er wird mir nichts tun.»

«Ist das eine Entführung?» Siggi brach der Schweiß aus. «Will der Kerl ein Lösegeld erpressen? Sag schon, ich tue alles, was er will.»

«Er will gar nichts.»

«Nicht?» Verdutzt sah Siggi Anton an, der ihn mit weit aufgerissenen Augen anstarrte und dem Telefonat so gut es ging lauschte. «Aber worum geht es ihm dann?»

«Irgendetwas wie Zeidis oder Zeides. Autsch!» Die Verbindung wurde unterbrochen. Siggi stand wie betäubt da und starrte sein Telefon an. Vor Wut war er kurz davor, das Ding durch die Gegend zu pfeffern. Stattdessen sah er Hilfe suchend Anton an.

«Was ist denn ein Zeidis?»

«Keine Ahnung! Etwas zu trinken? Eine Automarke? Weißt du es denn nicht?»

«Ich habe nicht die geringste Ahnung!» Siggi hörte den Anflug von Hysterie in seiner eigenen Stimme. «Was soll ich denn jetzt machen? Ein Mann wird umgebracht, Doro entführt und das alles wegen …»

«Zeidis.» Anton rieb sich nachdenklich das Kinn.

«Und wenn es dem Mörder doch um mich geht? Wenn all das meinetwegen passiert? Aber was habe ich mit einem Zeidis zu tun?»

«Wurde von dem Koffer gesprochen?», wollte Anton wissen. «Dann wären wir vielleicht einen Schritt weiter.»

«Nein, vom Koffer hat sie nichts gesagt, und auch dann wären wir nicht weiter, denn wir haben ja keine Ahnung, was ein Zeidis sein soll!» Siggi hatte das Gefühl, gleich einen Herzinfarkt zu erleiden.

«Nun mal ganz ruhig», hörte er Anton sagen. «Kannst du dich verhört haben? Du weißt ja, wie schnell aus 80 Euro 180 Euro werden können. Was hat Doro genau gesagt?»

«Dass er sie mitgenommen hat, er ihr nichts tun wird und keine Forderungen stellt. Und irgendwas mit Zeidis», wiederholte Siggi, schloss die Augen und hörte sein Blut in den Ohren rauschen. «Was soll ich denn jetzt bloß tun?»

«Lass uns die Polizei rufen», schlug Anton vor. «Die müssen nach Doro suchen.»

Noch nie hatte Siggi einen Sekundenzeiger so langsam über das Zifferblatt schleichen sehen wie den seiner Armbanduhr in diesen Minuten. Gunnar hatte in ihrem kurzen Telefonat versprochen, sofort zu ihm zu kommen. Den Laden hatte Siggi kurzerhand für den Rest des Tages geschlossen, denn er konnte nur noch an Doro denken. Wann immer sein oder Antons Handy einen Ton von sich gab, sprang er fast vom Stuhl, doch nie war es Doro oder ihr Entführer.

«Es wird bald dunkel», stellte Siggi fest. «Wo bleibt Gunnar denn nur?»

«Guckst du keine Krimis?» Anton lief inzwischen unaufhörlich in der Küche hin und her. «Vor Ablauf der Vierundzwanzig-Stunden-Frist unternimmt dieser Bartels genau gar nichts, um Doro zu finden.»

«Aber wir wissen doch von Doro selbst, dass es sich um

eine Entführung handelt. Was spricht dagegen, sofort zu handeln?», widersprach Siggi.

«Die warten immer einen Tag ab, es sei denn, es handelt sich um ein Kind.»

«Dann behaupten wir eben, sie wäre erst vier!», rief Siggi. «Manchmal benimmt sie sich tatsächlich so. Dann möchte ich sie vor allem beschützen.»

«Lass sie das bloß niemals hören, sonst hast du ihre Handtasche im Gesicht.»

«Im Moment würde ich viel dafür geben, von ihr für eine freche Bemerkung eine gepfeffert zu bekommen», sagte Siggi und fixierte erneut seine Uhr.

Endlich rollte ein Polizeiwagen heran. Siggi lief ihm entgegen und verhinderte im letzten Moment, dass er direkt auf dem Beweismaterial parkte. Gunnar und sein wortkarger Assistent stiegen gleichzeitig aus.

«Also?», wollte Gunnar wissen und trat näher. «Was ist hier passiert? Und in welche Richtung sind die Männer mit ihrer Geisel geflohen?»

«Männer?» Anton sah Siggi von der Seite an und zog die Brauen hoch. «Wieso? Waren es mehrere?»

«Ich könnte in meiner Aufregung vielleicht ein bisschen übertrieben haben», flüsterte Siggi ihm zu.

«Wie bitte?», polterte Gunnar, dessen Ohren besser waren als seine Augen. «Soll das heißen, es gibt gar keine Entführer? Siggi, was stimmt nicht mit dir? Eben noch steigerst du dich in die fixe Idee hinein, der Unfall eines deiner Kunden könnte ein Mordanschlag gewesen sein, der dir gegolten hat, und jetzt kommst du mit einer Entführungsgeschichte um die Ecke?»

«Aber Doro wurde tatsächlich verschleppt», versicherte Siggi ihm schnell. «Schau mal hierher.» Er wies nach unten, wo noch immer die Klebepunkte lagen. «Die hatte sie auf ihrem Handrücken, als der Entführer sie zu seinem Wagen schleppte. Einem dunkelblauen Wagen.»

«Also nur ein Entführer.» Gunnars Stimme zitterte vor unterdrücktem Ärger.

«Einer oder mehrere, das ist doch völlig egal. Jedenfalls habe ich ihr kaputtes Handy im Laden gefunden, und dann hat sie angerufen und gesagt, dass sie entführt wurde.»

«Hm.» Gunnar wirkte unzufrieden. «Und es kann sich nicht um einen verspäteten Aprilscherz handeln?»

«Im Mai?», fragte Anton pikiert. «Außerdem ist das nicht witzig.»

«Mein Hund wurde auch weggesperrt!», zählte Siggi weiter auf. «So etwas hätte Doro nie getan. Jemand hat sie mitgenommen, und ich weiß nicht, warum.»

«Hat deine Freundin bei ihrem Anruf keine Lösegeldforderung übermittelt?», wollte Gunnar wissen.

«Nein, sie sagte nur, er würde ihr nichts tun und dass er nichts haben will.»

«Na, das ist doch schon was.» Gunnar öffnete die Tür des Streifenwagens und machte Anstalten einzusteigen. Sein Assistent tat es ihm gleich.

«Halt», rief Siggi ihm nach. «Du kannst jetzt nicht einfach wieder abrauschen. Jemand muss nach Doro suchen.»

«Das werden wir auch», brummte Gunnar. «Aber nicht bei dir, denn hier ist sie ja nicht mehr, oder? Ich werde eine Fahndung nach einem dunkelblauen Wagen rausgeben. Kannst du mir das Kennzeichen nennen oder wenigstens ein Modell?»

«Keins von beidem», gab Siggi zu.

«Großartig. Das wird uns weiterhelfen.»

«Aber ich habe vermutlich ein Foto, auf dem ein Kotflügel zu sehen ist.» Siggi hielt Gunnar sein Handy hin und zeigte ihm den Schnappschuss vom Brunnen.

«Sehr schnittig.» Auch Axel Schneeweiß beugte sich von seinem Platz auf dem Beifahrersitz über das Display. «Könnte ein Rover sein. Davon gibt es nicht so viele.»

Gunnar sah den schweigsamen Mann verblüfft an. Mit Autos schien er sich auszukennen.

«Ihr müsst sie finden. Sie ist seit Stunden weg, und ich werde langsam wahnsinnig!»

«Langsam?», spottete Gunnar, wurde aber sofort wieder ernst. «Hör mal, Siggi, du musst jetzt die Nerven behalten. Hat Doro nicht gesagt, der Entführer würde ihr nichts tun?»

Siggi wollte widersprechen, merkte aber gerade noch rechtzeitig, dass Gunnar recht hatte. «Ja. Das hat sie gesagt.»

«Na, das ist doch mal eine richtig gute Nachricht. Und die nimmst du jetzt mit ins Bett und ruhst dich ein paar Stunden aus. Ich will nicht, dass dein Freund und du wieder Hobbydetektive spielt oder Amok lauft. Überlass das uns. Wir finden sie schon.»

Als die Scheinwerfer des Polizeiwagens langsam in der Dunkelheit verschwanden, hätte Siggi sich am liebsten in den Dreck geworfen und seinen Frust laut herausgebrüllt. Aber er war kein Fünfjähriger mehr und musste eine bessere Lösung finden.

«Ich suche sie selbst», erklärte er und tastete in seinen Hosentaschen nach dem Schlüssel für seinen Transporter. «Ich fahre die gesamte Gegend ab, irgendwo muss sie ja sein.»

«Schon, aber wie wahrscheinlich ist es, dass du sie irgendwo am Straßenrand aufliest?», fragte Anton und hielt ihn am Arm. «Einfach kopflos in der Gegend herumzukurven, ist kein Plan, Siggi. Wir müssen es anders anpacken.»

«Und wie?»

«Wir tun das, was Gunnar nicht passt. Wir ermitteln. Und dabei arbeiten wir mit dem, was wir wissen.»

«Aber wir wissen doch gar nichts», protestierte Siggi.

«Wir kennen den Namen des Mordopfers: Eduard Pohl. Und dann ist da noch dieses Zeidis-Ding. Je mehr wir über die Zusammenhänge wissen, desto eher begreifen wir, in welche Geschichte wir hineingeraten sind, und finden Doro.»

«Aber wir wissen doch noch immer nicht, ob Pohl wirklich das Opfer sein sollte oder ob es nicht doch um mich geht», wandte Siggi ein.

«Was ist wahrscheinlicher?», fragte Anton. «Dass du, der keine Ahnung hat, was ein Zeidis ist, von Doros Entführer umgebracht werden sollte oder ein Mann, von dem wir noch überhaupt nichts wissen? Also konzentrieren wir uns auf Pohl.»

Siggi musste zugeben, dass das vernünftiger klang, als ziellos herumzufahren. Wieder einmal war er dankbar dafür, den ruhig und überlegt handelnden Anton seinen Freund nennen zu dürfen. Mit ihm an seiner Seite hatte er eine Chance, Doro wiederzufinden.

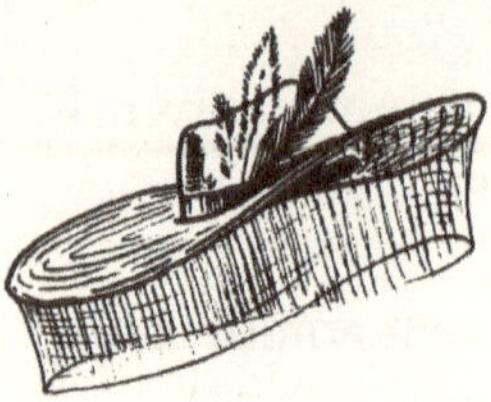

5

Antons Vorschlag gab Siggi das Gefühl, etwas Sinnvolles tun zu können. Gemeinsam durchforsteten sie das Internet auf der Suche nach Eduard Pohl. Leider stellte sich heraus, dass es nicht gerade wenige Männer dieses Namens gab. Nach einer Weile gelang es ihnen, die zu alten oder zu jungen Träger dieses Namens auszusortieren. Übrig blieben zwei Herren, die nicht weit vom Antiquitätenladen entfernt lebten, was zu dem Fahrrad passte, das noch immer an Siggis Zaun lehnte.

Während Anton beide Adressen notierte, starrte Siggi wieder auf sein Telefon und wartete auf ein weiteres Lebenszeichen von Doro.

«Ich würde auch viel dafür geben, wenn sie plötzlich zur Tür hereinkäme, aber das wird wohl nicht passieren», sagte Anton unvermittelt. «Das Beste, was wir jetzt tun können, ist, wenigstens ein paar Stunden zu schlafen, um morgen fit zu sein, wenn wir unsere Suche starten. Hast du Schlaftabletten im Haus?»

«Irgendwo bestimmt.» Siggi hob den Kopf und starrte durch das Fenster in die Nacht hinaus.

«Nimm zwei davon und deinen Hund und pack dich ins Bett», befahl Anton.

«Und was wirst du tun?», fragte Siggi, als er sah, wie Anton den Schlüssel für die Abstellkammer aus der Tasche zog.

«Dasselbe. Aber als kleine Nachtlektüre gönne ich mir

eines von den Büchern aus dem Koffer. Nichts lässt mich so garantiert einschlafen wie ein altes, langweiliges Buch.»

Er verließ die Küche und kehrte gleich darauf mit einem besonders gammlig aussehenden Exemplar zurück. «Vendergood. Ich habe noch nie von dem Autor gehört. Du etwa?»

Siggi schüttelte den Kopf. Er würde nicht einmal versuchen zu lesen. Unablässig kreisten seine Gedanken um Doro, und daran würde vermutlich auch kein noch so gutes Schlafmittel etwas ändern.

Doch er hatte sich geirrt. Die Wirkung des Medikaments traf ihn mit der Wucht eines Auktionshammers, was er erst realisierte, als ihm die Morgensonne ins Gesicht schien. Im Wohnzimmer fand er den schlafenden Anton auf der Couch liegend, mit dem Kopf auf dem Buchdeckel. Sacht berührte er den Freund an der Schulter.

«Der Vendergood war wohl nicht so spannend, was?», fragte er, als Anton die Augen aufschlug.

«Keine Ahnung, ich habe nicht eine einzige Seite gelesen.» Anton gähnte.

«Steh auf. Wir haben einen Mordfall aufzuklären und müssen Doro finden.»

Anton erhob sich widerspruchslos, und eine halbe Stunde später saßen sie im Auto. Lola hatte sich zwischen Antons Füßen im Fußraum vor dem Beifahrersitz zusammengerollt. Als er vom Hof fuhr, konnte Siggi im Rückspiegel das *Geschlossen*-Schild aus Emaille in seinem Fenster hängen sehen. Gut, dass er es am Schätztag zurückgekauft hatte.

Eine halbe Stunde später hatten sie bereits die erste der

beiden Adressen abgehakt. Eduard Pohl aus Nettersheim war jedenfalls der falsche.

«Der Kerl erfreut sich bester Gesundheit», sagte Siggi zu Anton und sah an der Fassade des Mietshauses hoch, von dessen Fenster im zweiten Stock ihnen ein gut gelaunter Mann eifrig nachwinkte. Siggi wusste sehr wohl, dass es nicht angebracht war, sich darüber zu ärgern, aber so war es eben. Sie hatten wertvolle Zeit vergeudet, und Zeit war etwas, wovon er seit Doros Verschwinden abwechselnd viel zu viel oder viel zu wenig zu haben schien.

«Dann muss es der andere auf unserer Liste sein», schlussfolgerte er. «Wohnt der nicht in Euskirchen?»

«Ja, aber jetzt lass mich lieber fahren», sagte Anton und schnappte sich die Wagenschlüssel aus Siggis Hand. «Sonst kommen wir beim richtigen Eduard überhaupt nicht mehr an. Du bist mit deinen Gedanken ständig woanders.»

Siggi stimmte nach kurzem Protest zu, setzte sich zu Lola auf die Beifahrerseite und überprüfte wieder sein Handy. Im Grunde wagte er kaum noch zu hoffen, ein weiteres Lebenszeichen von Doro zu erhalten, und trotzdem wurde ihm der ständige Blick aufs Display bereits zur Gewohnheit. Eine, die er bisher an Doro immer als störend empfunden hatte. Wenn er nur wüsste, wo sie war und wie es ihr dort erging.

«Hier müsste es sein», riss Antons Stimme ihn aus seinen Überlegungen. «Unter dieser Adresse ist ein Eduard Pohl gemeldet. Hoffentlich haben wir dieses Mal mehr Glück und es handelt sich wirklich um den Verstorbenen.»

«Wir sind schon da?»

Ein überraschter Blick auf die Armbanduhr zeigte Siggi, dass die Zeit sich offenbar endgültig gegen ihn verschworen hatte und immer schneller ablief. Kurz streichelte er der im Fußraum dösenden Lola über den Kopf, öffnete die Wagentür und sprang hinunter auf den Bordstein. Vor ihm erhob sich die staubig graue Fassade eines Mehrfamilienhauses aus den späten Fünfzigerjahren. Neben der schweren Eingangstür mit Milchglaseinsätzen prangten ein Dutzend Klingelschilder. Anton drückte seinen Daumen auf das Schild mit dem Namen Pohl.

«Da ist keiner zu Hause», sagte er, als auch nach dem dritten Versuch niemand öffnete.

«Vielleicht, weil er tot ist», erwiderte Siggi.

Anton versuchte nun sein Glück bei einem anderen Namensschild, aber ohne Erfolg.

«Lass mich mal.» Siggi drückte die flache Hand auf die Klingelknopfleiste. Kurz darauf summte der automatische Türöffner.

In dem reichlich gewöhnlich wirkenden Treppenhaus, in dem es nach Zitrusreiniger roch, empfingen Siggi und Anton gleich mehrere Stimmen, die Fragen und ihre Stockwerke durcheinander von oben herunterriefen. Dank Siggis Methode, ins Haus zu gelangen, fühlte sich jeder angesprochen.

«Ruhe!», brüllte Siggi die Treppe hinauf und kam sich schon fast wieder ein bisschen vor wie der doppelte Gunnar. «Wer von Ihnen ist Eduard Pohl?»

«Der ist doch tot, der alte Sack», erwiderte eine ältere Dame mit fliederfarbenem Schal zum blassrosa Strickjäckchen, die aus einer Tür im Hochparterre getreten war. Ihr graues Haar trug sie in einem fast militärisch anmutenden Bürstenschnitt. «Wenn Sie auf der Suche nach einer freien Wohnung sind, müssen Sie sich an den Hausbesitzer wenden.»

«Wir würden uns lieber mit jemandem von Ihnen über Herrn Pohl unterhalten», erwiderte Anton und setzte sein charmantestes Lächeln auf. «Kannten Sie ihn vielleicht näher?»

Während nun eine Wohnungstür nach der anderen zuschlug und es langsam still wurde im Treppenhaus, stützte die Ältere sich auf den hölzernen Handlauf und blickte auf Siggi und Anton herab.

«Die Polizei war schon hier. Wollte wissen, ob er Angehörige hat. Hier zumindest nicht, habe ich denen gesagt. Sind Sie auch von der Polizei?»

«Spezialeinheit.» Siggi zückte seine Krankenversicherungskarte und ließ sie nur kurz in der Hand aufblitzen, bevor er sie wieder wegsteckte. «Hätten Sie Zeit für uns, Frau …?»

«Mein Name ist Hedwig Bentin. Tja, wenn es denn unbedingt sein muss.» Sie winkte Anton und Siggi, ihr zu folgen, und Anton neben ihm schüttelte missbilligend den Kopf über ihre Gutgläubigkeit.

«Ich habe nur Wasser im Haus», rief Frau Bentin und wies ihnen den Weg in ein Wohnzimmer von der Größe einer Streichholzschachtel. Einen Augenblick später saßen sie mit fast bis unter das Kinn gezogenen Knien in den extrem niedrigen Sesseln und lehnten dankend das angebotene Getränk ab.

Siggi kam direkt zur Sache. «Der Tod von Eduard Pohl wirft einige Fragen auf. Wissen Sie, ob der Mann Feinde hatte? Leute, die vor Mord oder Entführung nicht zurückschrecken?»

«Solche Leute wären nicht seine Feinde, sondern eher seine Freunde.» Hedwig Bentin kicherte, wurde aber gleich wieder ernst und setzte sich in den dritten Sessel. «Spaß beiseite. Ich weiß nicht viel darüber, was Eduard so trieb, aber über den Weg getraut habe ich dem Kerl nie. Der hatte so etwas Verschlagenes, wenn Sie wissen, was ich meine.»

«Ja», erwiderte Anton. «War Herr Pohl berufstätig?»

«Irgendwann in seinem Leben bestimmt.» Sie zog die Schultern hoch. «Aber nicht in der Zeit, in der er hier gewohnt hat. Die Psyche soll das Problem gewesen sein. Er war arbeitsunfähig, hieß es. Vermutlich stimmt es sogar. Wer weiß das schon?»

«Hatte er irgendwelche sozialen Kontakte? Eventuell hier im Haus?», wollte Siggi wissen.

«Der Eduard verstand sich eigentlich nur mit Signor Enrique so richtig gut. Die beiden wohnten Wand an Wand und hatten auch die gleiche Haushaltshilfe. Die Frau Dieter hier im Haus hat sich darum gekümmert, dass die beiden Männer in ihren Wohnungen nicht völlig verwahrlosten. Aber Frau Dieter arbeitet heute ausnahmsweise im Supermarkt ihres Mannes, und mit dem Signor Enrique können Sie nicht sprechen, der ist auch tot.»

Anton und Siggi wechselten einen vielsagenden Blick.

«Tot?», wiederholte Siggi schließlich. «Seit wann denn?»

«Oh, nur ein wenig länger als der Pohl. Zehn Tage würde ich meinen. Der war ja auch schon ein älterer Herr im Ruhestand, der Enrique, und nicht mehr ganz gesund. Da wundert es einen nicht, wenn so einer verstirbt. Vom Eduard hätte ich das eher nicht gedacht. Ich nehme an, sie werden bald jemanden schicken, der die Wohnung vom Enrique entrümpelt, damit sie neu vermietet werden kann. Da können die den Krempel vom Eduard ja auch gleich mitnehmen. Dann ist es ein Abwasch.»

Anton räusperte sich hörbar. «Gab es noch andere Todesfälle hier in letzter Zeit?»

«Nein.» Frau Bentin zog die Brauen zusammen, als ob sie verärgert wäre. «Das reicht ja wohl auch, oder? Es ist ja nicht so, als ob dieses Haus verflucht wäre. Wollen Sie noch viele Fragen stellen? Ich habe die Kartoffeln auf dem Feuer.»

«Wir sind schon fast fertig. Ich würde nur noch gern wissen, ob Herr Pohl viel gereist ist», hakte Anton nach.

«Der? Ganz bestimmt nicht. Von welchem Geld denn? Der hatte doch nichts. Ja, mit seinem Fahrrad war der viel unterwegs, er war ja noch recht sportlich für sein Alter. Aber reisen würde ich das nicht nennen.»

Erneut wechselten Anton und Siggi einen langen Blick. Was Frau Bentins Bemerkung über das Fahrrad anging, bestätigte das zumindest die Vermutung, wem das Rad an Siggis Zaun gehörte. Doch wie hatte Eduard Pohl einen Koffer voller Andenken zusammentragen können, ohne zu reisen? Siggi verstand die Welt nicht mehr.

«In welchem Stockwerk wohnten Signor Enrique und Eduard Pohl?», fragte er rasch, weil ihm auffiel, dass Frau Bentin mehrfach auf ihre Armbanduhr sah. Ihr Besuch drohte der alten Dame lästig zu werden. Vermutlich empfand sie die beiden toten Herren auch nicht als interessantes Gesprächsthema.

«Oben im dritten Stock.»

Anton bedankte sich und stand auf. Siggi tat es ihm gleich. Auf der Türschwelle drehte sich Siggi noch einmal zu Frau Bentin um. «Wissen Sie zufällig, was ein Zeidis ist?»

«Warten Sie mal.» Frau Bentin legte die Stirn in Falten und die Fingerspitzen an die Lippen. «Ist das nicht ein Urlaubsort in Spanien? Habe ich jetzt etwas gewonnen?»

Siggi schüttelte hastig den Kopf, und gleich darauf standen sie wieder in dem nach Eintopf und Fahrradkettenöl riechenden Treppenhaus.

«Wir gehen rauf», entschied Siggi. «Leer stehende Wohnungen sind das perfekte Versteck. Vielleicht ist Doro dort oben.»

«Leere Wohnungen sind ein ganz besonders mieses Versteck», korrigierte ihn Anton. «Jedes noch so kleine Geräusch würde doch das Misstrauen der Nachbarn auf sich ziehen. Außerdem ist es ziemlich weit hergeholt, dass Doro dort sein soll. Bisher konnten wir noch nicht einmal einen Zusammenhang zwischen der Entführung und dem Mord an Pohl herstellen. Verrenn dich bloß nicht, Siggi.»

«Aber zwei Bewohner dieses Hauses sind kurz nacheinander gestorben. Das muss doch etwas zu bedeuten haben.» Siggi stieg bereits die Stufen zum nächsten Stockwerk hinauf. «Verschaffen wir uns wenigstens einen Eindruck. Nun komm schon.»

Anton zuckte mit den Schultern und folgte ihm.

Hatte es im Hochparterre von Frau Bentin nur zwei Parteien gegeben, waren es im ersten und zweiten Stock jeweils drei. Die kunterbunte Schuhsammlung neben den Fußmatten ließ darauf schließen, dass diese Ebenen von jungen Familien bewohnt waren. Im Vorbeigehen las Siggi den Namen Ditha und nahm an, dass es sich dabei um die von Frau Bentin erwähnte Haushaltshilfe der beiden verstorbenen Männer handelte.

Im dritten Stockwerk empfing sie eine fast unheimliche Stille. An der ersten Tür stand der Name Pohl, an der zweiten las er «Sponti». Hier gab es keine Gummistiefel und Turnschuhe vor den Türen.

«Signor Enrique hieß also mit Nachnamen Sponti», stellte Anton fest. «Klingt das für dich italienisch oder eher spanisch?»

«Für mich klingt gerade eine ganze Menge spanisch», meinte Siggi. «Wenn Eduard Pohl ein Pleitegeier war, erklärt das zwar, warum er mit dem Rad fuhr und kein Auto hatte, aber woher stammen dann die Gegenstände in seinem Koffer? Ist er mit dem Fahrrad durch halb Europa gegurkt?»

«Vielleicht hat Pohl den Kram in seiner Jugend angesammelt, was erklärt, warum er alles loswerden wollte. Die Sachen bedeuteten ihm nichts mehr. Oder es handelte sich um Mitbringsel von Freunden.»

«Freunde, die er laut Frau Bentin gar nicht gehabt hat.» Siggi schüttelte den Kopf. «Ich finde das sehr eigenartig. Auch dass beide Männer kurz aufeinander gestorben sind. An solche Zufälle glaube ich nicht.»

Anton deutete auf eine dritte Tür am Ende des Treppenabsatzes. «Vermutest du, dass auch der dritte Mieter in diesem Stockwerk in Lebensgefahr schwebt?» Er ging ein paar Schritte weiter, um den Namen auf dem Schild lesen zu können. «Doktor Katzenthal. Tja, die oder der kann den beiden nicht mehr helfen.»

Siggi stellte sich zu seinem Freund, klopfte spontan an die Tür und wartete. Doch dahinter rührte sich nichts.

«Hier ist wohl niemand zu Hause», schlussfolgerte Anton. «Möchtest du auch noch in den vierten Stock hinauf?»

«Unbedingt. Schon der Vollständigkeit halber.» Schon hatte er die ersten Stufen erklommen. Anton folgte ihm, nicht ohne ein leises Seufzen.

Unter dem Dach fanden sich nur zwei Wohnungstüren, von denen eine überhaupt keinen Aufschluss darüber gab, was sich hinter ihr verbarg. Auf ein Namensschild war hier verzichtet worden. An der zweiten prangte ein mit Reißzwecken befestigter Zettel mit der Aufschrift *Pille*, geschrieben mit einem dicken schwarzen Filzstift. Das Dröhnen der Bässe ließ auf einen oder mehrere eher junge Bewohner schließen.

«Iron Maiden», stellte Siggi fest. «Hier leben Menschen mit Geschmack. Aber ob sie uns auch etwas Interessantes zu erzählen haben?»

Er klopfte an, und ein bleiches Mädchen mit rot gefärbtem Haar riss fast augenblicklich die Tür auf.

«Was denn? Beschwerden höre ich mir nicht mehr an, andere in diesem Haus sind viel lauter als ich.»

«Mag sein.» Anton schien unschlüssig, wie er ein Gespräch in Gang bringen sollte, und fragte nach kurzem Zögern: «Kannten Sie Eduard Pohl?»

«Sprechen Sie lauter, ich bin schwerhörig, und die Batterie im Hörgerät lässt schon wieder nach.» Sie deutete auf einen kleinen Knopf in ihrem Ohr.

Er holte tief Luft und fragte wesentlich lauter: «Eduard Pohl! Kannten Sie den?»

«Nein.»

Die Tür schloss sich mit einem Knall.

«Das war nicht besonders aufschlussreich.» Siggi spürte, wie ihn der Mut verließ. Dabei hatten die Ermittlungen in diesem alten Haus durchaus vielversprechend begonnen. Es gab ein zweites Todesopfer und Unstimmigkeiten rund um Eduard Pohl und seinen Koffer. Jetzt aber sah es so aus, als steckten sie in einer Sackgasse.

«Was wollen wir tun?», fragte Anton. «Hier kommen wir nicht weiter.»

«Mal hören, ob Gunnar Neuigkeiten für uns hat», meinte Siggi und wählte bereits die Nummer des Polizeireviers. Doch er kam gar nicht bis zu seinem ehemaligen Schulkameraden durch. Axel Schneeweiß ging ans Telefon und informierte ihn kurz angebunden, dass die Ermittlungen liefen und man sich melden würde, wenn es etwas zu berichten gab.

Wütend legte Siggi auf. «Wir könnten uns ja mal bei Pohl in der Wohnung umsehen», schlug er vor. «Ich bin gerade in der Stimmung, kräftig gegen das Schloss zu treten.»

«Damit man uns wegen Vandalismus einkassiert? Nein, so wird das nichts», sagte Anton. «Ich habe eine bessere Idee. Wir gehen angeln.»

«Ich weiß wirklich nicht, wie uns das weiterbringen soll.» Siggi schleppte seine komplette Angelausrüstung über einen Sandweg, den er noch nie zuvor gegangen war. Er folgte Anton, der zumindest so tat, als ob er wüsste, wo es zum Wasser ging. Lola tobte zufrieden neben ihm her.

«Wir bauen Stress ab», rief sein Freund ihm zu. «Davon hattest du wirklich genug. Erst der Ärger mit der Leiche im Brunnen und nun noch die Sorge um Doro. Da kann man ja gar nicht mehr klar denken. Aber etwas frische Luft regt die grauen Zellen an und wird uns helfen, klarer zu sehen.»

«Glaub ich nicht», brummte Siggi, doch im gleichen Moment sah er einen silbrigen Streifen durch die Zweige schimmern. Der See war schon ganz nah. Prompt wurde ihm leichter ums Herz. Antons Idee hatte doch etwas für sich.

Die Vögel zwitscherten an diesem sommerlichen Tag, und Siggi glaubte tatsächlich zu spüren, wie ein Teil seiner Last von ihm abfiel. Seit Wochen war er nicht mehr angeln gewesen. Nicht, seit er seinen Angelkumpel eingebüßt hatte, der gerade auf seinen Prozess wartete. Und auf die Idee, Anton zu fragen, ob er Lust hatte, ein paar Stunden am See zu verbringen, war er gar nicht gekommen.

Er sah zu seinem Freund hinüber, der soeben eine steile Böschung hinunterstieg und in einen flachen Tümpel watete. «Du willst unbedingt deine Gummistiefel einweihen, oder?», fragte Siggi.

«Ich dachte, das macht man so als Angler», rief Anton zurück.

«Nein, wir besuchen die Fische nicht im See. Es reicht völlig, vom Ufer aus zu angeln.» Siggi warf einen skeptischen Blick auf die Rute, die er für Anton eingepackt hatte. «Ich glaube, es wäre besser, wenn ich die Haken und Köder befestige.»

Minuten später hielt Anton die von Siggi perfekt vorbereitete Angel in der Hand und wirkte regelrecht stolz. «Wie sehe ich aus?»

«Wie ein Profi. Du kannst sie jetzt auswerfen», erwiderte Siggi.

«Und wie macht man das?»

Jetzt wusste Siggi wieder, warum er Anton noch nie zu einem Angelausflug mitgenommen hatte, und stieß einen Seufzer aus. Doch kurz darauf tanzten beide Schwimmer auf den sanften Wellen. Stille kehrte ein, und Siggi versuchte, so wenig wie möglich nachzudenken. Es klappte nicht.

«Wenn er nur sein Wort hält und ihr nichts tut», hörte er sich selbst sagen, was ihm einen vorwurfsvollen Blick von Anton einbrachte.

Doch nach einer weiteren Etappe des Schweigens kam der Experte selbst darauf zu sprechen. «Was für einen Sinn hat es, einen Menschen zu entführen und dann keine Forderungen zu stellen?» Anton blickte hinaus aufs Wasser. «Das klingt doch verrückt? Haben wir es mit einem Verrückten zu tun?»

«Ich hoffe nicht.» Angestrengt überlegte Siggi, ob es eine angenehmere Erklärung gab. «Vielleicht geht es um den Ort. Doro wurde aus irgendeinem unbekannten Grund woanders hingebracht, damit wir dorthin finden. Klingt das logisch?»

«Oder soll sie einfach nur nicht bei dir im Laden sein?»

Anton wandte sich ihm mit ernster Miene zu. «Wurde sie außer Reichweite gebracht, weil sie bei etwas gestört hat?»

Siggi sah seinen Freund entgeistert an. «Was meinst du damit? Wenn ihr Entführer etwas aus dem Laden haben wollte, dann könnte er es fordern und sie dafür freigeben. Tut er aber nicht.»

«Das ist wahr. Geht es also doch um sie als Person? Will er sie einfach nur haben? Das klingt dann aber doch nach einem pathologischen Fall.»

«Hör auf, das mag ich mir gar nicht vorstellen!», brach es aus Siggi heraus.

«Wir sollten uns in ihrer Wohnung umsehen und mit ihrem Vater sprechen. Womöglich weiß der etwas, das uns weiterhilft.»

«Wir packen die Angeln ein, und ab geht's ... ach du Scheiße.» Fast hätte Siggi die Angel fallen gelassen. «Ich habe die Party vergessen. Die Walpurgisnacht, du weißt schon.»

«Sag sie ab», schlug Anton vor. «Jeder wird das verstehen.»

«Ich kann das Fest nicht einfach absagen.» Er bemerkte den hysterischen Unterton in seiner Stimme, bei dem Lola sofort die Ohren spitzte. «Der Pyrotechniker ist bestellt und hat schon etliche Arbeitsstunden in die Vorbereitung investiert. Überall in den sozialen Medien ist die Veranstaltung bereits beworben und viele Male geteilt worden. Einen Caterer habe ich auch engagiert, weil Doro sich geweigert hat, schon wieder ein ganzes Büfett allein auf die Beine zu stellen. Sie wollte nur ein paar Häppchen beisteuern, weil sie mit der restlichen Planung beschäftigt war. Eine Planung, die ich nicht mal genau kenne!»

«Wann ist denn diese Walpurgisnacht überhaupt?», fragte Anton und packte seine Angel fester.

«Na, morgen natürlich, am Dienstag! Grundgütiger, ich steuere sehenden Auges in eine Katastrophe! Und alles nur, weil Doro nicht bei mir ist!»

«Na, ich bin ja auch noch da», sagte Anton und zog ein Gesicht, als ob die Rute in seinen Händen sich soeben in einen schleimigen Regenwurm verwandelt hätte. «Du, Siggi, ich glaube, bei mir hat einer angebissen. Was soll ich jetzt tun?»

«Ihn rausholen selbstverständlich.»

«Ja, aber wie?» Anton zerrte hilflos an der Angel, stolperte ein paar Schritte rückwärts die Böschung hinauf und fiel auf den Hintern. «Hilf mir! Ich weiß nicht, wie das geht.»

Kopfschüttelnd eilte Siggi zu Anton und nahm ihm die Angel ab. «Es sollen sich ja schon Fische totgelacht haben.»

«Ich mach das alles nur für dich, um dich auf andere Gedanken zu bringen», fauchte Anton.

«Das hat in gewisser Weise geklappt.» Siggi zog den Fisch aus dem Wasser und löste den Haken aus dem Maul des Stichlings. Lola sah interessiert zu. «Von jetzt an denke ich zusätzlich auch noch an die Horde Verkleideter, die morgen Abend bei mir einfällt.»

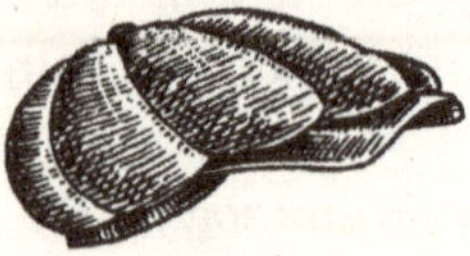

6

Als Siggi seinen Transporter auf den Parkplatz vor dem Antiquitätengeschäft lenkte, fiel ihm sofort der Polizeiwagen auf, der quer zum Haupteingang parkte. Von Gunnar oder seinem Assistenten jedoch war keine Spur zu entdecken.

«Ob er hier ist, weil er Neuigkeiten für uns hat?» Siggi brachte kaum genug Geduld auf, um den Gurt zu lösen, und erst recht nicht zu warten, bis Lola und Anton aus dem Wagen geklettert waren. Er machte sich unverzüglich auf die Suche und wurde hinter dem Haus fündig.

Gunnar Bartels stand, ebenfalls in Gummistiefeln, bis zu den Knien in der trüben Brühe des Trevi-Brunnens und schöpfte mit einem knallbunten Plastikeimer Wasser aus dem Becken. Im Laufschritt eilte Siggi auf ihn zu.

«Was zum Henker tust du da? Warum laufen Wasserströme über meinen Hof? Du sollst doch nach Doro suchen.»

«Gerade suche ich zur Abwechslung etwas anderes.» Gunnar arbeitete stoisch weiter und sah nicht einmal auf. Die nächste Eimerfüllung verfehlte Anton nur knapp, als dieser sich zügig näherte.

«Das war hoffentlich keine Absicht», fauchte Siggi. «Können wir dir vielleicht irgendwie helfen? Ich hätte da noch eine Suppenkelle, um diese fachmännisch durchgeführte Spurensuche zu unterstützen.»

Endlich hob Gunnar den Kopf, ließ den Eimer fallen und

stemmte die Fäuste in die nicht vorhandene Taille. «Lasst mich einfach meine Arbeit machen und spielt woanders, verstanden?»

«Also ziehst du jetzt auch in Erwägung, dass Pohl ermordet wurde», schlussfolgerte Siggi. «Du würdest nicht hier im Dreck wühlen, wenn es nicht einen verdammt guten Grund dafür gäbe. Hängt es mit Doros Entführung zusammen?»

«Es handelt sich lediglich um ein paar Ungereimtheiten.» Gunnar sah sich suchend nach seinem Eimer um, fand ihn dümpelnd am Rand des Beckens und fing wieder an, Wasser nach draußen zu schütten. «Wie es aussieht, wurden durch die Rechtsmedizin an dem Toten Verletzungen festgestellt, die weder dem Sturz ins Becken noch dem Zusammenstoß mit der Säule klar zuzuordnen sind. Eine Lappalie. Ich muss nur etwas finden, woran er sich verletzt hat. Das kann ja nicht so schwierig sein.»

«Versuchen Sie etwa schon wieder, sich aus der Affäre zu ziehen, um bloß keinen Mordfall an der Backe zu haben?» Anton klang jetzt so richtig sauer.

«Ich kläre lediglich den Sachverhalt, um die Kollegen von der Kriminalpolizei nicht völlig unnötig in Marsch zu setzen», korrigierte ihn Gunnar.

«Und was ist mit Doro?», platzte Siggi heraus. «Tust du wirklich alles, um sie zu finden?»

«Alles», behauptete Gunnar und blickte wieder auf den Wasserspiegel. «Nur Taucher habe ich noch nicht eingesetzt. Könnte aber bald so weit sein.»

«Wir könnten Suchplakate drucken», schlug Anton vor. «Und sei es nur, um den Entführer nervös zu machen.»

«Bloß nicht. Nicht, solange wir keine Ahnung haben, worum es dem Kerl geht», meinte Gunnar.

Siggi beobachtete, wie Gunnar sich nach vorn beugte und

einen fingerdicken Tonsplitter aus dem Wasser zog. «Da haben wir ihn ja schon. Wenn man mit dem Gesicht unglücklich auf so etwas fällt, kann das schon mal zu einer kleinen Schramme führen.»

«Das ist ein Bruchstück der Säule», bemerkte Siggi. «Kaum möglich, dass Pohl draufgefallen ist, während er gleichzeitig davon erschlagen wurde, oder?»

Gunnar brummelte etwas und warf den Splitter verärgert zurück ins Becken.

«Eduard Pohl trug also Spuren eines Kampfes im Gesicht?», hakte Siggi nach. «Als ich ihn kurz zuvor am Waffelstand getroffen hatte, war davon noch nichts zu sehen. Ist bei der Untersuchung sonst noch etwas aufgefallen?»

«Nur ein abgerissener Hemdkragen, aber der Schaden kann auch schon älteren Datums gewesen sein.»

«Also, das wäre uns aber definitiv aufgefallen», sagte nun Anton. «Demnach muss sich doch etwas ereignet haben, wahrscheinlich als Pohl sein Fahrrad holen wollte, das noch hier auf dem Gelände steht. Und wenn der Mörder und der Entführer dieselbe Person sind, schwebt Doro in Lebensgefahr.»

«Die meisten verschwundenen Personen tauchen von selbst wieder auf.» Gunnar tat genervt. «Vielleicht hast du deine Freundin ja doch nur mächtig geärgert. Mutest du ihr eventuell zu viel zu? Aktuell jagt in deinem Laden ein Event das nächste, richtig? Da würde so manch einer die Flucht ergreifen oder die eigene Entführung vortäuschen.»

Siggi verspürte den dringenden Wunsch, Gunnar einen Schwinger auf die Nase zu versetzen, der ihn der Länge nach ins Becken kippen ließ. Doch gerade in diesem Moment bückte sich der Polizist und fischte eine verbeulte Coladose heraus.

«Wie die wohl hier gelandet ist? Egal. Mir genügt sie. Mal sehen, ob die Korinthenkacker in der Rechtsmedizin damit zufrieden sind.» Er kletterte aus dem Brunnen und hielt Siggi sein Fundstück unter die Nase. «Diese Dose ist beschlagnahmt. Und bis auf Weiteres darf dieser Brunnen weder verkauft noch betreten werden. Ist das klar?»

Siggi ersparte sich jeden Kommentar, und auch Anton hatte es offensichtlich die Sprache verschlagen. Fassungslos beobachteten sie, wie Gunnar von dannen stapfte und dabei eine Spur nasser Stiefelabdrücke hinterließ. Gleich darauf hörten sie den Polizeiwagen davonfahren.

«Es tut mir leid, das sagen zu müssen, aber wir können nicht auf ihn bauen», stellte Anton fest. «Vermutlich hat diese Gegend die niedrigste Verbrechensrate überhaupt, weil Gunnar einfach lieber wegschaut.»

«Und sein Assistent ist genauso gestrickt.» Siggi seufzte.

Sie verließen den hinteren Teil des Hofs, und Siggi pfiff vergeblich nach Lola, nur um sie auf der Fußmatte sitzend vorzufinden, als er an der Vordertür ankam. Er öffnete die Tür, ließ aber das *Geschlossen*-Schild im Fenster. Ihm war nicht danach, sich um Kundschaft zu kümmern. Erneut kam ihm die Party in den Sinn. Ob er sie doch noch absagen konnte?

«Was hast du als Dekoration geplant?», fragte Anton, der in diesem Moment wohl den gleichen Gedanken hatte. «Hexenbesen und Zauberkessel?»

«Ich weiß es nicht», gestand er. «Doro hat irgendetwas bestellt. Hinten im Porzellanzimmer steht ein Karton voller Krimskrams auf der Anrichte.»

«Ich sehe mir das mal an», sagte Anton und verschwand aus Siggis Blickfeld.

Keine Minute später trat ein weißhaariger Herr in karierter Holzfällerjacke ein und blieb wortlos vor der Kasse stehen.

Er stützte sich schwerfällig auf einen Rollator, an dessen Gestell zahllose reflektierende Sterne klebten.

«Es tut mir leid, wir haben heute geschlossen», sagte Siggi.

Der Fremde erwiderte nichts. Er zeigte auch kein Interesse an den Auslagen und schien nicht zum Stöbern gekommen zu sein. Er stand nur da und betrachtete Siggi, der sich allmählich fühlte wie ein Insekt unter dem Mikroskop.

«Meine Tochter hat mir die Sterne geschenkt. Sie meint, Sterne kann man eigentlich nie genug haben.» Seine Stimme knarrte wie ein alter Truhendeckel.

«Das ist vermutlich wahr.» Siggi war sich sicher, dass er keinen einzigen Stern besaß. Schon gar keinen, der das Licht reflektierte. Die Tochter dieses Mannes schien sehr um seine Sicherheit besorgt zu sein.

«Meine Tochter und ich telefonieren täglich miteinander», fuhr der Mann fort. «Nicht dass ich ihr viel zu erzählen hätte, aber sie möchte mich atmen hören, möchte sichergehen, dass ich noch unter den Lebenden weile.»

Siggi nickte und fragte sich, wohin dieses Gespräch führen sollte. Die Tochter dieses Mannes interessierte ihn überhaupt nicht.

«Heute hat sie noch nicht angerufen. Auch gestern habe ich nichts von ihr gehört. Stattdessen rief mich von ihrem Telefon ein Mann an. Was halten Sie davon?»

Einen Augenblick lang war Siggis Kopf wie leer gefegt. Dann begriff er. «Sie sind Isä!»

«Ebenjener.» Der alte Mann schob den Rollator ein Stück näher an Siggi heran, bis sie einander direkt in die Augen sahen. «Ich komme aus meinem wirklich sehr bequemen Altersheim hierher, weil meine Kriegsverletzung juckt. Das tut sie immer, wenn etwas vor sich geht, von dem ich nichts wissen soll, Siggi.»

Er zog Siggis Namen in die Länge wie einen Kaugummi, und ihm wurde klar, dass Doros Vater nicht gekommen war, um sich irgendwelche Ausreden oder Lügen anzuhören. Doch er zögerte trotzdem, einem Greis ins Gesicht zu sagen, dass seine einzige Tochter entführt worden war.

«Ich dachte, Sie stammen aus Finnland. In welchem Krieg haben Sie denn gekämpft?», versuchte er es mit einem etwas harmloseren Thema.

«Dem vor der Bierbude bei einem Konzert der Leningrad Cowboys.» Isä verzog keine Miene. «Und jetzt halt mich nicht länger zum Narren und pack aus. Was ist passiert?»

Siggi kapitulierte. Er rief nach Anton, der sofort um die Ecke kam, erkannte, dass ihr Besucher schon etwas wacklig auf den Beinen war, und Doros Vater den bequemen Sessel neben den Glastieren anbot. Kaum hatte sich der Mann im Sessel eingerichtet, berichtete Siggi, was sich seit dem Schätztag zugetragen hatte. Er erzählte von Lola, die weggesperrt wurde, dem kaputten Handy und den blauen Punkten auf dem Parkplatz, Doros Anruf und Gunnars Behauptung, sie hätte die Entführung vorgetäuscht. Nachdem er geendet hatte, herrschte für eine Weile Schweigen.

«Doro hat kein großes Durchhaltevermögen», sagte Isä dann. «Sie hat keine Schullaufbahn und keine Ausbildung abgeschlossen und bleibt nur ihrer Sprunghaftigkeit treu.» Ein Lächeln umspielte sein Gesicht bei dem Gedanken an seine Tochter und erstarb wieder. «Aber die Polizei irrt, wenn sie glaubt, meine Tochter müsste eine Entführung vortäuschen, um sich aus dem Staub zu machen. Wäre ihr hier alles zu viel geworden, hätte sie dir den Krempel vor die Füße geworfen und wäre hocherhobenen Hauptes zur Tür hinausmarschiert.»

«Ich mach mir solche Sorgen.» Siggi spürte einen drückenden Kloß im Hals, der ihn kaum atmen ließ.

«Meine Kleine wird an irgendeinem Ort von irgendwem festgehalten, aber sie ist nicht tot.» Der Alte sprach einfach aus, was Siggi kaum zu denken wagte. «Dafür hätte man sie nicht mitnehmen müssen. Wenn keine Forderungen eintreffen, geht es nicht um Erpressung. Also gibt es einen anderen Grund dafür, sie aus dem Verkehr zu ziehen.»

«Ja, aber welchen denn?», platzte es aus Siggi heraus. «Sie trifft keine weltbewegenden Entscheidungen oder plant einen Regierungsumsturz, sie ist nur Doro!»

«Das ist korrekt, und wir wollen sie zurück.» Isä legte die Fingerspitzen aneinander. «Von der Polizei halte ich ohnehin nichts, wir müssen selbst aktiv werden.»

In diesem Moment klingelte Siggis Handy. Hastig holte er es hervor, und sein Herz machte einen Satz, als er sah, dass die Rufnummer unterdrückt war.

«Doro?», rief er atemlos.

«Hör zu, Siggi, ihr dürft den Laden nicht dichtmachen!» Sie war es tatsächlich, er traute sich nicht, sie zu unterbrechen. «Alles muss weiterlaufen wie bisher. Er will das so.»

«Was? Aber warum?», fragte Siggi verzweifelt. «Heißt das etwa, die Walpurgisnacht muss auch stattfinden?»

«Mach einfach weiter wie geplant, dann wird er mich bald freilassen.» Ihr Ton veränderte sich. Sie klang jetzt weniger aufgeregt, fast zärtlich. «Es geht mir gut, Siggi. Wirklich, heute Morgen gab es Cornflakes.»

«Das klingt ... großartig?» Siggis Finger krampften sich um das Handy. Cornflakes. Wenn das ein versteckter Hinweis sein sollte, verstand er ihn nicht.

«Ich bin bald wieder bei dir. Er hat es versprochen. Halte nur den Laden offen.»

«Okay, das mach ich», versprach Siggi. Schon ertönte leise das Zeichen, dass sie aufgelegt hatte.

Langsam hob er den Kopf und stellte fest, dass alle, sogar Lola, ihn wie gebannt anstarrten. Rasch fasste er den Inhalt des Gesprächs für sie zusammen.

«Na, Gott sei Dank, es geht ihr gut.» Anton ließ sich sichtlich erleichtert auf die Tischkante sinken. «Und wir haben endlich so etwas wie eine klare Anweisung erhalten: Weitermachen wie bisher, dann wird alles gut.»

«Ja», erwiderte Siggi zerstreut. «Aber warum? Was ist der Sinn und Zweck des Ganzen?»

«Mir egal, ich will nur meine Tochter», erklärte Isä. «Also: Was hält dich davon ab, jeden Kieselstein auf der Suche nach ihr umzudrehen?»

«Ich muss eine Party steigen lassen.» Ihm wurde bewusst, wie seltsam das in dieser Situation klang. «Und ich habe diesen verdammten Laden offen zu halten, mein Platz ist hinter der Kasse. Ich kann mich nicht zerreißen.»

«Aha. Da kann man Abhilfe schaffen.» Isä erhob sich aus dem Sessel. Im ersten Moment fürchtete Siggi, der Alte wollte ihm beweisen, dass man einen Menschen sehr wohl zerreißen konnte. Dann aber sah er gespannt zu, wie Isä mithilfe seines Rollators den Kassentisch umrundete und auf Siggis Stuhl Platz nahm.

«Nun kannst du gehen.» Isä atmete schwer. «Es hieß nur, der Laden muss offen bleiben. Wer sich darum kümmert, spielt wohl keine Rolle.»

«Du willst hier arbeiten?»

Der Mann nickte. «Solange es sein muss. Mein Platz im Heim läuft mir nicht weg. Außerdem sind die es gewohnt, dass ich ihre Regeln etwas großzügiger auslege. Ein Heim ist schließlich kein Knast.» Er lächelte und tippte auf die Tasten der betagten Registrierkasse. Mit einem leisen Ping sprang die Lade auf. «Es kann losgehen.»

«Danke», brachte Siggi heraus. «Vielen Dank. Dann werde ich jetzt einen Anruf tätigen, der mir im wahrsten Sinne des Wortes Türen öffnen wird.»

«Dann aber los.» Isä wedelte mit den Händen herum, als versuchte er, ein lästiges Insekt zu verscheuchen.

Mit dem guten Gefühl, sich auf Doros Vater und Anton verlassen zu können, trat Siggi aus dem Laden heraus und atmete erst einmal tief durch. Doro ging es gut, sie hatte zu essen und war guten Mutes. Und sie würde zu ihm zurückkehren, solange er sich nur an die Spielregeln hielt. Wie gut, dass Isä gekommen war, um ihn zu unterstützen. Isä ... Siggi runzelte die Stirn und ging noch einmal zurück. Der Alte saß am selben Platz wie zuvor und sah sich interessiert um.

«Isä ist doch das finnische Wort für Vater», rief Siggi ihm zu. «Wie soll ich dich denn nennen?»

Der andere hob die Brauen und zuckte mit den Schultern. «Isä. Wie sonst?»

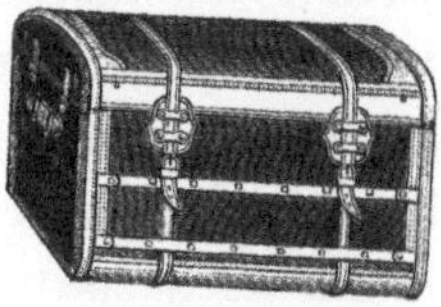

7

Rasch hatte Siggi die Telefonnummer der von Frau Bentin erwähnten Reinigungskraft über ihre Adresse ausfindig gemacht. Entschlossen wählte er und hörte gleich darauf eine junge weibliche Stimme.

«Ditha?» Es klang mit ihrem Dialekt eher, als würde sie nach einem Mann mit diesem Vornamen fragen.

«Guten Tag, Frau Ditha. Wir kennen uns zwar nicht persönlich, aber mir ist zu Ohren gekommen, dass Sie meinem Vetter Eduard die eine oder andere Arbeit im Haushalt abgenommen haben.»

«Das war rein nachbarschaftlich», versicherte sie mit sich überschlagender Stimme. «Von einem Arbeitsverhältnis kann keine Rede sein.»

«Natürlich nicht, das sagt ja auch gar keiner», beeilte sich Siggi zu versichern. «Ich möchte nur wissen, ob er Ihnen zufällig und wegen des guten nachbarschaftlichen Verhältnisses auch einen Wohnungsschlüssel überlassen hat. Sehen Sie, ich werde wohl die Entrümpelung übernehmen müssen. Da wollte ich mir im Vorfeld mal ansehen, was auf mich zukommt. Ob es nötig wird, eine Firma zu beauftragen beispielsweise. Könnten Sie mich in die Wohnung meines Onkels einlassen? Eventuell gleich morgen?»

«Ich weiß nicht recht.» Sie klang zögerlich. «Wäre das nicht eigentlich die Aufgabe des Vermieters?»

Siggi knirschte mit den Zähnen und schüttelte hastig eine

weitere Lüge aus dem Ärmel. «Schon, aber der ist ja gerade verreist und hat selbst vorgeschlagen, ich solle mir bei den anderen Mietern Hilfe suchen. Und als ich mich umgehört habe, fiel gleich Ihr Name. Wenn es Ihnen also nicht allzu viel Mühe macht ...»

«Ist der Typ etwa schon wieder auf Malle? So ein Leben möchte ich mal haben.» Frau Ditha schnaubte ärgerlich. «Na gut. Dann kommen Sie morgen so gegen elf vorbei. Aber nicht später. Ich habe schließlich noch andere Dinge zu tun.»

«Ich werde Sie nicht lange aufhalten», versprach Siggi.

«Elf Uhr», wiederholte sie. «Wie heißen Sie denn überhaupt?»

«Malich», erwiderte Siggi wahrheitsgemäß und legte auf.

Sein Herz jubilierte. Frau Ditha würde ihm die Tür zu Pohls Wohnung aufstoßen und ihm damit die Gelegenheit geben, mehr über den Toten zu erfahren. Mit etwas Glück führte eine Spur von Eduard Pohl bis zu Doros Entführer oder wenigstens diesem seltsamen Zeidis, was immer das auch war.

Beschwingt kehrte er in den Antiquitätenladen zurück, wo Isä neben der Kasse saß und gerade durch dicke Brillengläser hindurch versuchte, ein paar winzige Preisschilder zu entziffern. Sie hingen allesamt an schwarzen Zylindern, die eine Gruppe frisch eingetroffener Kunden im ganzen Geschäft zusammengesucht hatte. Siggi bot seine Hilfe oder wenigstens eine Lupe an, doch Doros Vater winkte ab. Auch die gerade eintretenden Kunden bedurften keiner Beratung, also begab sich Siggi auf die Suche nach Anton, der vermutlich bereits mit den Partyvorbereitungen beschäftigt war. Tatsächlich entdeckte er ihn auf einer Leiter, wo er fleißig Girlanden aus Papier-Hexenhüten an der Decke befestigte.

«Ich weiß nicht, ob wir diese künstlichen Spinnweben überhaupt brauchen werden», rief sein Freund ihm zu und deutete auf ein weißes Gewölle am Fuß der Leiter. «Ich habe hier oben ein paar Originale entdeckt, die durchaus prächtig sind.»

«Lass das nicht Doro hören, wenn sie erst wieder da ist. Sie ist sehr stolz auf ihre Fortschritte, was die Sauberkeit in meinen Räumen betrifft.»

Auch Siggi schritt zur Tat und ordnete, wie Doro es geplant hatte, die herumstehenden antiken Stühle aus den unterschiedlichsten Epochen um die ihm zur Verfügung stehenden Tische an. Das Ergebnis konnte sich sehen lassen. Als der Feierabend nahte, waren einige zuvor vollgerümpelte Bereiche des Ladens gar nicht mehr wiederzuerkennen, und Platz für das Büfett war ebenfalls geschaffen worden.

Gerade wollte Siggi ein paar Teller auf der Anrichte im Porzellanzimmer stapeln, als ihm etwas Seltsames auffiel. Im hinteren Teil des Ladens schien eine ihm unbekannte Kunstinstallation aus dem Boden gewachsen zu sein. Siggi sah sich die Ecke, die nur von einer Messingstehlampe unzureichend ausgeleuchtet wurde, genauer an. Jemand hatte eine Biedermeierkommode freigeräumt und alle Vasen sowie Porzellanfiguren und Bücher, die zuvor darauf standen und lagen, mitten im Gang zu fragilen Türmen gestapelt.

Stirnrunzelnd begann er, den ursprünglichen Zustand wiederherzustellen. Er hatte volles Verständnis für Kunden, die sich eines der Ausstellungsstücke, auch die Möbel, genauer ansehen wollten, bevor sie sich zum Kauf entschlossen. Und natürlich war gerade die Oberfläche einer Kommode von großem Interesse. Nur hätte diese Person alle auf dem Boden verteilten Dinge auch gern selbst wieder zurückstellen dürfen.

Nachdem er für Ordnung gesorgt hatte, kehrte er ins Porzellanzimmer zurück. Dort traf ihn fast der Schlag.

«Anton?», brüllte er, so laut er konnte. «Wir werden sabotiert!»

Das Klappern der Leiter war die Antwort, und mit hastigen Schritten eilte Anton um die Ecke, blieb im Türrahmen stehen und sah sich irritiert um.

«Wo kommt das denn alles her?» Anton bückte sich und nahm ein Bündel alter Zeitschriften an sich. «Der Hustler?»

«Du wirst es nicht glauben, aber alte Magazine dieser Art verkaufen sich besser als Bibeln.» Ärgerlich öffnete Siggi die beiden unteren Klappen des Büfettschranks. «Das war alles hier drin. Irgendjemand ist in dieses Zimmer eingefallen wie ein wilder Hunne und hat alles auf den Boden gekippt. Die Kommode dort drüben ist auch ausgeräumt worden und weiter hinten im Laden das Gleiche. Wer macht denn so was? Der Laden ist doch gerade erst zwei Stunden offen.»

«Das Zimmer wurde durchsucht», sagte Anton. «Und das, während ich nur ein paar Meter entfernt Hexenhüte an die Decke gepinnt habe.» Er wandte sich Siggi zu. «Ob es um Zeidis geht? Ob das der Grund ist, warum wir den Betrieb normal weiterlaufen lassen sollen? Damit jemand sich hier ungeniert umsehen kann?»

Siggi hatte auch darauf keine Antwort. Er stopfte alle Zeitschriften zurück an ihren Platz, ordnete alle Gegenstände und versuchte sich zu erinnern, ob ihm jemand aufgefallen war. Die Kunden waren gekommen und gegangen, während Anton und er die Party vorbereitet hatten, aber jemand, der sich seltsam benommen hätte, war nicht darunter gewesen.

«Wir müssen wachsamer sein», sagte er zu Anton. «Dinge geschehen direkt vor unserer Nase, und wir sind noch immer völlig ahnungslos, worum es eigentlich geht.»

Anton nickte grimmig. Dann packte er Siggi unvermittelt

am Arm. «Hast du das gerade auch gehört? Was war das?» Alarmiert sah er sich um.

Im ersten Moment wusste Siggi nicht, wovon Anton sprach, dann aber vernahm er ein schabendes Geräusch, das seinen Ursprung in ihrer unmittelbaren Nähe haben musste.

«Das kommt aus der kleinen Kammer», rief Siggi, als er sah, dass die Tür des Nebenraums schon wieder geschlossen worden war. Energisch riss er sie auf und blickte in traurige Hundeaugen. Lola hatte mit ihren Krallen am Türrahmen deutliche Spuren hinterlassen.

«Warum bellst du nicht?», fragte Siggi. «Und wer hat dich hier drinnen eingeschlossen?» Sein Blick fiel auf eine leer gefressene Packung Hundekekse, die zwischen ihren Pfoten lag. «Mein Hund ist bestechlich.»

«Zu schade, dass sie uns auf die zweite Frage keine Antwort geben kann.» Anton strich der Boxerhündin liebevoll über das Fell. «Ganz offensichtlich haben wir es mit jemandem zu tun, der Lola nicht in seiner Nähe haben will, während er Schränke und Schubladen durchsucht.»

Siggi überlegte. «Und wenn es gestern auch so gewesen ist? Wenn Lola und Doro dieser Person in die Quere kamen und deswegen kaltgestellt wurden?»

«Dann kann Lola von Glück sagen, dass sie nicht auch auf der Vermisstenliste gelandet ist», schlussfolgerte Anton. «In jedem Fall schlage ich vor, diese Tür in den kommenden Tagen vorsorglich abzuschließen oder zu entfernen, damit sich das nicht wiederholt.»

«Ich hoffe, unser sonderbarer Besucher überlegt sich dann keine andere Möglichkeit, um Lola loszuwerden.» Siggi beschlich ein mulmiges Gefühl. «Diesmal waren es nur Hundekekse. Aber was, wenn man ihr das nächste Mal einen vergifteten Köder anbietet?»

Anton schwieg einen Moment. Dann sagte er: «Vielleicht wäre es besser, Lola für die Dauer unserer Ermittlungen nicht mehr allein im Geschäft herumstromern zu lassen. Sie muss zu ihrer eigenen Sicherheit in der Wohnung bleiben.»

«Toll.» Siggi sah Lola vorwurfsvoll an. «Du bist mir ein schöner Wachhund. Lässt dich von uns bewachen. Glaub bloß nicht, dass du heute noch Abendessen bekommst.»

Von der Drohung völlig unbeeindruckt zockelte Lola davon. Siggi folgte ihr und kam gerade rechtzeitig, um Doros Vater in die Jacke zu helfen. Dann schnappte sich Isä seinen Rollator und schlurfte dem Ausgang zu. «Morgen komme ich wieder», sagte er zum Abschied. «Und jeden weiteren Tag, bis Doro wieder da ist. Also sieh zu, dass du sie herschaffst, Siggi Malich.»

«Das werde ich», sagte Siggi. Isä antwortete nur mit einem unwilligen Grunzen.

Auf dem Parkplatz wuchtete der Alte seinen Rollator in den Kofferraum eines Taxis, stieg ein und war verschwunden.

«Er ist ein netter Kerl», stellte Anton fest. «Ich mag ihn.»

«Ja, aber ich fürchte, er wird uns beide zu Hackfleisch verarbeiten, wenn wir ihm seine Tochter nicht zurückbringen.» Siggi spürte, wie Lola ihm zärtlich über den Handrücken leckte. Vor ihm lag ein weiterer Abend ohne Doro. Und alles, was er tun konnte, war hoffen, dass es ihr gut ging. Falls es wirklich ihr Entführer gewesen war, der im Laden nach etwas gesucht hatte, dann hatte er es hoffentlich gefunden.

8

Eigentlich geht das so nicht.» Frau Ditha, eine dünne, kleine Frau mit nachtschwarzem Haar, stieg vor Siggi die Treppen zum dritten Stock hinauf. Zu der jungen Stimme vom Telefon gehörte, wie sich nun herausstellte, eine Mutter dreier Kinder im Kleinkind- und Kindergartenalter, die leicht gestresst wirkte, als Siggi an ihre Tür klopfte. Den kleinsten ihrer Sprösslinge trug sie auf ihre Hüfte gestützt im Arm, während sie die Wohnungstür im dritten Stock aufschloss und Siggi in einen dämmrigen Flur führte.

Es war Punkt elf Uhr, und er hatte sich nach einer weiteren unruhigen Nacht auf den Weg nach Euskirchen gemacht, während Anton und Isä den Laden offen hielten und weitere Vorbereitungen für die Walpurgisnacht trafen.

«Ich meine, auch wenn Eddie tot ist», fügte Frau Ditha hinzu, «ist es doch immer noch seine Wohnung. Aber wenn Sie wirklich sein Vetter sind, ist es wohl in Ordnung.»

Sie trat beiseite, um Siggi den Vortritt zu lassen. Gespannt warf er einen Blick in das Wohnzimmer und hielt verwirrt inne, als er die kärgliche Einrichtung sah. Die fleckigen Kordbezüge auf den Sesseln, die abgewetzten Teppiche und zerschrammten Tischbeine ließen den Schluss zu, dass der gute Eddie einen Großteil seiner Möbel direkt vom Sperrmüll bezogen hatte. Dekorationen und Bücher waren nicht vorhanden. Darauf schien der ehemalige Bewohner dieser Räume keinerlei Wert gelegt zu haben.

«Sie sehen irgendwie erstaunt aus. Haben Sie etwas anderes erwartet?» Sie setzte ihren quengelnden Säugling auf den Boden, wo er blitzschnell auf allen vieren aus ihrem Sichtfeld krabbelte.

Siggi war sich nicht sicher, ob die junge Mutter mutig oder gedankenlos handelte. Er hätte nicht die Hand dafür ins Feuer gelegt, dass in dieser Wohnung keine verschluckbaren Kleinteile wie etwa Kronkorken am Boden lagen. Schweigend ließ er den Blick über seine Umgebung wandern und verglich sie in Gedanken mit dem Inhalt des Reisekoffers, der ein ganz anderes Bild von Pohls Lebensumständen gezeichnet hatte. «Ich gebe zu, ich bin ein wenig verwirrt. Eigentlich hatte ich mehr Andenken erwartet. Erinnerungsstücke, Sie verstehen?»

Jetzt war es an Frau Ditha, verblüfft dreinzublicken. «Erinnerungsstücke? An was sollte Ihr Vetter sich denn erinnern wollen? Der erzählte doch bei jeder Gelegenheit, wie schlimm ihm das Leben mitgespielt hat. Wie ihm seine Frau alles Geld abknöpfte und verjubelte, beispielsweise. Aber die ist ja nun auch schon lange tot, soviel ich weiß. Eduards Erbe gehört wohl jetzt Ihnen.» Sie machte eine allumfassende Geste, bevor sie die Arme plötzlich sinken ließ und ein sorgenvoller Ausdruck in ihr Gesicht trat. «Ich bin mir allerdings nicht sicher, ob irgendwo noch versteckte Schulden auf Sie lauern. Im Hinblick auf Eddies Wettleidenschaft sollten Sie die Erbschaft vielleicht besser ausschlagen.»

«Keine schlechte Idee.» Siggi warf einen Blick in die benachbarte Küche, die in einem noch erbärmlicheren Zustand war als das Wohnzimmer. Die vergilbten Fronten waren vor Jahrzehnten sicher einmal weiß gewesen, und Siggi kam nicht umhin, den Mann zunehmend zu bemitleiden.

«Aus dem Kühlschrank habe ich bereits alles rausgenommen, was vergammeln kann», rief Frau Ditha ihm zu. «Aber wenn Sie die Salami wiederhaben wollen ...»

«Nein, vielen Dank.» Enttäuschung machte sich in Siggi breit. Er hatte auf Hinweise gehofft. Irgendetwas, das ihm bei der Suche nach Doro weiterhalf oder wenigstens verriet, was ein Zeidis sein könnte, den er dem Entführer dann nur allzu gern überlassen würde. Doch das, was Eduard Pohl der Welt hinterlassen hatte, half ihm dabei nicht weiter.

Siggi schnappte sich einen Stapel geöffneter Briefumschläge vom Küchentisch und sah ihn durch. Doch außer unbezahlten Rechnungen, ein paar Wettscheinen von Hunderennen und jeder Menge Werbung fand er nichts Brauchbares. Auch die weitere Durchsuchung der Küche förderte keine Informationen zutage. Am Kühlschrank klemmte lediglich die Adresse eines chinesischen Schnellrestaurants. Es gab keine Telefonnummern oder Adressen von Personen, mit denen Eduard Pohl verkehrt hatte. Und falls seine einzige Leidenschaft neben dem Radfahren das Wetten gewesen sein sollte, so ließ der Zustand seiner Wohnung vermuten, wie wenig Erfolg er damit gehabt hatte.

«Ob Zeidis ein Rennhund ist?», überlegte Siggi laut und erntete einen fragenden Blick von Frau Ditha, die ihm inzwischen in die Küche gefolgt war und, wohl aus reiner Gewohnheit, einige Krümel von der Arbeitsplatte fegte. Mit einem Mal streckte sie die Hand nach einem kleinen Teddybären aus, der auf dem einzigen Küchenstuhl gesessen hatte, und reichte ihn an Siggi weiter. «Grüße aus Berlin», stand auf dessen Bauch.

«Meinten Sie so ein Erinnerungsstück?», fragte sie.

«In etwa.» Siggi nahm den Teddy und setzte ihn auf die Fensterbank. «Wissen Sie, wer ihm den mitgebracht haben könnte?»

«Das war bestimmt Enrique von nebenan. Der hatte immer so sonderbare Einfälle.»

«Und es gab wirklich keine weiteren Souvenirs in dieser Wohnung?», wollte Siggi wissen. «Auch nicht bis vor ein paar Tagen? Seit wann haben Sie für Eduard geputzt?»

«Vor ein paar Monaten habe ich hier zum ersten Mal geholfen, aber sagen Sie es nicht weiter.» Sie zog eine Grimasse.

«Schon klar. Das geht mich auch gar nichts an.» Siggi winkte ab. «Ich wundere mich allerdings, wie sich Eduard angesichts dieses Elends eine Haushaltshilfe leisten konnte.»

«Das konnte er nicht, Enrique hat mich dafür bezahlt. Er sagte mir, er würde nicht wollen, dass Eddie total verlottert. Vielleicht gruselte ihn aber auch der Gedanke, irgendwelches Ungeziefer könnte auf lange Sicht zu ihm übersiedeln, wenn hier niemand für Ordnung sorgt.»

«Ein regelrechter Gönner, dieser Enrique.» Siggi war ehrlich beeindruckt.

«Viel zu gut für diese Welt, wenn Sie mich fragen. Aber sehr einsam. Ganz allein ist er gestorben, und wenn ich ihn nicht gefunden hätte, läge er noch tot in seinem Bett. Danach wollte Eddie das Geld für meine Arbeit selbst aufbringen. Er meinte, er hätte sich an den Luxus einer Reinigungskraft gewöhnt. Ich finde es sehr clever von ihm, kurz vor Monatsende zu sterben. Nun gehe ich wohl leer aus.» Sie warf einen verdrießlichen Blick auf den Berliner Teddybären, als würde der irgendeine Schuld an dieser Misere tragen, und Siggi war erleichtert, dass sie sich mit ihren Zahlungsforderungen nicht an ihn hielt.

«Vielleicht haben Sie ja Glück und die neuen Mieter können Ihre Hilfe ebenfalls gut gebrauchen.» Siggi verließ die Küche und kehrte zurück in den kleinen Flur, wo Eduard

Pohls aktuelle Post ungeöffnet auf einem Bord unter dem Schlüsselkasten lag. Darunter fand sich noch mehr Werbung und die Mahnung eines Wettbüros aus Simmerath.

«Wer weiß, wann die beiden Wohnungen überhaupt wieder vermietet werden.» Sie seufzte. «Gut möglich, dass man die von Herrn Sponti mit der von Doktor Katzenthal zusammenlegt, um eine große zu schaffen. Aber das steht noch in den Sternen. Wo doch dieser angebliche Sohn von Enrique spurlos verschwunden ist.»

Hellhörig geworden legte Siggi die Briefe zurück an ihren Platz und wandte sich Frau Ditha zu. «Verschwunden? Einfach so?» Augenblicklich musste er an Doro denken.

«Als ob es ihn nie gegeben hätte», fuhr sie eifrig fort. «Dabei habe ich ihn beobachtet, wie er aus Enriques Wohnung kam. Der Typ hatte einen Fischerhut auf dem Kopf – ich habe kaum sein Gesicht gesehen – und roch nach Mottenkugeln. Er muss sich selbst reingelassen haben. Und als ich von ihm wissen wollte, wer er ist und woher er einen Schlüssel hat, da hat er mir erzählt, er wäre der Sohn und würde sich um die Auflösung der Wohnung kümmern. Da war ich natürlich erleichtert. Es kann ja nicht einfach jeder hier herumlaufen, wie er lustig ist. Trotzdem habe ich hinterher beim Hauseigentümer angerufen, und jetzt denken Sie mal: Bei dem hatte sich kein Sohn von Enrique gemeldet.»

«Ach was.» Siggi tat erstaunt, konnte aber sein aufkommendes Unbehagen nicht unterdrücken. Wenn die wachsame Nachbarin einmal schlau genug gewesen war, sich beim Vermieter rückzuversichern, dann hatte er wirklich großes Glück gehabt, von ihr überhaupt hereingelassen zu werden. Hoffentlich scheute sie sich, den Eigentümer in seinem angeblichen Mallorca-Urlaub aufzuschrecken.

«Dieser Sohn ist nie mehr aufgetaucht», wiederholte sie.

«Und jetzt kommt das Beste: Laut der Behörden, an die der Hausbesitzer sich mittlerweile gewandt hat, hatte Enrique gar keinen Sohn. Seltsam, oder?»

«Sehr seltsam», bestätigte Siggi und zweifelte keine Sekunde daran, dass jemand da eine ähnliche Lüge wie er selbst angewandt hatte. Allerdings besaß die Person im Unterschied zu ihm einen eigenen Schlüssel.

Mit einem Mal kam Siggi ein Gedanke. «Wer hat denn noch alles einen Schlüssel zu dieser Wohnung?»

«Nur ich. Und Enrique. Die beiden hatten sich gegenseitig einen Schlüssel für Notfälle überlassen. Sie waren ja beide allein. Und unser Vermieter hat meines Wissens einen Generalschlüssel.»

Siggi hatte das Gefühl, nicht weitergekommen zu sein. «Nun, ich habe heute noch weitere Termine. Vielen Dank, dass Sie sich die Zeit genommen haben. Ich denke, um Eddies Hinterlassenschaften zu beseitigen, braucht es kein Entrümplungsunternehmen. Das schaffe ich schon allein.»

«Wie Sie meinen.» Frau Ditha wandte sich zum Gehen.

«Moment.» Siggi hielt sie zurück. «Haben Sie nicht etwas vergessen?»

Einen kurzen Moment lang sah sie ihn fragend an. Dann fiel es ihr ein.

«Ach du liebe Güte! Wo ist denn Jonas abgeblieben? Jonas!» Sie rannte zurück ins Wohnzimmer.

Siggi beteiligte sich nicht an der Suche nach dem Kind. Er hatte eine Reihe Schlüssel entdeckt, die ordentlich an ihren Haken hingen. Ohne groß darüber nachzudenken, steckte er das Exemplar, das am ehesten nach einem gewöhnlichen Wohnungsschlüssel aussah, in seine Hosentasche. Keine Sekunde zu früh, denn schon nahte Frau Ditha mit ihrem Sprössling auf dem Arm. Das Gesicht und die Hände des Kleinen ließen vermuten, dass er irgendwo einen Kugelschreiber gefunden haben musste.

«Ich kann Ihnen gar nicht sagen, wie froh ich bin, wenn er das Krippenalter erreicht hat und ich wieder richtig arbeiten gehen kann. Nicht jede Frau ist zur Mutter geboren, das habe ich mittlerweile eingesehen.»

Siggi, der selbst keine Kinder hatte, wusste nicht, was er dazu sagen sollte. Als er hinter ihr wieder in den Hausflur hinaustrat, setzte genau über ihnen ein heftiges Wummern ein.

«Oh, diese halb taube Punkerbraut da oben», rief Frau Ditha aufgebracht. «Aus irgendeinem Grund glaubt sie sich im Recht, wann immer sie hier die Wände wackeln lässt. Aber ich kann mich ebenfalls beschweren, die wird schon sehen!»

Wenig später saß Siggi hinter dem Steuer seines Transporters und durchsuchte das Internet nach Hunderennen im Zusammenhang mit dem Wort Zeidis oder Ceides. Doch ein Tier mit diesem Namen fand er nicht. Als Nächstes zog er den gestohlenen Schlüssel hervor, der zur Wohnung des toten Enrique gehören konnte. Eine Wohnung, die für einen ominösen Mann mit einem Fischerhut ebenfalls von Interesse gewesen war. Warum? War etwa auch der Tod von Enrique Sponti Teil dieses Rätsels? War er der Anfang einer Kette von Ereignissen, die zu Doros Entführung führten?

Siggi schob den Schlüssel zurück in seine Hosentasche und sah zum Haus hinüber. So wie es aussah, würde er noch mal wiederkommen müssen.

Zur gleichen Zeit beobachtete Anton im *Kunst und Kurioses* wie Isä, der an diesem Morgen wieder wie selbstverständlich den Platz hinter der Kasse eingenommen hatte, in arge Bedrängnis gebracht wurde.

Baronin von Pilz, eine Stammkundin der schwierigeren Sorte, deren Bekanntschaft Anton erst vor wenigen Wochen auf einer Versteigerung machen durfte, war drauf und dran, eine Szene hinzulegen.

«Das ist eine Drei, guter Mann, keine Acht. So etwas sieht man doch. Diese Ohrringe kosten laut Auszeichnung Ihres Chefs 35 Euro. Und mehr sind sie auch gar nicht wert. Wollen wir das Geschäft jetzt abschließen oder auf Herrn Malich warten, damit ich mich beschweren kann?»

Anton, der gerade dem DJ für den heutigen Abend einen Platz draußen vor der Tür angewiesen hatte und auf der Suche nach einer Kabeltrommel war, sah die Not im Gesicht des Alten. Er griff nach den silbernen Ohrringen mit den blauen Steinen und begutachtete das zugegeben sehr kleine, handgeschriebene Preisschild. Aus den Augenwinkeln sah er, wie sich die Miene der Baronin veränderte.

«Es besteht natürlich die Möglichkeit, dass ich mich geirrt habe.» Ihre Stimme klang schon etwas weniger echauffiert als Sekunden zuvor.

Anton sah die stark gebräunte Frau mit der schwarzen Pelzstola streng an. «Ist es möglich, dass dieses erschreckend kleine Pappschild bis vor wenigen Minuten noch etwas größer gewesen ist?»

Baronin von Pilz hob die Brauen und mimte die Unschuldige. «Ich weiß wirklich nicht, wovon Sie reden.»

«Davon, dass der Betrag einmal dreistellig gewesen ist und jemand die vorderste Zahl sorgfältig abgerissen hat.» Er schob Isä die Ohrringe zu, die dieser unter dem Ladentisch verschwinden ließ. «Es war ein Fehler von Ihnen, nicht wenigstens die 85 Euro ohne Diskussion zu bezahlen. Dann wären Sie eventuell mit Ihrem Trick durchgekommen. Die Ohrringe bleiben hier. Falls Sie möchten, dürfen Sie gerne warten, bis Siggi persönlich für Sie da ist. Er hat ein phänomenales Gedächtnis, was seine Verkaufspreise und -objekte betrifft.»

Baronin von Pilz, die eine Spur blasser geworden war, warf einen hastigen Blick auf ihre mit funkelnden Steinen besetzte Armbanduhr.

«Das würde ich natürlich gern, nur ist es schon so spät geworden, und mein kleiner Lord, Sie erinnern sich bestimmt an meinen Hund, der sitzt ganz allein im Wagen und kaut vermutlich schon am Fensterheber.»

Sie warf sich die schwarze Pelzstola über die solariumgebräunte Schulter und ergriff die Flucht. Anton blickte ihr kopfschüttelnd nach.

«Vielen Dank», rief Isä erleichtert. «Eine schreckliche Person ist das. Gestern wollte sie mit mir einen Rabatt für eine Bonbonniere aushandeln. Sie meinte, wenn ich sie ihr billiger geben würde, wäre sie bereit, mich als ihren nächsten Ehemann in Erwägung zu ziehen. Glaubt man das?»

«Ja, und ich rate dringend von einem solchen Deal ab», erwiderte Anton. «Die Baronin hat schon mehrere ältere Herren beerbt, deren Urnen sie alle auf dem gleichen Friedhof, hübsch nebeneinander, hat beisetzen lassen. Vermutlich wird sie es eines Tages auf eine ganze Grabreihe bringen. Einem weiteren, finanziell gut gestellten Ehemann ist sie bestimmt nicht abgeneigt.»

Isä, dessen Kinn während Antons Warnung bis auf die Brust gesunken war, begann zu zittern.

«Keine Sorge», ergänzte Anton schnell. «Sie hat ein Gespür dafür, wenn eine Mitgift zu bescheiden ausfallen würde. Du passt nicht in ihr Beuteschema.» Er wollte sich gerade abwenden, um endlich die Kabeltrommel für den wartenden DJ zu organisieren, als ihm noch etwas einfiel.

«Hast du gerade gesagt, die Baronin war gestern auch schon hier im Haus?»

Isä nickte eifrig. «Sie ist lange um die Bonbonniere herumgeschlichen. Ich hatte schon Sorge, sie würde versuchen, sie zu stehlen.»

«Vielleicht wollte sie das sogar», murmelte Anton. «Entschuldige mich, ich habe etwas Dringendes zu erledigen.»

Er flitzte hinaus auf den Parkplatz, vorbei an dem wartenden DJ, dem er ebenfalls eine Entschuldigung zurief, und hielt auf die Baronin zu. Die ließ gerade ihren Handtaschenhund neben einen Holunderbusch pinkeln.

«Frau Baronin?»

«Ich bin so gut wie weg, was gibt es denn noch?», zischte sie ihm entgegen.

«Als Sie sich gestern hier im Laden umgesehen haben, ist Ihnen da etwas aufgefallen?»

Der eben noch misstrauische Gesichtsausdruck der Baronin wich unverhohlener Neugier. «Etwas aufgefallen? Da müssen Sie schon etwas konkreter werden, Herr Schauer. Geht es Ihnen um Menschen oder Gegenstände …?»

«Um beides», erwiderte Anton. «Ist Ihnen eine Person aufgefallen, die im Geschäft gewissermaßen umgeräumt hat? Jemand, der Bücher, Vasen und Porzellanfiguren auf dem Fußboden gestapelt hat und dann einfach weggegangen ist?»

«Sie meinen den Mann mit dem großen Hut? Aber ja. Ein komischer Kauz mit einer seltsamen Stimme. Vermutlich eine Kehlkopfentzündung oder etwas Ähnliches. Er hat Dinge herumgeräumt, in den hintersten Winkeln, aber wohl nicht gefunden, wonach er suchte. Und ungeduldig war er dabei. Eigentlich ein Wunder, dass nichts zu Bruch gegangen ist.»

«Ein Mann mit einem großen Hut», wiederholte Anton nachdenklich. «Vielen Dank. Sie haben mir sehr geholfen.»

«Und was habe ich davon?» Die Baronin sah ihn herausfordernd an.

Anton, der bereits zum Laden zurückgehen wollte, hielt inne. «Was hätten Sie denn gern?»

«Wie wäre es mit den Ohrringen?»

Anton schnappte nach Luft. «Sie glauben, Ihre Information war 185 Euro wert?»

«Das müssen Sie schon selbst beurteilen.» Sie blinzelte ihm verstohlen zu. «Und für jemanden wie Sie ist diese Summe doch ein Scherz. Sind Sie eigentlich verheiratet?»

Anton wurde flau in der Magengegend. Er stotterte irgendetwas zusammen, aus dem die Baronin messerscharf ihre eigenen Schlüsse zog.

«Also nicht verheiratet.» Sie sah sehr zufrieden aus. Fast wie eine Katze, der die Maus schon fast sicher war. «Möchten Sie mich mal zum Essen ausführen, Herr Schauer?»

«Ich esse nie», verkündete Anton und spürte die Panik in sich aufsteigen. «Und jetzt muss ich ganz dringend zurück an die Arbeit. Die Walpurgisnacht, Sie verstehen?»

Geschäftig eilte er zurück in den Laden und hörte noch, dass sie ihm etwas nachrief, verstand aber die Worte nicht mehr. Er hatte das Gefühl, bisher unter ihrem Radar geflogen und jetzt leider voll erfasst worden zu sein.

Er erinnerte sich daran, dass der DJ auf Stromversorgung wartete, und fand endlich die Kabeltrommel. Hatte er wirklich von sich behauptet, er würde niemals etwas essen? Was für eine selten dämliche Ausrede. Von sich selbst enttäuscht ging er zurück zu Isä, der steif hinter der Kasse stand und auf Kundschaft wartete und dabei sehr nachdenklich wirkte.

«Siggi hat auch ganz normale Kunden und ruhige Geschäftstage», versicherte Anton dem Alten. «Nur gelegentlich geht es hier etwas drunter und drüber.»

«Ich dachte nicht an diese hinterlistige Person mit dem halbierten Preisschild, sondern an Doro», sagte Isä. «Ich weiß, dass hier zu stehen und den Betrieb am Laufen zu halten das Beste ist, was ich für sie tun kann. Und doch erscheint es mir so wenig.»

Anton nickte mitfühlend. «Hast du als ihr Vater schon mal versucht, der Polizei Beine zu machen?»

«Nein. Ich halte nicht viel von der Polizei. Manches muss man selbst in die Hand nehmen, wenn es vorangehen soll.» Isä nahm die Brille mit den dicken Gläsern ab. «Meine Doro ist clever. Falls Siggi keine Spur zu ihr findet, wird sie einen Weg zu uns auftun. In jedem Fall ist die Motivation der beiden größer als die irgendeines Polizisten.»

«Trotzdem kann es nicht schaden, Gunnar etwas lästig zu fallen», widersprach Anton. «Wenn du es nicht tun möchtest, hake ich mal nach, wie weit er mit seinen Ermittlungen gekommen ist.» Er holte sein Telefon aus der Hosentasche, wählte die Nummer der Polizei und ließ sich mit Gunnar Bartels verbinden.

«Hier spricht Anton Schauer», sagte er zur Begrüßung. «Sollten Sie nicht auf der Suche nach Doro sein, anstatt in Ihren vier Wänden zu hocken und Bleistifte anzuspitzen oder was Sie sonst so tun?»

«Sie hat sich noch immer nicht gemeldet?» Gunnar klang erstaunlich ruhig.

«Nein. Und auf ihren Social-Media-Accounts herrscht auch tote Hose.»

«Das überrascht mich nicht, wenn sie ihr Handy im Laden gelassen hat.»

Dem konnte Anton nicht widersprechen.

«Sie ist allerdings gesehen worden. Eine Zeugin behauptet, eure Doro gerade eben in der Nähe ihrer eigenen Wohnung in Begleitung eines Mannes gesehen zu haben. Tja, das wird Siggi nicht gefallen, aber es ist die Wahrheit. Vermutlich war die Geschichte von der Entführung eben doch nur ein Scherz, und sie fürchtet sich davor, unserem Trödelverkäufer reinen Wein einzuschenken.»

«Antiquitätenhändler», verbesserte Anton, doch die Behauptung des Polizisten versetzte ihm einen Schwinger in die Magengrube. «Wie zuverlässig ist denn diese Zeugin?»

«Sehr zuverlässig, würde ich sagen. Es handelt sich um meine Mutter. Die hat mir vor etwa einer halben Stunde ein Stück Kuchen auf die Wache gebracht und mir von ihrer Beobachtung berichtet.»

«Ihre Mutter hat das erzählt?», fragte Anton überrascht. «Und Sie glauben ihr?»

«Ja, warum denn nicht?», polterte Gunnar am anderen Ende der Leitung. «Hinweise aus der Bevölkerung darf man ja wohl noch ernst nehmen, auch und gerade, wenn es die eigene Mutter ist.»

«Schon gut, schon gut. Und Ihre Mutter würde Doro zweifelsfrei erkennen?», fragte Anton misstrauisch.

«Selbstverständlich. Sie wurde schon mal im Laden von ihr bedient.»

Anton wusste nicht, was er sagen sollte. In seinem Kopf purzelten die verschiedenen Szenarien durcheinander. War Doro etwa in Begleitung ihres Entführers gewesen? Oder hatte es sich gar nicht um Doro, sondern um eine x-beliebige Frau gehandelt, die ihr ähnlich sah? War Gunnars Mutter genauso gut im Geradeausgucken wie ihr Sohn?

«Ich leg jetzt auf. Habe heute noch ein paar Bleistifte zu spitzen», sagte Gunnar und beendete das Gespräch.

Isä, der offenbar sehr gute Ohren hatte, schüttelte den Kopf. «Da stimmt etwas nicht. Mein Kind würde mich anrufen, wenn es könnte.»

«Ja.» Anton rieb sich die Stirn. «Es muss dafür eine Erklärung geben. Aber welche?»

9

Hast du alles, was du brauchst?», wisperte der seltsame Mann durch die Tür.

Seine Flüsterstimme war für Doro mittlerweile genauso unerträglich wie das Gefühl der Hilflosigkeit.

«Nur noch eine Minute», sagte sie leise in ihrem Badezimmer und warf wahllos ein paar Toilettenartikel in die Plastiktüte, die er ihr gegeben hatte. Sie hatte ihn angebettelt, ein paar persönliche Gegenstände holen zu dürfen. Aber erst als sie von lebenswichtigen Medikamenten sprach, hatte der Kerl sich erweichen lassen und war mit ihr zu ihrer Wohnung gefahren. Hastig drückte sie eine Handvoll Antibabypillen in ein leeres Schmuckdöschen und öffnete die Tür. Er wartete im Wohnzimmer.

«Fertig», flüsterte sie und gab die Tüte mit ihrer Wäsche und den Badezimmerutensilien bereitwillig ab.

Der Mann mit dem tief ins Gesicht gezogenen Schlapphut inspizierte den Inhalt. Zielsicher schnappte er sich das schwarze Döschen und warf einen Blick hinein.

«Das sind also diese Tabletten, ohne die du nicht leben kannst, ja? Versuchst du etwa, mich reinzulegen?» Er richtete den Lauf einer Duellpistole auf sie und bedeutete ihr, zurück ins Badezimmer zu gehen.

Doro unterdrückte einen Fluch und gehorchte. Mit diesem museumsreifen Ding hatte er jeden ihrer Fluchtversuche vereitelt, dabei wusste sie nicht einmal, ob die Waffe dazu taugte, einen Schuss abzufeuern. Doch so mutig, es einfach drauf ankommen zu lassen, war sie nicht.

Rückwärts in ihr winziges fensterloses Bad gedrängt, stieß sie gegen das Waschbecken und tat so, als ob sie versuchte, ihm den Blick auf den Spiegel zu verstellen.

«Ich habe alles zusammengesucht, was ich brauche, wie besprochen. Eine Zahnbürste, eine Haarbürste, ein bisschen Frauenkram und vor allem die Tabletten. Wir können los. Wirklich.»

Der Lauf der Waffe richtete sich auf ihre Brust. «Wo ist die Botschaft an deinen Freund? Erzähl mir nicht, dass es keine gibt. Wo hast du sie versteckt?»

Doro antwortete nicht.

«Du hattest vor, mir wegzulaufen, doch das hat nicht geklappt.» Er strich fast zärtlich über den Pistolenlauf. «Also wirst du deine Strategie geändert haben, damit dieser Ausflug nicht umsonst gewesen ist, richtig? Also: Wo ist sie?»

Doro schwieg noch immer hartnäckig und ließ sich von ihm in Richtung Toilette schieben. Eigentlich musste er die winzigen Worte am unteren Glasrand bemerken.

«Rette mich vor dem Schlapphut?», las er und wischte den Kajal mit einem Handtuchzipfel fort. «Man hat mich schon treffender beschrieben. Glaubst du wirklich, das wäre für ihn von Nutzen gewesen?»

«Es kommen nicht viele Schlapphutträger in seinen Laden», erwiderte sie in pampigem Ton. «Und warum sollte ich Siggi bitten, ihn geöffnet zu halten? Sie suchen etwas im Laden. Aber warum heimlich? Können Sie es denn nicht kaufen oder stehlen?»

«Sag mir, wo du die richtige Botschaft hinterlassen hast.» Er hatte sie durchschaut. Schon wieder. Und sie war immer davon ausgegangen, dass ihre Art zu denken irgendwie einzigartig war, sie für andere unberechenbar machte. Offensichtlich ein Irrtum.

Mit Entsetzen beobachtete Doro, wie der Mann mit der freien Hand die Toilettenpapierrolle in der Halterung drehte, bis das entscheidende Blatt mit ihrer kleinen Notiz zum Vorschein kam. Die versteckte Botschaft für Siggi. Es war alles umsonst gewesen. Sie hatte die Fahrt im Kofferraum, den drückenden Lauf der Waffe im Kreuz, bis sie hier angekommen waren, ertragen und absolut nichts erreicht. Nicht einmal eine läppische Nachricht konnte sie Siggi zukommen lassen.

«Blaues Auto, dreißig Minuten Fahrt, Schlapphut und Bart», las er mit seiner unangenehmen Stimme vor. «Ja, damit hätte er schon mehr anfangen können.» Mit einem Ruck riss er den Streifen Klopapier ab und stopfte ihn in die Tasche. «Das hat man davon, wenn man nett ist und die Dame allein ins Bad gehen lässt. Waren das nun alle Botschaften? Oder muss ich noch weitersuchen?»

Doro schwieg und blickte trotzig auf die Kacheln zu ihren Füßen.

«Dann können wir ja wieder gehen.»

Er dirigierte sie in Richtung Wohnungstür, und es schien für Doro tatsächlich keine Möglichkeit mehr zu geben, wenigstens ein Lebenszeichen zu hinterlassen. Da fiel ihr Blick auf den Kalender.

«Einen Moment noch», rief sie, riss hastig die beiden obersten Blätter ab und steckte sie ein.

«Zwangsstörung», sagte sie und sah den Mann entschuldigend an. «Alles muss seine Ordnung haben.»

«Rück die Blätter heraus, wir spielen nicht Schnitzeljagd», antwortete er lakonisch.

Doro gehorchte widerstrebend. Der Kerl konnte wirklich Gedanken lesen.

«Ich habe nicht vor, dich zu unterschätzen. Jemand, der sich heutzutage sogar Handynummern merkt und den Freund und Arbeitgeber problemlos von einem fremden Telefon aus anrufen kann, ist clever.»

Jetzt hätte sie ihm sagen können, dass sie Siggis Nummer nur auswendig gewusst hatte, weil sie ihrer eigenen bis auf zwei Ziffern glich. Aber würde ihr das einen Vorteil verschaffen? Vermutlich nicht.

«Und jetzt raus hier.» Er zerrte sie unsanft am Arm, und Doro spürte die Panik in sich aufsteigen.

«Warum sagen Sie Siggi nicht einfach, was Sie haben wollen?», rief sie und sträubte sich, so gut sie konnte. «Er wird es Ihnen geben, da bin ich sicher. Er liebt mich.»

«Sprich gefälligst leiser, du dummes Kind.» Mit einem Mal spürte sie wieder die Waffe an ihrer untersten Rippe. «Er kann es mir nicht einfach geben, denn dann müsste ich ihm ja sagen, worum es geht. Niemand darf erfahren, wie ich daran gekommen bin. Nein, ich werde es mir selbst holen, und dein Siggi wird den Verlust nicht mal bemerken. Bis dahin muss ich sicherstellen, dass nicht du oder jemand anders mir alles kaputtmacht!» Der Schlapphut-Mann riss sich einen Streifen Panzertape vom Handgelenk und platzierte diesen blitzschnell auf Doros Lippen. «Halt gefälligst still», flüsterte er, als sie sich wehrte.

Gleich darauf wurde ihr ein Loopschal über den Kopf geworfen und bis zur Nasenspitze hochgezogen. Die Duellpistole, die unter einem über den Arm gelegten Mantel des Fremden vor Blicken geschützt war, tat das ihrige, damit sie sich fügte. Doro spürte die Wut in sich hochkochen, doch so, wie die Dinge standen, hätte sie bei einem Fluchtversuch ihr

Leben riskiert. Also musste sie geduldig sein und auf eine bessere Gelegenheit warten. Immerhin besaß sie jetzt wieder ihre eigene Zahnbürste.

Siggi schlug die Wagentür seines Transporters zu und begrüßte den DJ, der gerade dabei war, seine bunten Scheinwerfer auszurichten, um dem Asphalt vor dem Mischpult bei Einbruch der Dämmerung das Flair einer Tanzfläche zu verleihen. Als kurz darauf das Auto des Pyrotechnikers auf den Hof gerattert kam, verspürte er fast so etwas wie Partystimmung. Doch ohne Doro würde ihm die Party keinen Spaß machen. Man konnte ihn zwar dazu zwingen, einfach weiterzumachen, aber keiner konnte verlangen, dass es ihm auch gefiel.

«Doro ist gesehen worden», rief Anton und kam ihm entgegengelaufen. «Angeblich war sie in Begleitung eines fremden Mannes in der Nähe ihrer Wohnung unterwegs.»

«Was denn für ein Fremder? Wer erzählt so etwas?», wollte Siggi wissen.

«Du wirst es kaum glauben, die Quelle dieser Information ist die Mutter deines Polizistenfreundes.» Anton verzog das Gesicht. «Ist sein Sehfehler eigentlich erblich bedingt?»

«Ich denke nicht.» Siggi runzelte die Stirn. «Die Dame kann hervorragend geradeaus gucken und ist außerdem die Klatschzentrale der gesamten Eifel. Über meine Scheidungen wusste sie jedes Mal noch vor mir Bescheid.»

«Das klingt ja gruselig.» Anton erschauerte. «Armer Gunnar – mit einer allwissenden Mutter gestraft. Ich weiß, wie sich das anfühlt. Kaum zu glauben, aber er und ich haben etwas gemeinsam.»

«Mit dem Unterschied, dass man deine Mutter mit einer guten Kunstauktion bei Laune halten kann. Solche Möglichkeiten hat Gunnar nicht», sagte Siggi und machte kehrt. «Willst du mitkommen?», rief er Anton über die Schulter zu.

«Mitkommen? Wohin denn?», fragte Anton verwirrt.

«Zu Doros Wohnung natürlich. Ich werde mir das selbst anschauen. Und zwar sofort.»

«Dir ist klar, dass die Party bald losgeht?», wagte Anton ihn zu erinnern.

«Natürlich. Aber der Erpresser hat ja nicht verlangt, dass ich persönlich im Laden parat stehe, oder? Isä macht das schon.» Siggi brachte es fertig, entschlossener zu klingen, als er in Wirklichkeit war. Am liebsten hätte er sich in diesem Moment zweigeteilt. Bis zum Eintreffen der Gäste war noch so viel zu tun. Nach wie vor stand massenhaft Gerümpel vom Schätztag herum. Nicht dass er neuerdings unter Ordnungswahn oder Perfektionismus gelitten hätte. Doch das war nur eine der Baustellen, die auf ihn warteten. «Wo steckt eigentlich mein Hund? Der ist bestimmt schon halb verhungert. Meinst du, Isä kann den Caterer einweisen?»

Anton, der seinen Blick in Richtung Müllberg bemerkt hatte, antwortete: «Isä schafft so ziemlich alles. Ich verstehe gar nicht, was der Mann in einem Altersheim will. Nur mit dem Gerümpel dürfte auch er überfordert sein. Denk einfach nicht mehr dran. Fahren wir los und sehen nach, ob wir eine Spur von Doro finden.»

«Ich muss es genau wissen», stimmte Siggi zu. «Sonst habe ich keine ruhige Minute mehr.»

«Die hast du doch sowieso nicht», erwiderte Anton und zog eine Grimasse. «Und mein Chrysler muss auch mal wieder bewegt werden.»

Also nahmen sie für die Fahrt zu Doros Wohnung Antons Wagen.

«Das ist ein Auto und kein Pferd, das bewegt werden muss», meinte Siggi, der vermutlich nur deswegen auf den Beifahrersitz des Chrysler PT Cruiser verbannt worden war, weil Anton das Tempo lieber selbst bestimmen wollte.

«Es ist vor allem ein altes Auto, und ich hänge sehr daran. Er ist der erste und einzige Neuwagen, den ich mir je geleistet habe. Mit ihm verbinde ich viele romantische Erinnerungen.» Anton strich zärtlich über das Lenkrad.

«Geh bitte nicht ins Detail.» Schnell streckte Siggi die Hand aus, um das Radio einzuschalten, und hielt verblüfft inne. «Du hast noch ein Kassettenlaufwerk? Du meine Güte, das ist ja selbst schon eine echte Antiquität.»

«Eine Auswahl selbst aufgenommener Bänder findest du im Handschuhfach. Ein bisschen klassische Musik wäre jetzt nett. Das beruhigt die Nerven.»

Siggi hingegen trieb solches Gefiedel eher die Wände hoch, daher wühlte er in Antons Kassetten, bis er eine Schnulzensammlung aus den frühen Neunzigern fand.

«Der Rückbank-Mix?», las er von der Hülle ab. «Wie stimmungsvoll. Hast du auch noch ein paar Kerzen im Handschuhfach versteckt? Anton, Anton.» Er schüttelte den Kopf. «Abgründe tun sich vor mir auf. Weiß deine Mutter, was sich in diesem Auto so alles abgespielt hat?»

«Du wolltest doch keine Details, also plädiere ich dringend für einen Themenwechsel», rief Anton und trat das Gaspedal durch. Das Thema war ihm sichtlich unangenehm.

Siggi lehnte sich mit einem zufriedenen Grinsen auf dem Gesicht zurück in die Polster. Offensichtlich musste man gar nicht unbedingt selbst hinter dem Steuer sitzen, um das Tempo zu beeinflussen. Anton beeilte sich, die wenigen Kilometer bis zu Doros Kellerwohnung schnell hinter sich zu bringen, und hielt direkt vor der Haustür. Siggi drängte sich an einer älteren Dame vorbei, die gerade ins Freie trat, stürmte die Treppe hinunter, presste den Finger auf den Klingelknopf und hielt ihn gedrückt, bis Anton ihn eingeholt hatte.

Der räusperte sich vernehmlich. «Sieh es ein, Siggi: Es ist niemand zu Hause. Gunnars Mutter wird sich geirrt haben. War ja auch zu unwahrscheinlich, dass ihr Entführer sie einfach wieder zu Hause absetzt, als ob nichts gewesen wäre. Außerdem hätte sie dann schon längst bei dir angerufen.»

Antons Theorie hatte durchaus etwas für sich, nur wünschte Siggi sich von Herzen etwas anderes. Nämlich eine gesunde Doro, und zwar genau hinter dieser Tür.

«Womöglich wollte sie erst einmal duschen und hört deswegen auch die Klingel nicht. Ich gehe da jetzt rein.» Mit einem Ruck hob er die Fußmatte an. Als er dort keinen Schlüssel fand, streckte er sich und tastete die obere Kante des Türrahmens ab. Prompt fiel der gesuchte Schlüssel klirrend auf den Boden und landete direkt vor seinen Füßen.

«Woher wusstest du das?», fragte Anton. «Hat Doro dir von diesem Versteck erzählt?»

«Nein», gab Siggi zu und hob den Schlüssel auf. «Aber dass jemand, der so zerstreut ist wie Doro, einen Ersatzschlüssel hat, liegt auf der Hand. Und wer sein Handy mit einem Code wie 1234 sichert, legt auch einen Schlüssel unter die Fußmatte oder auf den Türrahmen.»

Einen Augenblick später betrat Siggi gefolgt von Anton Doros Reich, in dem es schwach nach einer Mischung aus überreifem Obst und Raumspray roch. Er war im Verlauf ihrer noch frischen Beziehung nur wenige Male hier gewesen. Meist übernachtete Doro bei ihm.

«Hübsch hier.» Anton schob sich an einem Sessel vorbei

und scheuchte versehentlich ein Geschwader Fruchtfliegen auf, die zwischen den Bananen auf dem Couchtisch zu wohnen schienen. «Nur ziemlich still. Je länger ich darüber nachdenke, desto überzeugter bin ich, dass diese Frau Bartels sich geirrt haben muss. Sie wird eine Person gesehen haben, die Doro nur sehr ähnlich sah.»

Siggi war nicht bereit, so schnell aufzugeben, und ging ins Badezimmer. Auf den ersten Blick schien hier alles an seinem Platz zu sein. Dann aber bemerkte er eine verschmierte Stelle am unteren Rand des Spiegels.

«Anton, komm mal her. Was ist das?»

Gehorsam kam sein Freund näher und stellte sich zu ihm vor den runden Badezimmerspiegel, der über dem Waschbecken hing. «Was meinst du?»

«Das da.» Anklagend wies Siggi auf die schwarzen Schlieren, die einen blinden Fleck auf dem Glas verursachten. «Für mich sieht das aus wie absichtlich verwischte Schrift. Da hat irgendjemand etwas weggewischt.»

Anton hielt sein Gesicht dicht vor den Spiegel. «Möglich ist es. Leider kann man die Worte nicht mehr lesen. Vermutlich war die Nachricht für sie selbst. Eine Erinnerung wie etwa: mindestens drei Minuten Zähne putzen. Du weißt, dass sie sich ständig solche Notizen macht.»

«Hm.» Unzufrieden starrte Siggi auf das, was er für eine heiße Spur gehalten hatte, und musste Anton recht geben. Genau so eine Art von Nachricht hätte Doro sich selbst geschrieben. Und gab es dafür einen besseren Ort als diesen, wo sie sie jeden Morgen sehen konnte? Aber welchen Grund gab es dann, die Worte wieder auszuwischen?

«Doro ist nicht da, und wir kommen hier nicht weiter.» Siggi stieß einen Seufzer aus. «Geben wir auf und kümmern uns endlich um die Party.»

Siggi verließ das Bad und marschierte auf die noch offen stehende Wohnungstür zu. Die Enttäuschung krampfte ihm die Brust zusammen. Er hatte so sehr gehofft, Doro selbst oder wenigstens eine Spur von ihr zu finden, und jetzt war alles schon wieder vorbei. Da fiel sein Blick auf den Kalender an der farbenfroh gestrichenen Wand, und er blieb wie angewurzelt stehen.

«Sie ist wirklich hier gewesen», stellte er fest. «Kein Zweifel möglich.»

«Was? Wie kommst du darauf?» Anton konnte Siggis Gedankengang offensichtlich nicht folgen, sein Blick huschte unstet über dekorierte Wand, ohne an dem verräterischen Detail hängen zu bleiben.

«Schau dir das Datum an.» Ungeduldig wies Siggi auf den Abreißkalender, der ein wenig unscheinbar neben der Wohnungstür hing. «Es ist von heute.»

«Anders macht so ein Kalender wohl auch keinen Sinn.» Anton wollte schon weitergehen, als auch bei ihm der Groschen fiel. «Jemand hat die letzten beiden Blätter abgerissen.»

«Exakt.» Siggi nickte. «Menschen vergessen manchmal, ihren Abreißkalender aktuell zu halten. Aber man reißt nicht prophylaktisch schon mal ein paar Seiten mehr ab. Doro wäre darauf sicher nicht mal gekommen, wenn sie vorgehabt hätte zu verschwinden.»

«Und was ist aus den Blättern geworden?» Anton sah sich suchend um.

Siggi kontrollierte jeden von Doros Mülleimern. Ohne Erfolg. Die letzten beiden Kalenderblätter waren spurlos verschwunden. Genau wie Doro selbst.

«Wir fassen mal kurz zusammen.» Anton begann, die Fakten an seinen Fingern abzuzählen. «Jemand, vermutlich

Doro, muss hier gewesen sein. Sie riss zwei Kalenderblätter ab, steckte sie ein und verschwand wieder. Beim Kommen oder Gehen wurde sie von Frau Bartels gesehen, an deren Beobachtungsgabe nun kein Zweifel mehr bestehen kann. Laut ihrer Aussage war Doro allerdings nicht allein unterwegs, sondern in Begleitung eines Mannes. Was sagt uns das?»

«Ich habe nicht die geringste Ahnung.» Siggi gab ein Stöhnen von sich. «Sag du es mir.»

«Ich überlege noch. Ob die Botschaft am Spiegel für dich war? Aber wer hat sie dann ausgewischt? Ihr Entführer? Ob der einen Hut trägt? Der Baronin von Pilz ist jemand mit einem großen Hut in deinem Laden aufgefallen.»

«Und Frau Ditha erzählte mir von einem Hutträger, der in der Nachbarwohnung von Pohl gewesen ist», sagte Siggi.

«Kommen Hüte einfach wieder in Mode? Oder ist das eine heiße Spur?», fragte Anton und strich sich nachdenklich über das Kinn. «Und was wird mit einem so auffälligen Kleidungsstück bezweckt?»

Siggi griff sich an den Kopf. «Das Ganze scheint überhaupt keinen Sinn zu ergeben.»

«Weil es nicht das Ganze, sondern nur ein Bruchteil ist. Ich finde, wir sollten uns noch mal im Bad umsehen.» Anton machte kehrt und verschwand in den Raum, wo er vernehmlich in irgendwelchen Behältern herumkramte. Schließlich kehrte er mit einem Blister in der Hand zurück. «Ich habe etwas Interessantes entdeckt. Ihr plant nicht zufällig Nachwuchs, du und Doro?»

«Völlig abwegig! Wie kommst du auf so etwas?», entfuhr es Siggi.

«Weil es sich hierbei», Anton winkte mit dem Blister, «um Doros Antibabypille handeln dürfte. Wie du unschwer erkennen kannst, passt der aufgedruckte Wochentag des letzten leeren Fachs nicht zum heutigen Datum und auch nicht zu dem von vorgestern.»

«Soll das ein Witz sein?» Siggi sah Anton entgeistert an. «Während einer Entführung wird Doro doch wohl mal aus dem Takt kommen dürfen.»

«Das ist ohne Zweifel eine gute Schlussfolgerung, nur erklärt sie nicht, warum ich gleich mehrere dieser Tabletten auf der Fußmatte vor dem Waschbecken gefunden habe. Diese Dinger werden üblicherweise einzeln eingenommen, Siggi. In welcher Situation sollten mehrere Pillen herausgedrückt und dann auf dem Fußboden liegen gelassen werden? Doch nur, wenn man vorhat, sie unsachgemäß zu verwenden.»

«Du glaubst, Doro will mir ein Kind anhängen?» Ungläubig nahm Siggi seinem Freund den Blister aus der Hand. Dieser stieß einen langen Seufzer aus.

«Nein, du Blitzbirne. Ich glaube, dass sich hier irgendetwas abgespielt hat, wobei die Pillen zum Einsatz kamen, nur nicht so, wie sie üblicherweise verwendet werden. Und der Grund dafür kann nur die Person gewesen sein, die sich gemeinsam mit Doro in der Wohnung befand. Doro wollte ihren Entführer überlisten. Aber es sieht nicht so aus, als ob es geklappt hätte.» Anton verschränkte die Arme vor der Brust. «Im Bad fehlen noch andere Dinge, die man dort üblicherweise findet. Wie etwa eine Zahnbürste.»

Mit gerunzelter Stirn hatte Siggi den Ausführungen seines Freundes gelauscht, doch es fiel ihm schwer, die Zusammenhänge zu erfassen. «Er hat sie ein paar Dinge zusammenpacken lassen ...»

«... und zwar unter strenger Aufsicht ...», ergänzte Anton.

«... und sie hat versucht, zu entkommen oder wenigstens Hinweise für uns zu hinterlassen», fasste Siggi ihre Erkenntnisse zusammen. «Heißt das, er plant, sie für eine sehr lange Zeit gefangen zu halten? Das beruhigt mich überhaupt nicht!»

«Es bedeutet, dass sie jetzt eine Zahnbürste hat.» Anton sah ihn ernst an. «Es bedeutet ferner, dass ihr Entführer sich entgegenkommend gezeigt hat, vielleicht so etwas wie Mitleid mit ihr empfindet. Schließlich war es nicht ohne Risiko, sie hierherzubringen. Bestimmt werden wir bald wieder von ihr hören. Sie wird ihn dazu bringen.»

«Und was tue ich bis dahin?», wollte Siggi wissen und fuhr sich mit beiden Händen durch die Haare. «Durchdrehen wäre eine Möglichkeit. Oder ... oh!» Er warf einen Blick auf die große Wanduhr im Flur. «Eine Party schmeißen wäre die andere. Wir müssen zurück zum Laden, Anton. Bald wird ein ganzer Haufen Leute vor meiner Tür stehen, um die Walpurgisnacht zu feiern. Uns läuft die Zeit davon.»

10

Park den Chrysler am besten hinterm Haus, neben dem Brunnen», schlug Siggi Anton vor, als sie beim Antiquitätenladen ankamen. «Der Parkplatz wird heute Abend bestimmt voll werden. Wobei mir dieser Berg aus Schrott wieder einfällt.» Sein Blick wanderte hinüber zu dem angehäuften wertlosen Gerümpel am Rand des Grundstücks. «Was mach ich bloß damit?»

Ein rascher Blick auf die Armbanduhr verriet ihm: Heute würde er damit gar nichts mehr anstellen. Denn in einer halben Stunde würde eine unbekannte Anzahl von Partygästen das gesamte Gelände inklusive seines Geschäfts bevölkern. Und er war noch nicht einmal kostümiert.

«Ohne Doro geht alles drunter und drüber», stöhnte er und stieg aus.

«Mit ihr aber auch», rief ihm Anton durch das offene Seitenfenster zu und lenkte den Wagen zur Rückseite des Gebäudes, wo er ausstieg und mit langen Schritten auf Siggi zukam. «Jedenfalls hat der DJ einen Teil der Parkflächen in eine respektable Disco verwandelt. Sogar eine Nebelmaschine steht bereit.»

Siggi musste Anton recht geben. Die Dinge standen angesichts der kurzen Vorbereitungszeit gar nicht so schlecht wie befürchtet. Da rammte ihm Anton einen Ellenbogen in die Seite.

«Wer ist denn der schlaksige Typ da neben dem DJ, der so

eifrig auf seinem Block herumkritzelt? Hast du etwa einen Zeichner bestellt, der Karikaturen anfertigt?»

«Gute Idee, aber nein», erwiderte Siggi und kniff die Augen zusammen. Als ihm klar wurde, wer dort stand, konnte er ein Stöhnen nicht unterdrücken. «Das ist dieser Möchtegernreporter vom Radio. Was will der denn schon wieder hier?»

In diesem Moment hatte auch Moritz Knie seine Ankunft bemerkt, er steckte den Notizblock weg und stürmte mit gezücktem Mikrofon auf ihn zu. «Was für eine großartige Party zu einem fast vergessenen Festtag. Werden wir heute wie die Hexen auf dem Blocksberg ums Feuer tanzen und auf Besen reiten?»

«Tun Sie sich keinen Zwang an, aber lassen Sie mich in Ruhe. Ich habe noch jede Menge zu tun.» Schon wollte Siggi sich an dem jungen Mann vorbeischieben, als ihm ein Gedanke kam, der ohne Übertreibung als genial bezeichnet werden konnte. «Kann man über Ihren Sender eigentlich auch nach Personen suchen lassen?»

«Natürlich», lautete die Antwort. «Die Hörer von ...»

«Wunderbar, dann will ich eine Suchmeldung in Auftrag geben. Senden Sie sie am besten schon heute Abend. Und wiederholen Sie sie so oft, bis wirklich jeder Bescheid weiß, der hier in der Gegend lebt.»

«Ich bin ganz Ohr.» Moritz Knie schaltete ein altmodisches Aufnahmegerät ein, das an einem Riemen über seiner Schulter hing, und hielt den Kopf des Mikrofons sehr dicht vor Siggis Gesicht. «Wer ist verloren gegangen? Setzen Sie unsere Hörer ins Bild.»

«Ich suche meine Freundin Doro, die das Opfer einer Entführung geworden ist. Wenn Sie Doro sehen, ob allein oder in Begleitung, rufen Sie bitte umgehend im Antiquitätenladen

Kunst und Kurioses an. Achten Sie auf alles Verdächtige, das sich in Ihrer Nachbarschaft tut.»

«Wie alt ist diese Doro und wie sieht sie aus?», fragte Moritz Knie unvermittelt.

Von einer Sekunde auf die andere war Siggis Kopf wie leer gefegt. «Also sie ist sehr hübsch», antwortete er zögerlich, «hat ein wundervolles Lächeln und ist manchmal etwas chaotisch.»

«Doro starrt immerzu auf das Handy, wobei sie ihres momentan verloren hat», warf Anton ein. «Und sie fährt manchmal per Anhalter, obwohl sie das nicht soll.»

«Mich interessieren tatsächlich die reinen Äußerlichkeiten.» Das Lächeln des Journalisten wirkte mit einem Mal etwas angestrengt. «Besondere Merkmale, an denen unsere Hörer Doro erkennen können.»

«Sie hat kurze dunkle Haare. Etwa so.» Als Siggi die wachsende Verzweiflung seines Gegenübers bemerkte, ergänzte er unwirsch: «Zwei Beine, zwei Arme und eine Nase im Gesicht. Was wollen Sie von mir hören? Ach ja, jetzt weiß ich es. Mittelgroß, mittelschlank, mittelalt.»

«Doro ist doch kein Käse», protestierte Anton. «Lass mich mal versuchen. Also: Ihre Haare sind dunkelbraun. Sie ist Anfang vierzig, schlank und hat blaue Augen.»

«Grün», verbesserte Siggi.

«Du musst es ja wissen», konterte Anton schnippisch.

«Besondere Kennzeichen: keine», fasste Moritz Knie die Bemühungen der beiden Männer treffend zusammen und schaltete sein Aufnahmegerät ab. «Keine Sorge, die finden wir wieder. Gibt ja nur ein paar Millionen davon. Und was erwartet die Gäste heute Abend auf der Walpurgisnacht-Party?»

«Gar nichts, wenn ich mich nicht beeile», rief Siggi und eilte los, gefolgt von Anton.

Oben in der Wohnung zeigte die Boxerhündin Lola ihm die kalte Schulter. Offensichtlich war sie zu lange nicht mehr von ihm beachtet worden und war zudem hungrig.

«Wo habe ich denn bloß mein Kostüm gelassen?» Er verscheuchte die Boxerdame von ihrem Platz vor der Schlafzimmertür und trat ein.

«Brauche ich etwa auch eins?» Anton klang alarmiert.

«Ich dachte, das wäre klar.» Siggi entdeckte eine Plastiktüte am Fußende seines Bettes und fand darin einen blauen, mit Sternen bestickten Umhang samt passendem Spitzhut. Er warf Anton einen kurzen Blick über den Rand seiner Brille hinweg zu. «Zur Walpurgisnacht reiten die Hexen auf ihren Besen hinauf zum Blocksberg und tanzen um das große Hexenfeuer. Es ist sogar ein Kostümwettbewerb geplant.»

«Und hast du rein zufällig auch an eine Verkleidung für mich gedacht?» Anton stemmte die Hände in die Seiten. «Zu deiner Erinnerung: Ich bin ursprünglich nur für den Schätztag hierhergekommen und mehr nicht. Bevor alles anders kam. Deswegen habe ich meinen Zauberer-Umhang zu Hause gelassen. Als was gehst du denn?»

«Ich gebe heute Abend den Hexenmeister. Frei nach Goethe. Du kannst mein Zauberlehrling sein. Das ist einfach zu bewerkstelligen. Wir finden schon noch eine nette Küchenschürze für dich.»

«Vielen Dank, ich lasse mir selbst etwas einfallen», brummte Anton, legte den Kopf schief und musterte Siggis braunen Wintermantel, der noch an der Garderobe hing, obwohl der Sommer schon fast vor der Tür stand. «Ich glaube, ich habe auch schon eine Idee.»

«Nimm dir, was du brauchst», erwiderte Siggi großzügig und schloss die Schlafzimmertür, um sich ungestört verwandeln zu können. Minuten später hüllte ihn der Sternenmantel ein, und in seinem Hosenbund steckte ein silberner Zauberstab. Lediglich der Spitzhut war etwas unbequem, denn er fiel groß aus und rutschte Siggi immer wieder über die Augen. Aber damit konnte er leben.

Gespannt, was Anton sich hatte einfallen lassen, begab er sich in die Küche, wo sein Freund in Siggis braunem Wintermantel am Tisch saß und rohe Makkaroni unter ein selbst geknotetes Stirnband schob. Das Ergebnis erinnerte an eine Krone aus senkrechten hellgelben Stäbchen.

Siggi war fasziniert. «Was stellst du dar, wenn ich fragen darf?»

«Ich bin heute Abend nicht der Zauberlehrling, sondern der Besen», erklärte Anton. «Der, der vom Lehrling zum Leben erweckt wird und Wasser für ein Vollbad vom Fluss herauftragen soll.»

«Ja, und dann ersäuft fast das ganze Haus, und der Lehrling spaltet den Besen in zwei Teile mit dem Beil, ehe der Hexenmeister heimkommt und alles wieder in Ordnung bringt. Bist du scharf darauf, zerlegt zu werden?»

«Wir müssen ja nicht alles nachmachen», erwiderte Anton. «Bereit für den großen Auftritt?»

«Fast», sagte Siggi und setzte Lola einen Haarreifen mit blinkenden Hörnern auf. «Darf ich vorstellen: mein Höllenhund. Schlecht gelaunt, weil sie wegen der vielen Hundekekse, mit denen sie sich hat bestechen lassen, auf Diät ist. Jetzt können wir gehen.»

Im Laden stand Isä noch immer hinter der Kasse. Der alte Mann trug einen von Siggis Zylindern auf dem Kopf und hatte sich das Gesicht mit einer Schicht Pflegecreme leichenblass geschminkt. Hinter ihm, an der Wand, lehnte eine Sense, deren Existenz Siggi völlig entfallen war.

«Ich musste improvisieren», erklärte Isä unaufgefordert.

«Schließlich hatte ich keine Zeit, mich um ein richtiges Kostüm zu kümmern. Aber ich wollte auch nicht unangenehm auffallen und habe mir erlaubt, etwas Passendes unter deinem Zeug zusammenzusuchen. Gestatten: Gevatter Tod.»

«Absolut überzeugend», rief Siggi und roch warmes Essen. Der Caterer war bereits bei der Arbeit und erinnerte Siggi daran, dass er heute kaum zum Essen gekommen war.

Da eilte auch schon eine jugendliche Hexe im hautengen Kostüm auf ihn zu und präsentierte ihm ein Tablett voller giftgrüner Drinks. Siggi lehnte dankend ab. Er hatte noch eine Kleinigkeit zu erledigen, bevor er sich ins Partyvergnügen stürzen würde. Mit einem Textmarker setzte er schwungvolle Buchstaben auf ein Blatt Papier.

Anton, der ihm über die Schulter blickte, las laut mit: «Auf dem Parkplatz: Antiquitäten zum Mitnehmen! Nur dort und nur heute! Was immer gefällt, greifen Sie zu.» Er schüttelte ungläubig den Kopf. «Du willst den Schutthaufen da draußen zur größten Grabbelkiste der Welt deklarieren und die Leute dazu bringen, das Zeug mit nach Hause zu nehmen?»

«So ist es.» Zufrieden hob Siggi sein Plakat hoch. «Vielleicht verschwindet der Ramsch ja genauso spontan von meinem Grundstück, wie er hergekommen ist. Genial, oder nicht?»

Der Besen namens Anton wechselte einen stummen Blick mit dem Gevatter Tod. Beide schüttelten dezent die Köpfe, doch Siggi ließ sich nicht beirren.

«Hast du heute etwas Neues über meine Tochter herausgefunden?», wechselte Isä das Thema.

«Sie war in ihrer Wohnung. Aber nicht allein», flüsterte Siggi und nickte gleichzeitig einer Hexe im purpurroten Umhang zu, die in diesem Moment in den Laden trat. «Anton hat Anzeichen dafür entdeckt, dass sie versucht hat, zu fliehen oder den Entführer auszutricksen. Aber es hat wohl nicht geklappt.»

«Das ist mein Mädchen.» Isä reckte stolz das Kinn. «Nie aufgeben, habe ich ihr immer gesagt. Durchbeißen soll sie sich. Wie es aussieht, hat sie mir doch ab und zu mal zugehört.»

Ein wenig gerührt beobachtete Siggi, wie Isä sich kurz über die bleich geschminkten Augen rieb. Gleich darauf putzte der alte Mann sich geräuschvoll die Nase. Als er sich wieder herumdrehte, leuchtete diese rosig inmitten der weißen Creme.

«Es wird schon alles gut gehen», versprach Siggi. «Jetzt müssen wir erst einmal diese Party hinter uns bringen.»

Rasch versah Siggi den Berg Gerümpel mit seinem Hinweisschild. Zum ersten Mal an diesem Tag atmete er tief durch und ließ den Dingen ihren Lauf. In Scharen trafen die Partygäste ein, genau wie er es erwartet hatte. Es mussten bereits an die hundert Leute im Laden und auf dem Gelände sein, und es wurden noch mehr. Auf der provisorischen Tanzfläche vor dem Pavillon des DJs hopsten bereits einige kleine Hexen im Grundschulalter herum. Gleich daneben hatte der Caterer einen monströs großen Grill aufgebaut, über dem sich ein gewaltiges Stück Fleisch am Spieß drehte. Als besondere Attraktion konnten die Gäste sich auf einem scheinbar fliegenden Hexenbesen filmen lassen, der von einer hydraulischen Winde, eine Leihgabe des örtlichen Theatervereins, vorwärtsgezogen wurde.

Der Geruch von Gebratenem breitete sich in der milden Frühlingsluft aus und erinnerte Siggi erneut daran, dass er seit dem Frühstück nichts mehr gegessen hatte. Gerade wollte er sich ins Getümmel stürzen, als sich eine gut gebräunte Fee im blassrosa Ballettanzug vor ihm aufbaute und ihm mit dem giftgrünen Cocktail zuprostete.

«Baronin von Pilz.» Siggi zwang sich zu einem Lächeln und versuchte noch, ihr zu entkommen, doch sie ließ ihm keine Chance.

«Was für eine schicke Aufmachung, Herr Malich. Hat Ihnen das Ihre neue Freundin genäht?»

«Nein, es stammt aus dem Fundus der Laientheatertruppe», gab Siggi zu. «Ich versorge sie regelmäßig mit Requisiten und Kleidungsstücken und werde dafür jedes Jahr mit einer Dauerkarte belohnt. Ich glaube, dieser Umhang stammt ursprünglich aus einer *Macbeth*-Aufführung.» Er sah sich suchend um. «Wo ist denn der kleine Lord geblieben?»

«Festivitäten wie diese überfordern das arme kleine Hundchen.» Sie hakte sich bei ihm unter und zog ihn mit sich. «Und ich kann Ihre Freundin nirgendwo entdecken. Hängt im Paradies etwa der Haussegen schief?»

«Könnte man so sagen.» Er wollte rasch das Thema wechseln, doch sie kam ihm zuvor. «Und Ihr Freund, dieser Herr Schauer, ist der auch da? Hat er schon eine Begleitung für den heutigen Abend?»

Siggi musterte sie misstrauisch von der Seite. Konnte es sein, dass die Witwe ihre Serie an Ehen fortsetzen wollte und Anton als nächstes Opfer auserkoren hatte? Anton hatte Hilfe dringend nötig.

«Ich habe ihn vorhin zusammen mit der hübschen Lola gesehen. Die beiden geben ein nettes Paar ab.»

«Eine hübsche Lola?» Die Miene der Baronin verfinsterte sich. «Das wollen wir doch mal sehen.»

«Was für ein ausgefallenes Kostüm Sie tragen, Frau Baronin», wechselte Siggi schnell das Thema, bevor ihr wieder einfallen konnte, dass Lola nicht der Name einer Frau, sondern der seiner Boxerhündin war. «Ich wusste gar nicht, dass Elfen die Walpurgisnacht ebenfalls feiern.»

«Niemand kann von mir verlangen, mit einer Warze auf der Nase und blöde kichernd aufzutreten», stellte sie klar. «Ganz besonders nicht, wenn hübsche Lolas anwesend sind, die einem Konkurrenz machen wollen. Dieses Kostüm bringt meine Vorzüge klar zur Geltung. Ich hege große Hoffnungen auf den ersten Platz bei Ihrem Wettbewerb. Wie hoch ist das Preisgeld?»

«Von Geld kann keine Rede sein, aber es lohnt sich trotzdem, ganz oben auf dem Podest zu stehen, das verspreche ich. Und jetzt muss ich weiter und noch ein paar Dinge erledigen. Gastgeberpflichten, Sie verstehen?»

Er machte sich von ihr los und eilte davon. Tatsächlich musste er zunächst eine Gruppe Heranwachsender zusammenstauchen, die den Hexenbesen in viel zu hoher Geschwindigkeit abzischen ließen, indem sie die hydraulische Winde über die Steuereinheit auf volle Leistung gestellt hatten.

Anschließend suchte er Anton. Das war nicht weiter schwierig, denn sein Freund überragte mit seiner Makkaroni-Krone alle Anwesenden, sogar die zahlreichen Spitzhüte auf dem Gelände.

Anton hatte gemeinsam mit Isä Stellung an der Eingangstür bezogen und begrüßte die Ankommenden. Zu seinen Füßen saß Lola und trug ihren Kopfschmuck mit Fassung.

«Ich fürchte, du hast ein Problem», sagte Siggi und stellte sich neben ihn, «und es heißt Baronin von Pilz.»

«Ist die etwa auch hier?», fragte Anton alarmiert.

«Ja, und sie hält Ausschau nach dir und einer gewissen Lola, die sie für ihre Nebenbuhlerin hält. Lass dich von ihrem Getue nicht täuschen. Die Frau ist ordinär bis zum Opferstock, und wenn sie sich etwas in den Kopf gesetzt hat ...»

«Warum denn ausgerechnet ich?», jammerte Anton und

ignorierte den zufrieden grinsenden Isä, der von einem Kelch sprach, der glücklicherweise an ihm vorübergegangen war.

Eine ganze Weile riss der Strom der Neuankömmlinge nicht ab, und viele Gesichter waren Siggi völlig unbekannt. Ganz wie erhofft lockte das Fest potenzielle neue Kundschaft in seinen Laden. Aber weil auch Doros Entführer unter ihnen sein konnte, musste er sich anstrengen, nicht gleich jeden misstrauisch zu mustern.

Die Gäste hingegen verhielten sich völlig ungezwungen. Zwei als Raben verkleidete Damen ließen sich mit ihm fotografieren, und überraschenderweise gab es sogar einen zweiten Besen unter den Kostümen, der für seine Borsten jedoch auf Strohhalme statt auf Nudeln zurückgegriffen hatte. Die überwiegende Zahl der Gäste hatte sich dennoch für ein klassisches Hexenkostüm mit Hut und Mantel entschieden. Nicht in allen Gesichtern war Schminke zum Einsatz gekommen. Eine Dame allerdings hatte sich Gewitterwolken über die Augenpartie gemalt und trug passend dazu einen Gürtel aus goldenen Blitzen um die Hüfte.

«Eine Wetterhexe», stellte Anton voller Anerkennung fest. «Die Tornados an ihren Ohren gefallen mir besonders gut. Und sind das Hagelkörner an ihrem Mantelsaum?»

Auch Siggi war beeindruckt. Die Aufmachung der Wetterhexe, mit einem nachtblauen Umhang, der seinem eigenen stark ähnelte, war das fantasievollste Kostüm, das er bisher entdeckt hatte. Damit hatte sie gute Aussichten auf den ersten Platz. Zudem war es unmöglich zu erkennen, wer sich dahinter verbarg. Die dunklen Wolken umschatteten die Augen auf eine fast unheimliche Weise, der Rest des Gesichts erstrahlte in einem ungesunden Bleigrau. Das unverbindliche Kopfnicken, mit dem sie dicht an ihm vorbeiging, ließ zumindest vermuten, dass sie einander nicht persönlich kannten.

«Ich werde morgen übrigens zurück nach Köln fahren», erklärte Anton unvermittelt. «Mittlerweile drängen ein paar geschäftliche Termine, die ich nur ungern verschieben würde.»

«Das verstehe ich. Aber ich habe keine Ahnung, was ich ohne dich machen soll. Wir haben Doro immer noch nicht zurück ... Die ganze Situation überfordert mich.»

«Ich bin ja auch noch da», brummte Isä und drängte Siggi einen giftgrünen Cocktail auf. Mit leichter Skepsis nippte Siggi an dem Glas und wurde positiv überrascht. Das Gesöff schmeckte nach einer Mischung aus Melone und Minze.

«Ich dachte mir, ich nehme die gammeligen Bücher aus dem Überseekoffer mit und lasse sie von einem Fachmann für Urkunden und andere Schriftstücke beurteilen», schlug Anton vor. «Mit dem habe ich ohnehin einen Termin wegen einer anderen Sache. Da kann er sich deinen Kram auch gleich anschauen.»

«Gute Idee. Danke dir», sagte Siggi. «Ich werde mir jetzt mal das Mikro vom DJ ausleihen und alle begrüßen.»

Er schob sich an der Wetterhexe vorbei, die gerade einige Hagelkörner am Saum entwirrte, in Richtung Ausgang und stand wenige Minuten später mit einem Handmikrofon samt dazugehörigem Lautsprecher vor dem Kassenbereich.

«Liebe Hexen, Zauberer, Besen und alle, die heute hierhergefunden haben», begann er seine improvisierte Eröffnungsrede. «Wir wollen diesen Abend gemeinsam bei gutem Essen und Trinken genießen. Als besondere Highlights erwarten uns die Hexendisco, der fliegende Hexenbesen, ein Feuerwerk und natürlich der große Kostümwettbewerb. Hierzu kurz ein paar Regeln, die ich mir gerade erst überlegt habe.»

Gemurmel und Gelächter erhob sich. «Jeder, der teilnehmen möchte, schießt ein Selfie von sich und lädt es in der nächsten halben Stunde auf der Facebook-Seite von *Kunst und Kurioses* hoch. Nach Ablauf dieser Frist nehme ich keine Bewerbungen mehr an. Anschließend können alle Anwesenden, aber auch Abonnenten und Besucher unserer Seite das beste Kostüm wählen. Das Foto mit den meisten Likes entscheidet darüber, wer unseren Wettbewerb gewinnt. Macht alle mit, seid bloß nicht schüchtern! Und jetzt lasst uns feiern!»

Kurzer Applaus brandete auf. Siggi, der gerade den ersten Cocktail hinuntergestürzt hatte, bekam von einer der Hexen mit Tablett umgehend einen neuen gereicht. Um ihn herum klickten die Handykameras, und erste Bilder erreichten ihn, die er eines nach dem anderen freigab.

In der kommenden halben Stunde füllte sich die Social-Media-Seite des Antiquitätenladens, was die Reichweite dieser Veranstaltung weit über die Grenzen seines Grundstücks hinaustrug. Siggi war sehr zufrieden mit sich und nippte mittlerweile an seinem dritten Cocktail.

«Wie steht es mit dem Recht am eigenen Bild?», raunte Anton ihm zu.

Siggi sah auf und bemerkte Antons Stirnrunzeln.

«Was meinst du damit?», wollte Siggi wissen. «Sie laden ihre Visagen doch alle ganz freiwillig hoch.»

«Ja, solange sie die Kamera auf sich selbst richten», gab Anton zu bedenken. «Deine Idee scheint mir da ein paar Schwächen zu haben. Hoffentlich sind keine Hexen und Zauberer dazwischen, die gegen ihren Willen fotografiert worden sind.»

«Wenn die Party vorbei ist, wird alles sofort wieder gelöscht», versicherte Siggi ihm. «Außerdem kennst du doch den guten alten Spruch: Wo kein Kläger, da kein Richter. Es wird schon alles gut gehen.»

«Bitte lächeln», rief Baronin von Pilz und blitzte ihm geradewegs in die Augen. «Unser Gastgeber und sein charmanter Freund sollen in der Porträtsammlung nicht fehlen. Wo steckt denn diese hübsche Lola? Macht die Dame sich etwa rar?»

«Siehst du? Das habe ich gemeint.» Anton zog eine Grimasse und sah sich nach einer Fluchtmöglichkeit um. «Du solltest bei der Freigabe der Bilder unbedingt darauf achten, dass es sich wirklich um Selfies handelt. Und warum heißt meine imaginäre Freundin eigentlich wie dein Hund?»

«Das ist der erste Name, der mir eingefallen ist, und außerdem ist das dicht an der Wahrheit dran.» Siggi grinste und murmelte: «Es ist ja nicht meine Schuld, wenn sie sofort auf die Idee kommt, dass der Name zu einer Frau gehört. Du musst es jetzt nur geschickt anstellen, und die Baronin wird sich ein neues Opfer suchen. Sag brav: Danke, Siggi.»

«Danke, Siggi», flüsterte Anton zurück und reckte danach demonstrativ das Kinn. «Lola? Wo bist du denn, meine Hübsche?», rief er und versuchte schnell in der Masse unterzutauchen, was wegen der Makkaroni-Krone ein Ding der Unmöglichkeit war. Prompt nahm die Baronin die Verfolgung auf. Von einer ominösen Lola ließ sie sich offensichtlich doch nicht so leicht ausbooten. Armer Anton.

Siggi blieb zurück. Und da er Antons Hinweis durchaus einleuchtend fand, suchte er sich einen etwas ruhigeren Winkel abseits der Sitzecken, um die Fotos genauer zu betrachten. Dabei stolperte er über einen antiken Kerzenständer mitten im Gang, der eigentlich einen festen Platz vor dem hohen Bücherregal neben der Ritterrüstung hatte. Unwillig wollte Siggi ihn gerade wieder an seinen Platz schieben, als ihm auffiel, dass auch in besagtem Regal einiges in Unordnung gebracht worden war. Die Bücher bildeten nun wackelige Türmchen statt Reihen.

«Geht das schon wieder los?» Er verdrehte die Augen und wandte dem Chaos den Rücken zu. Falls es wirklich auf das Konto von Doros Entführer ging, hoffte er inständig, dass der Kerl bald fand, was er suchte. Er schaute sich nach dem Erbauer der wackligen Türmchen um, aber natürlich überraschte er niemanden dabei, wie er in seinen Regalen herumwühlte. Wenn der Gesuchte hier war, würde er es Siggi bestimmt nicht leicht machen, ihn aufzuspüren.

In diesem Moment verlangte Siggis Handy mit einem schrillen Ton nach Aufmerksamkeit. Eine ganze Reihe Fotos waren auf der Facebook-Seite hochgeladen worden. Halbherzig scrollte er durch zahlreiche Aufnahmen von Hexen und Zauberern. Baronin von Pilz in ihrem rosa Elfenkostüm war gleich dreimal vertreten. Alles eindeutige Selfies, wie die Position der ausgestreckten Arme verriet. Aber auch Bilder, bei denen die abgebildete Person so begeistert in die Kamera strahlte, dass man davon ausgehen konnte, sie sei auf eigenen Wunsch fotografiert worden, ließ Siggi gelten. Nach gründlicher Recherche stieß er nur auf ein einziges Bild, das mehr einem Schnappschuss glich, der unbemerkt von der darauf abgebildeten Person aufgenommen wurde. Dabei handelte es sich ausgerechnet um die Wetterhexe.

Es tat ihm in der Seele weh, ein so liebevoll gestaltetes Kostüm vom Wettbewerb auszuschließen. Er beschloss, die Dame zu suchen und sie auf das Foto anzusprechen. Aber zuvor musste er unbedingt die Keramikabteilung aufsuchen. Drei giftgrüne Cocktails forderten ihren Tribut.

11

Vor der Tür zur Damentoilette war bereits eine kleine Warteschlange entstanden. Das Grüppchen schien sich aber recht gut zu unterhalten. Siggi schob sich daran vorbei zur Herrentoilette und traf darin nur auf einen rotgesichtigen Teufel an den Waschbecken. Die Kabinen waren allesamt frei. Gewohnheitsmäßig wählte er die erste und genoss das Gefühl der Erleichterung, während er hörte, wie der Teufel den Raum verließ. Für einen Moment wurden die Partygeräusche lauter und drangen dann, nachdem sich die Tür wieder geschlossen hatte, nur noch gedämpft zu ihm herein.

Siggi spürte bereits die Wirkung der drei Cocktails und schwor sich, den Rest des Abends vorsichtiger mit dem Alkohol zu sein. Als Veranstalter sollte er einen klaren Kopf bewahren. Schließlich konnte man nicht wissen, wie die Party sich noch entwickeln würde. Aber solange am Ende niemand tot im Brunnen trieb, war dies allemal eine bessere Werbung für ihn als der letzte Schätztag.

Noch eine Hand am Hosenbund, öffnete Siggi die Kabinentür und wollte einen Schritt hinaus machen, als die Tür plötzlich wie ein Bumerang zurückkam und ihm mit Wucht ins Gesicht schlug. Siggi wankte rückwärts. Gerade noch gelang es ihm, nicht in die Toilettenschüssel zu fallen. Prompt rutschte ihm der viel zu große Hexenhut über die Augen. So hörte er mehr, als er sehen konnte, wie die entfesselte Tür gegen die Nachbarkabine prallte.

Vorwärtsstolpernd versuchte Siggi, den Hut aus dem Gesicht zu streifen, da schob sich plötzlich etwas zwischen seine Beine und brachte ihn endgültig zu Fall. Er landete auf allen vieren und fühlte die Kälte der Fliesen unter den Händen. Noch immer behinderte der Hut seine Sicht, und er griff danach. In dem Moment traf ihn ein harter Schlag im Rücken, und er sackte bäuchlings auf den Boden.

«Was soll das?», brachte Siggi heraus, unfähig, sich zu seinem Angreifer umzudrehen.

«Um eine einzige Sache habe ich gebeten», raunte eine heisere Stimme dicht neben seinem Ohr. «Du solltest nur den Laden offen und dich selbst raushalten. Alles, was jetzt passiert, hast du dir selbst zuzuschreiben.»

«Aber was habe ich denn ... aua!» Der Fremde trat ihm auf die Finger, und Siggis Frage ging im Schmerz unter.

Der Druck auf seinen Rücken ließ nach. Doch bevor Siggi sich aufrappeln und endlich den blöden Spitzhut, der ihm die ganze Zeit die Sicht genommen hatte, vom Kopf reißen konnte, hörte er das Klappen der Toilettentür. Sein Angreifer war geflohen, und er hatte nichts von ihm gesehen. Nicht einmal die Stimme würde er wiedererkennen, denn Siggi war davon überzeugt, dass die Heiserkeit nur vorgetäuscht gewesen war. Zitternd saß er auf den Kacheln und versuchte, die gequetschten Finger der linken Hand zu bewegen. Immerhin schien keiner gebrochen. Er kam auf die Füße und wollte dem Fremden hinterhereilen. Doch schon nach wenigen Schritten wurde ihm bewusst, dass sein Unterfangen sinnlos war. Der Heisere war längst im Getümmel der Feiernden untergetaucht.

Schwer atmend stand Siggi umringt von Hexen inmitten seines Antiquitätenladens und hätte seine Wut und seinen Frust am liebsten einfach hinausgebrüllt. Stattdessen versuchte er Ruhe zu bewahren, was ihm äußerst schwerfiel.

«Was ist passiert?» Mit einem Mal stand Anton mit grimmiger Miene neben ihm.

«Woher weißt du, dass etwas passiert ist?», fragte Siggi verdattert und hörte, wie seine Stimme vor Aufregung bebte.

«Irgendetwas muss vorgefallen sein, denn du hast einen Schuhabdruck hinten auf deinem Umhang. Hat dir jemand ins Kreuz getreten?»

«Nicht ganz.» Siggi wand sich aus seinem Kostüm, um die Rückseite zu betrachten. Die schmutzige Spur, die sein Angreifer hinterlassen hatte, war klar und deutlich zu erkennen und prangte mitten zwischen den Sternen und Monden auf dem Stoff. «Anton, was würdest du sagen? Größe 40? Oder eher 42? Der Kerl ist wohl eher nicht der Größte. Der muss doch zu finden sein.» Er knüllte den Mantel zusammen und setzte sich in Bewegung, doch Anton hielt ihn zurück.

«Was hast du vor? Willst du jedem Mann, der unter eins achtzig groß ist, aufs Maul hauen?»

«So ähnlich. Ich besorge mir einen Besenstiel und lasse die ganze Meute zum Limbotanzen antreten. Und die Männer, die am besten unter der Stange durchpassen, knöpfe ich mir vor. Jemand hat mich auf dem Klo überfallen und mich bedroht. Er sagte, alles, was nun passiert, habe ich mir selbst zuzuschreiben. Dabei weiß ich nicht einmal, welchen Fehler ich überhaupt gemacht haben soll.»

«Du hast Nachforschungen über Eduard Pohl angestellt, und er hat es rausbekommen», flüsterte Anton aufgeregt. «Das muss es sein. Es hängt alles zusammen. Doros Entführer ist also heute Abend hier unter den Gästen.» Anton reckte das von Makkaroni gekrönte Haupt und blickte sich suchend um. «Wie hat er ausgesehen?»

«Weiß ich nicht», motzte Siggi und senkte die Stimme zu einem Flüstern, als ihn irritierte Blicke von umstehenden

Gästen trafen. «Erst wurde mir eine Tür ins Gesicht geschlagen, und dann hatte ich den Hut über den Augen. Der Typ war nicht nur brutal, sondern auch geschickt. Hast du etwas Eis für meine Finger? Ich glaube, die schwellen gerade an.»

Ohne die Antwort abzuwarten, tauchte Siggi seine Hand in Antons Limonadenglas. Offensichtlich hatte sein Freund ebenfalls bereits genug von den grellen Cocktails.

«Hast du wirklich gar nichts gesehen?», drängte ihn Anton. «Jede Information kann uns helfen, ihn ausfindig zu machen. Und das führt uns hoffentlich auch zu Doro.»

Siggi wusste, dass Anton nur helfen wollte. Verzweifelt versuchte er, sich an irgendwelche nützlichen Einzelheiten zu erinnern. Doch da war nichts. Der Überfall war völlig überraschend gekommen und so schnell gegangen, dass Siggi Schwierigkeiten hatte, sich überhaupt an den genauen Ablauf zu erinnern. Schließlich gab er es auf und schüttelte den Kopf. «Tut mir leid. Ich habe weder ein Gesicht noch ein Kostüm gesehen. Und diese heisere Stimme war mit Sicherheit nur gespielt. Nichts bringt uns weiter.»

«Er ist hier», wiederholte Anton und sah sich noch immer um.

«Ja, und vermutlich ist es auch der, der schon wieder Chaos anrichtet, indem er Regale durchwühlt», sagte Siggi und dachte an den Kerzenleuchter. «Er kommt hierher und sucht nach etwas. Diesem Zeidis vermutlich, den Doro erwähnt hat. Aber was ist ein Zeidis?»

«Verzeihung.» Isä drängte sich durch die Gäste und kam geradewegs auf sie zu. Der alte Mann machte einen ziemlich erschöpften Eindruck. «Der Pyrotechniker fragt, wann er das Feuerwerk starten soll. Er meint, früher wäre besser als später, denn es ist Regen angesagt.»

«Auch das noch.» Siggi war der Spaß an der ganzen Veranstaltung gründlich vergangen. Was schon unter dunklen Vorzeichen begonnen hatte, drohte nun tatsächlich in einem Desaster zu enden, denn auf Regen waren sie nicht eingestellt. Die Hexendisco, der fliegende Besen und der Grillspieß auf dem Parkplatz würden womöglich absaufen.

«Also gut, brennen wir das Feuerwerk eben jetzt schon ab. Sag ihm, ich schicke die Leute in fünf Minuten raus», stimmte Siggi zu.

Isä wackelte mit langsamen Schritten davon, und Siggi hatte den Eindruck, dass der Alte große Sehnsucht nach seinem Rollator hatte, der ihm jedoch in diesem Gewühl sehr hinderlich gewesen wäre. Er selbst kämpfte sich in Richtung Ausgang, um dem DJ noch einmal das Mikro und den mobilen Lautsprecher abzuschwatzen. Anton begleitete ihn und hielt sich dicht an seiner Seite.

«Ich bin ab jetzt dein Leibwächter», verkündete der Kunstexperte. «Damit sich so etwas nicht wiederholt. Wie du weißt, habe ich einige Erfahrung in asiatischen Kampftechniken.»

«Wetten, die hätten dir in meiner Situation auch nicht weitergeholfen?», murrte Siggi, der sich den Umhang des Hexenmeisters wieder umwarf und den Hut richtete, bevor er sich das Mikro griff.

«Alle mal herhören», verkündete er kurz darauf. «Draußen könnt ihr in wenigen Minuten das Feuerwerk bewundern. Wer dabei seinen Besen satteln und ein bisschen über den Parkplatz tanzen will, darf das gerne tun. Viel Spaß!»

Unter lautem Gejohle, an dem vermutlich zu viele grüne Cocktails ihre Mitschuld hatten, setzte sich die Meute in Bewegung und strebte hinaus ins Freie. Siggi musterte jeden, der an ihnen vorbeikam, und Anton machte ein Gesicht, als würde er nicht zögern, einem plötzlichen Angreifer seine Makkaroni in die Nasenlöcher zu rammen. Nur als Baronin von Pilz sich ihm näherte, ging er rasch hinter Siggi in Deckung.

Zusammen mit Isä verließen sie als Letzte den Antiquitätenladen, der erstaunlich unversehrt wirkte, wenn man bedachte, dass hier soeben eine Party getobt hatte. Draußen stieg bereits die erste Rakete in den dunklen Himmel und zog einen roten Schweif hinter sich her.

«Das gefällt mir nicht», hörte Siggi Anton murmeln. «Hier treibt sich ein Mörder und Entführer herum, der in der Toilette über dich hergefallen ist, und über unseren Köpfen knallen die Raketen. Bei dem Lärm könnte problemlos unbemerkt ein Schuss fallen.»

«Wenn er mich töten wollte, hätte er das ja bereits tun können», beschwichtigte er Anton. «Nein, es geht ihm um etwas ganz Bestimmtes. Und alle anderen, die damit nicht in Verbindung stehen, sind auch nicht in Gefahr.»

Diese These schien Anton ein wenig zu beruhigen. Er hörte auf, krampfhaft in die Menge zu starren, in der einzelne Gesichter durch das grellbunte Licht ohnehin nur kurz zu erkennen waren, bevor es wieder dunkel wurde. Gerade als die Show auf ihren Höhepunkt zusteuerte und knisternde Funken wie Sterne am Himmel standen, herabsanken und langsam verglühten, übertönte ein Schrei alle anderen Geräusche.

«Feuer! Es brennt!»

Alarmiert zuckte Siggis Blick hinüber zum Haus. Dort sah alles normal aus: Die Fenster waren hell erleuchtet, kein unheilvolles Flackern und kein Rauch waren zu sehen. Dafür bemerkte er eine schwarze Wolke, die hinter dem Dach aufstieg, als läge der Ursprung auf der Rückseite des Antiquitätengeschäfts.

«Feuer!», erscholl erneut ein warnender Ruf. Der DJ stand im Scheinwerferlicht, wedelte wild mit den Armen und deutete immer wieder hinter sich. Sofort rannte Siggi los und drängte sich durch die Menschenmenge. Hinter ihm bahnte sich auch Anton einen Weg, und gleichzeitig bogen sie um die Hausecke, um zu sehen, was dort gerade in Flammen aufging.

«Mein Auto!», brüllte Anton mit abgrundtiefem Entsetzen. «Mein schönes Auto!»

Gerade eben noch konnte Siggi ihn davon abhalten, auf den vollständig in Flammen stehenden Chrysler Cruiser zuzurennen.

«Bist du wahnsinnig?», fuhr er Anton an. «Der ist nicht mehr zu retten, du verbrennst dir nur die Finger.»

«Mein Auto! Meine Kassetten!», schrie Anton weiter wie von Sinnen.

Siggi erwog bereits, ihm eine heilsame Ohrfeige zu verpassen, als Anton erschrocken zurückwich. Eine plötzliche Hitzewelle zwang sie, weiter auf Abstand zu gehen. Gleichzeitig sandte der Chrysler eine Stichflamme gen Himmel, als ob er sich von seinem langjährigen Besitzer verabschieden wollte.

«Wir müssen die Feuerwehr rufen, bevor die Flammen auf das Haus oder das Lager übergreifen können», sagte Siggi und ließ Anton nur zögerlich los, um sein Handy hervorzuholen. Gerade wollte er die Nummer des Notrufs wählen, da klangen in der Ferne Sirenen durch die Nacht.

«Offensichtlich hat jemand bereits Bescheid gegeben», meinte Anton und starrte mit hängenden Schultern ins Feuer. «Nette Geste.»

«Aber wie können die Jungs von der Feuerwehr unmöglich schon hier sein?», entfuhr es Siggi. «Das Feuer wurde doch gerade erst entdeckt. Und der Weg von der Wache bis hierher ist viel zu weit.»

«Beklag dich nicht, nur weil die Hilfe einmal rechtzeitig kommt. Zumindest für deinen Laden. Für mein Auto und alles, wofür es stand, kommt jede Hilfe zu spät.» Anton wies anklagend nach vorn. «Da brennen meine besten Jahre, verdammt noch mal! Inklusive des dazugehörigen Soundtracks.»

«Es tut mir sehr leid für dich.» Siggi legte einen Arm um Antons Schultern. «Und wenn dieses Feuer nicht ein ganz großer Zufall ist, müssen wir davon ausgehen, dass unser Gegner auch auf dich nicht gut zu sprechen ist.»

«Wenn ich den Saukerl in die Finger kriege.» In Antons von den Flammen beleuchtetes Gesicht trat eine Härte, die Siggi noch nie an ihm gesehen hatte. «Wir schnappen ihn, und dann gnade ihm Gott.»

Es dauerte nicht lange, bis die Einsatzkräfte das Feuer gelöscht hatten. Zurück blieb ein verkohltes Wrack inmitten eines Schaumteppichs. Ansonsten war nichts und niemand zu Schaden gekommen. Anton, der offensichtlich gar nicht mehr hinsehen konnte, drehte den Überresten demonstrativ den Rücken zu und reagierte auf kein noch so freundlich gemeintes Wort von Siggi. Vermutlich schmiedete er bereits Rachepläne. Und einen Vorteil hatte seine finstere Miene. Auch die Baronin von Pilz wagte sich nicht mehr in seine Nähe.

«Gibt es jemanden, der Sie überhaupt nicht leiden kann, Herr Schauer?», fragte einer der Feuerwehrmänner, der gerade in ein Stück Schweinebraten vom Drehspieß biss. «Es sieht nämlich so aus, als hätte das Feuer an einem der Hinterreifen seinen Ursprung gehabt. Das hier sieht für mich nach Vorsatz aus. Ein Auto fängt nicht einfach so am Heck zu brennen an.»

«Ein fehlgeleiteter Feuerwerkskörper?», schlug Siggi vor. «Könnte der die Ursache gewesen sein?»

«Schwerlich.» Ein zweiter Feuerwehrmann, der Rußspuren im Gesicht hatte, gesellte sich zu ihnen und nahm sich ebenfalls einen Imbiss vom Grill. «Es ist nicht sehr wahrscheinlich, dass eine Rakete unbemerkt ihre Flugbahn verlässt, brennend vom Himmel fällt und auf dem Hinterreifen eines Wagens landet. Ich an Ihrer Stelle würde der Versicherung lieber keine derartige Geschichte auftischen. Das war Brandstiftung.»

Anton, der den Worten des Fachmanns mit versteinertem Gesicht gelauscht hatte, ging wortlos davon. Siggi ließ ihn ziehen. Er ging davon aus, dass Anton das Ende seines geliebten Chryslers allein beweinen wollte.

«Wer hat euch eigentlich angerufen?», wollte Siggi von den beiden Männern wissen. «Ihr Jungs wart erstaunlich schnell vor Ort.»

«Wir sind schnell, wir sind die Feuerwehr», entfuhr es dem Mann mit einem Blick für Brandherde. «Oder soll das eine Beschwerde sein?»

«Ganz und gar nicht», versicherte Siggi ihm rasch. «Mein Laden steht noch, niemand ist zu Schaden gekommen, also wird meine Spende an euch in diesem Jahr noch großzügiger ausfallen als sonst. Aber merkwürdig ist es schon. Wir hatten das Feuer gerade erst entdeckt, als ihr schon fast da wart.»

Der Feuerwehrmann runzelte die Stirn. «Merkwürdig ist das schon. Man ist ja eine Weile unterwegs, bis man hier draußen ankommt. Da ist es ein Wunder, dass kein größerer Schaden entstanden ist. Der Wagen stand schließlich ziemlich dicht an der Hauswand.»

«Ja.» Siggi betrachtete nachdenklich das Wrack des Chryslers. «Nehmen wir mal an, der Brandstifter selbst war auch der Anrufer. Und er hätte euch informiert, sobald er den Reifen angezündet hat.»

«So etwas kommt tatsächlich vor», sagte der zweite Feuerwehrmann. «In dem Fall wollte wohl jemand sichergehen, dass wirklich nur das Auto zerstört wird.»

«Nur die Person, die das Feuer legt, kann so schnell Hilfe rufen», stimmte sein Kollege zu. «Sieht tatsächlich nach einer ziemlichen Schweinerei aus, Siggi. Tut mir leid für dich und deinen Kumpel. Die Zentrale hat einen Mitschnitt von dem Anruf. Den könnt ihr euch ja mal anhören, die Polizei und du. Vielleicht findet ihr den Täter.»

Siggi dankte ihnen für die gute Idee, wünschte den beiden Herren noch einen guten Appetit und ging zurück zu den Partygästen im vorderen Bereich. Die Anzahl hatte sich schon merklich dezimiert. Die vormals tolle Stimmung war gekippt. Ein strenger Brandgeruch hing in der Luft, überlagerte den Duft des Grillfleischs und vergraulte die Tanzwilligen. Der DJ hinter seinem Mischpult hatte zu allem Überfluss eine tragische Ballade aufgelegt und paffte zu den Klängen von *The Night They Drove Old Dixie Down* einen Zigarillo. Von Anton fehlte jede Spur, und Siggi ging nicht davon aus, dass sein Freund so bald wieder auf der Bildfläche erscheinen würde. Im Eingangsbereich des Ladens entdeckte er Isä, der in einem Sessel eingeschlafen war. Der alte Mann hatte sich völlig verausgabt. Siggi legte ihm einen warmen Mantel aus dem Kleiderfundus über die Beine und ließ ihn in Ruhe. Es gab nichts, wobei der Alte ihm jetzt hätte helfen können, und der Abend war für alle anstrengend gewesen.

In Gedanken versunken wanderte Siggi von einem Verkaufsraum in den nächsten, ignorierte die achtlos abgestellten Teller und Gläser auf Tischen und Anrichten und versuchte, sich in seinen unbekannten Gegner hineinzudenken. In jemanden, der während einer Party den Laden durchsuchte, ihn auf dem WC überfiel, ein Auto anzündete und vorsorglich die Feuerwehr anrief. In einen Menschen, der bereit war, zu morden und Menschen zu entführen. Wofür? «Für einen Zeidis», sagte er, sich an Doros Worte am Telefon erinnernd. Und wenn dieses Ding, worum auch immer es sich handelte, sich wirklich seit dem Mord am Schätztag in Siggis Besitz befand, warum forderte der Täter den Gegenstand nicht im Tausch gegen Doro ein, sondern suchte ihn auf eigene Faust?

«Und wer hat nun gewonnen?»

Irritiert blickte Siggi auf das Mikrofon, das plötzlich direkt unter seiner Nase aufgetaucht war, und anschließend auf den Arm, der zu einem ihm inzwischen wohlbekannten sommersprossigen Gesicht gehörte.

«Mein Name ist Moritz Knie, und ich stehe hier an der Seite des bekannten Antiquitätenhändlers Siggi Malich, der soeben einen schweren Verlust erlitten hat. Herr Malich, wie fühlt man sich, wenn ein Oldtimer in Flammen aufgegangen ist und dabei mehr Aufmerksamkeit auf sich gezogen hat als das an diesem Abend veranstaltete und vermutlich sündhaft teure Feuerwerk? Erzählen Sie unseren Hörern von ...»

«Es war nicht mal mein Auto», fiel Siggi ihm ins Wort. «Meine Trauer hält sich in Grenzen, ich bin nur froh, dass niemand verletzt worden ist. Und das Feuerwerk war trotzdem sehr hübsch.»

«Stellt sich nur noch die Frage, wer den Kostümwettbewerb gewonnen hat», plapperte Moritz Knie weiter. «Hoffentlich war der erste Preis nicht der Oldtimer.» Er wollte sich über seinen eigenen Witz ausschütten vor Lachen, verstummte aber blitzschnell, als er in Siggis Gesicht blickte. «Nicht lustig?»

«Nein.» Siggi wandte sich brüsk ab und zückte sein Handy. Rasch überflog er die Reihe der für den Wettbewerb eingestellten Fotos. Das Ergebnis war eindeutig. Gewonnen hatte die Wetterhexe, deren Beitrag als einziger nicht klar als Selfie erkennbar war. In der Aufregung hatte Siggi keine Gelegenheit gehabt, sie zu fragen, ob das Foto mit ihrer Einwilligung entstanden war.

Er ließ das Telefon wieder in seiner Hosentasche verschwinden und wandte sich an Moritz Knie. «Ich suche eine Hexe mit Tornados an den Ohren, Hagelkörnern am Umhang und Gewitterwolken im Gesicht. Hast du sie gesehen?»

«Aber natürlich, die ist mir sofort aufgefallen. Ein Hammer-Kostüm, deswegen habe ich sie auch fotografiert. Hat sie gewonnen? Das sollte ihre Laune heben. Sie sah ein bisschen griesgrämig aus. Es war gar nicht so leicht, einen guten Moment für das Foto abzupassen.»

«*Du* hast sie fotografiert?» Mit lauerndem Unterton in der Stimme fuhr Siggi fort. «Hast du sie wenigstens um Erlaubnis gefragt, bevor du das Bild hochgeladen hast?»

«Wozu? Es ist doch nur ein Kostümwettbewerb», versuchte der Reporter sich zu verteidigen. «Man kann doch die Person hinter der Schminke ohnehin nicht erkennen!»

«Na, wenn der Herr Journalist es nicht besser weiß, wird es wohl in Ordnung sein», spottete Siggi. «Du müsstest dich mit Persönlichkeitsrechten ja bestens auskennen. Und wo ist die Wetterhexe abgeblieben?»

«Sie hat wirklich gewonnen? Mit meinem Foto? Ich gehe sie suchen.»

Moritz Knie stopfte das Mikro in die Innentasche seines Kostüms, von dem Siggi beim besten Willen nicht sagen konnte, was es überhaupt darstellen sollte. Es bestand lediglich aus einem violetten Frotteebademantel und einem Stirnband, an das seitlich über den Ohren zwei schwarze Bögen aus Pappe geklebt worden waren. Siggi hätte ihn fragen können, doch er wollte den Mann keinesfalls aufhalten, wenn er ihm jetzt die Suche nach der Wetterhexe abnahm. Stattdessen setzte er sich in eine ruhige Ecke und versank in Grübelei. Nur wenige Minuten später tauchte Moritz Knie wieder auf.

«Sie ist weg.» Der Reporter sah enttäuscht aus. «So wie die meisten Gäste. Der Höhepunkt des Abends ist schließlich vorbei.»

«Meinst du damit das Feuerwerk oder das ausgebrannte Auto?», wollte Siggi wissen.

«Beides.» Knie holte sein Mikro wieder hervor und schaltete das Aufnahmegerät ein. «Wie wird *Kunst und Kurioses* sich nun verhalten? Wird eine globale Suche nach der verschwundenen Gewinnerin gestartet? Oder geht der geheimnisvolle Preis an den Zweitplatzierten? Vielleicht an einen äußerst attraktiven Hexenkessel?»

Er tippte sich an das selbst gebastelte Stirnband, und Siggi begriff, dass es sich bei den schwarzen Pappbögen um Henkel handeln sollte, während der Bademantel wohl den köchelnden Zaubertrank darstellte. Er schüttelte müde den Kopf. «Das weiß ich noch nicht, das entscheide ich morgen. Für heute ist die Party vorbei.»

«Na, erklären Sie das mal den besoffenen Feuerwehrmännern draußen am Grillspieß», erwiderte der Reporter vergnügt.

12

Ich hätte mir einen Mietwagen nehmen können, aber ich bin zu deprimiert», waren Antons erste Worte, als Siggi am nächsten Morgen in Begleitung von Lola in die Küche geschlurft kam. «Für heute habe ich alle Termine abgesagt. Ich kann mich jetzt nicht einfach in irgendein Auto setzen und so tun, als wäre nichts geschehen. Einer meiner ältesten Gefährten ist nur noch ein qualmender Haufen Schrott, da sind ein oder zwei Tage Trauer völlig angebracht. Wenn du also nichts dagegen hast, lege ich mich wieder auf deine Couch und weine.»

«Das ist es!» Siggi stellte die Kaffeetasse, die er gerade ansetzen wollte, zurück auf die Arbeitsplatte. «Genau deswegen ist es passiert! Unser geheimnisvoller Gegner wollte deine Abreise verhindern. Warum fackelt man sonst ein Auto ab?»

Anton sah ihn ungläubig an und schüttelte schließlich den Kopf. «Warum sollte der Unbekannte ein Interesse daran haben, dass ich hierbleibe? Und woher wusste er überhaupt, wann ich fahren wollte?»

«Wem hast du denn davon erzählt?»

«Nur dir», behauptete Anton. «Das war gestern Abend, als gerade die Gäste ankamen. Hast du etwa mein Auto angezündet?»

«Blöde Frage.» Siggi kaute nachdenklich an der Unterlippe. «Aber wenn du nur mir von deinen Plänen erzählt hast, stellt sich die Frage, wer in unserer unmittelbaren Nähe gewesen ist und davon ebenfalls erfahren haben kann.»

«Ich weiß nicht genau ...» Anton dachte über Siggis Frage nach. «Isä war da, glaube ich», sagte er schließlich.

Siggi machte eine wegwerfende Handbewegung. «Der zündelt doch nicht an deinem Auto herum. Überleg weiter. Denk nach, Mann!»

«Ja, ich denk ja schon, aber hier gab es nur haufenweise namenlose Hexen. Und warum jemand mich partout hierbehalten will, hast du mir auch noch nicht erklären können.»

«Dafür muss es aber einen Grund geben.» Siggi sah angestrengt zur Decke hinauf, rieb sich die Stirn und versuchte sich an die Unterhaltung vom Vorabend zu erinnern. Überrascht hielt er inne. «Wir haben über deinen Termin bei dem Experten für alte Schriftstücke gesprochen. Du wolltest die Bücher aus Pohls Koffer mitnehmen und begutachten lassen. Ich habe mich geirrt, Anton. Vielleicht ging es nicht um dich, sondern um die schimmligen Bücher. Wo sind die Dinger? Lass uns die noch mal genauer ansehen.»

«Eins müsste neben dem Sofa liegen, der Rest ist im Koffer.» Anton wirkte noch nicht überzeugt.

«Worauf warten wir?» Siggi lief bereits zur Abstellkammer. «Ich glaube, dass wir der Lösung ganz nahe sind.»

Als kurz darauf alle Bücher, die Eduard Pohl ihnen mit dem Koffer überlassen hatte, vor ihnen auf dem Küchentisch lagen, sank Siggi der Mut wieder. «Twain, der sagt mir natürlich etwas. Tom Sawyer habe ich als Junge gelesen, aber der Rest ist mir noch nie untergekommen: Williamson, Vendergood, Untermeyer. Was sind das für Leute? Keine allzu berühmten Schriftsteller, oder?»

«Als ob du dich mit so etwas auskennen würdest. Zudem

sind es allesamt englischsprachige Bücher. Möglich, dass sie nur im deutschsprachigen Raum keine Bekanntheit erlangt haben und wir ihren Wert daher nicht kennen», gab Anton zu bedenken. «Stammte Pohl aus einem englischsprachigen Land? Sein Name klingt nicht danach.»

«Und in seiner Wohnung deutete nichts darauf hin, dass dieser Mann zu Lebzeiten Bücher besessen oder gern gelesen hat. Ganz egal, welcher Sprache.» Siggi schlug wahllos einige Buchdeckel auf. «Entweder gehörten sie ihm gar nicht. Oder eben noch nicht lange.» Er beugte sich über eine der ersten Seiten und wechselte zum nächsten Werk. «Das sind offenbar alles Ersterscheinungen», stellte er fest. «Die können in Sammlerkreisen sehr wertvoll sein.»

«Ausgerechnet das Exemplar von Mark Twain ist aber wesentlich jünger als die anderen», korrigierte ihn Anton. «Und Erstauflagen erfolgloser Bücher sind leider völlig wertlos. Für mich ist nicht ersichtlich, ob wir es hier mit einem Schatz zu tun haben. Auf den ersten und zweiten Blick spricht allerdings nicht viel dafür.»

«Doch. Die Umstände. Alles, was in den letzten Tagen geschehen ist», widersprach Siggi und verschränkte die Arme vor der Brust. «Ruf den Experten an, den du heute aufsuchen wolltest.»

Anton wirkte wenig begeistert. «Ich habe ihm gerade erst telefonisch abgesagt.»

«Das ist ein Notfall. Frag ihn, ob er die Titel oder die Autoren dieser Bücher kennt.»

Anton brummelte etwas, gab sich jedoch geschlagen und zückte sein Handy. Gespannt lauschte Siggi dem Gespräch mit einem gewissen Eberhardt, der wenig erfreut über die zweite Störung am frühen Morgen zu sein schien. Als Anton auflegte, war ihm die Enttäuschung anzusehen.

«Von Twain einmal abgesehen hat Eberhardt Fink noch nie von diesen Autoren gehört. Auch die Titel sagen ihm nichts. Er gibt aber zu, sich bei fremdsprachigen Werken weniger gut auszukennen, und hat versprochen, einige Nachforschungen anzustellen. Obwohl durch dieses Telefonat seine Frühstücksflocken matschig geworden sind.»

«Solche Sorgen möchte ich mal haben.»

Auch Siggi war enttäuscht. Und er wurde dieses Gefühl der Ratlosigkeit weder unter der Dusche noch beim Anziehen los. Alles hatte so gut zusammengepasst und schien endlich Sinn zu ergeben. Warum kannte der Experte diese Bücher und ihre Autoren nicht?

Als er mit Lola durch den Frühnebel eines trüben Vormittags streifte, um einen klaren Kopf zu bekommen, war er schon fast überzeugt, dass Eberhardt Fink in Kürze zurückrufen und ihm einen sensationellen Fund bestätigen würde. Es konnte gar nicht anders sein.

Beim Betreten des Antiquitätenladens fiel sein Blick zuerst auf den noch immer schlafenden Isä, der sich seit dem vergangenen Abend nicht mehr gerührt zu haben schien. Als Siggi sich gerade vergewissern wollte, dass Doros Vater noch atmete, wachte dieser auf.

«Was für eine Nacht.» Isä schlug den Mantel zurück und erhob sich schwerfällig aus dem Sessel. «Ich habe lauter konfuses Zeug geträumt. Von einem Chrysler, der in den Himmel geschossen wurde und als Funkenregen wieder herunterkam.»

«Ist doch dicht an der Wahrheit», murmelte Siggi und begann lustlos damit, im Laden für Ordnung zu sorgen.

Benutzte Gläser standen an den verrücktesten Stellen, und Krümel zierten den Boden im Erdgeschoss. Davon abgesehen war die Party allerdings recht spurlos an den Räumen und Ausstellungsstücken vorbeigegangen.

Auch Isä trug seinen Teil bei. Er drehte das Radio auf volle Lautstärke und polierte mit einem Putzlappen alle Abstellflächen. Die Melodien mitpfeifend schlurfte er von Raum zu Raum.

Gerade als Siggi die Aufräumarbeiten lästig wurden, kam Gunnar Bartels ins Geschäft.

«Gibt es etwas Neues von Doro?», fragte Siggi und beobachtete aus den Augenwinkeln, wie Isä hastig das Radio leiser drehte und sich an seinen Rollator klammerte, als ob er schlimme Nachrichten befürchtete.

Anton kam in diesem Moment hinter Gunnar zur Tür herein und wartete ebenfalls angespannt.

«Hat dein Freund hier dir nicht erzählt, dass Doro dich für einen anderen verlassen hat? Meine Mutter hat die beiden zusammen gesehen.» Gunnar hatte offensichtlich Mühe, nicht breit zu grinsen.

«Was genau die werte Frau Mutter beobachtet hat, ist noch gar nicht raus», kommentierte Anton. «Wir vermuten, dass Doro dort in Begleitung ihres Entführers war.»

«Aber klar doch.» Gunnar verdrehte die Augen. «Der wäre doch verrückt, mit seinem Opfer einfach durch die Gegend zu laufen.»

Isä entspannte sich sichtlich und drehte das Radio wieder lauter. Offensichtlich erwartete er keine interessanten Neuigkeiten mehr von Gunnar.

«So etwas ist alles schon vorgekommen», widersprach Siggi. «Aber wenn du nicht wegen Doro hergekommen bist, warum dann?»

«Ich habe euch etwas mitgebracht.» Gunnar fummelte sein Handy hervor, drückte ungeschickt auf dem Display herum und regelte hastig die Lautstärke hoch, als eine Stimme zu sprechen begann.

«Feuer beim Antiquitätenladen von Siggi Malich. Ein Auto brennt. Kommen Sie schnell.»

Die Stimme aus dem Handy klang heiser und ungewöhnlich leise. Im Hintergrund meinte Siggi das Krachen von Raketen und das Raunen einer Menschenmenge zu hören.

«Wie lautet die genaue Adresse?», fragte eine Frauenstimme und wartete offensichtlich auf Antwort. Als diese ausblieb, fuhr sie fort. «Hallo? Sind Sie noch dran? Nennen Sie mir Ihren Namen und die Adresse! Hallo!»

Gunnar drückte einen Knopf, und die Wiedergabe wurde abgebrochen. «Dieser Notruf erreichte die Zentrale gegen 22.30 Uhr.»

«Also etwa direkt zu Beginn des Feuerwerks», stellte Anton fest. «Und somit deutlich bevor uns der DJ auf den Brand aufmerksam gemacht hat.»

«Es stimmt tatsächlich. Der Notruf wurde getätigt, ehe das Feuer ausbrach», stellte Siggi fest. «Ich nehme an, die Rufnummer wurde unterdrückt und das Gespräch ließ sich auch nicht zurückverfolgen?»

«Im Gegenteil», widersprach Gunnar. «Wir wissen genau, woher der Anruf kam und von welchem Apparat er getätigt wurde. Nämlich von dort.»

Der Polizist deutete auf Siggis Festnetztelefon, dessen Handgerät unschuldig in der Ladestation nahe der Kasse stand. «Hat heute schon irgendjemand von euch mit diesem Anschluss telefoniert?»

Siggi, Isä und Anton schüttelten unisono mit den Köpfen.

«Dann werde ich jetzt die Fingerabdrücke vom Telefon nehmen. Eure brauche ich auch, um sie davon unterscheiden zu können.»

Isäs Augen wurden schmal, während der Rollator in seinen

Händen leicht zu zittern begann. «Meine Fingerabdrücke bekommen Sie nicht.»

«Ich bin auch kein großer Freund davon, aber er braucht sie doch nur, um uns als Täter auszuschließen», beschwichtigte Siggi den alten Mann. «Tun wir es für Doro. Okay?»

Einen Augenblick lang sah es so aus, als würde Isä ablehnen. Dann aber stieß er einen resignierten Seufzer aus und nickte kaum merklich.

«Wunderbar.» Gunnar breitete einige leere Karteikarten aus Pappe auf dem Kassentisch aus und klappte ein ordinäres Stempelkissen auf. «Dann legt mal los. Ich kümmere mich um das Telefon.»

«Die moderne Zeit scheint an dir vorbeigegangen zu sein», kommentierte Siggi kopfschüttelnd. «Ich dachte, so etwas geht heute alles voll digital.»

«Nicht bei mir», sagte Gunnar. «Noch nicht. Aber das wird bald kommen.»

Einer nach dem anderen drückten sie ihre Finger auf das feuchte Stempelkissen und hinterließen jeweils zehn Abdrücke in den dafür vorgesehenen Feldern. Gerade als Siggi zum nächstgelegenen Waschbecken gehen wollte, um die Tinte abzuwaschen, rief Gunnar: «Ihr müsst eure Namen über den Abdrücken eintragen!»

Siggi wollte schon kehrtmachen, doch Isä war schneller. «Das erledige ich schon.» Der alte Mann notierte schnell die drei Namen und schob die Karten zu einem Haufen ineinander. «Fertig», brummelte er. «Dann gehen wir mal unsere Hände in Unschuld waschen.»

Siggi nickte und sah noch, wie Gunnar die Karten in einen Umschlag steckte, den er sorgfältig zuklebte. Als er kurz darauf mit sauberen Fingern zurückkehrte, saß der Polizist auf der Tischkante und erwartete ihn.

«Hast du die Stimme vom Notruf erkannt?», fragte Gunnar und schielte an ihm vorbei auf einen unbekannten Punkt in der Ferne.

Siggi nickte. «Sie klang genau wie das heisere Gekrächze, das ich gehört habe, als ich gestern auf der Party angegriffen wurde.»

«Du wurdest angegriffen?» Gunnars Augen wurden schmal.

«Allerdings.» Siggi verschränkte die Arme vor der Brust. «Was muss eigentlich noch alles geschehen, bis du die Vorgänge in meinem Laden ernst nimmst?»

«Das tue ich», widersprach Gunnar. «Schließlich habe ich gerade dein Telefon auf Fingerabdrücke untersucht. Aber was erwartest du von mir? Soll ich in jedes Haus zwischen hier und Köln stürmen, um Doro, den Brandstifter oder den Kerl, der dich angegriffen hat, zu finden? So funktioniert Polizeiarbeit nicht.»

«Ich frage mich, wie sie überhaupt funktioniert», mischte sich Isä ein.

«Vergiss nicht den toten Eduard Pohl im Wunschbrunnen», erinnerte Siggi den Polizisten. «Damit hat schließlich alles angefangen. Diese Ereignisse hängen zusammen.»

«Dafür gibt es keinen Beweis», widersprach Gunnar.

«Antons Chrysler wurde angezündet, weil jemand seine Abreise verhindern wollte, die Feuerwehr wurde verständigt, damit mein Laden nicht abbrennt, denn irgendetwas von großer Bedeutung ist hier drinnen», rief er aufgebracht. «Es geht um Zeidis, das hat Doro am Telefon gesagt, und dem Entführer hat es gar nicht gepasst, dass sie den Namen genannt hat. Zeidis ist der Grund, aus dem Doro entführt wurde. Aber ich weiß nicht, wer oder was Zeidis ist, und anscheinend will der Entführer, dass es so bleibt.»

«Wir unterbrechen das Musikprogramm für eine wichtige Durchsage», klang es unvermittelt aus dem Radio, und Isä drehte es lauter. «Gesucht wird Siggi Malichs Freundin Doro. Sie hat kurze Haare, ist hübsch und lächelt gern. Darüber hinaus wird sie als chaotische Person beschrieben, die ständig auf ihr Handy starrt und gelegentlich per Anhalter fährt. Wer Doro gesehen hat, wendet sich bitte direkt an Siggi Malich vom Antiquitätenladen *Kunst und Kurioses*. Bleibt wachsam, Leute!»

Isä drehte schweigend das Radio leiser, und Siggi beobachtete, wie Gunnar dunkelrot anlief. Er fragte sich, ob es einen schlechteren Zeitpunkt für Moritz Knies Beitrag gegeben hätte.

«Das war», der Polizist schnappte hörbar nach Luft, «die schlechteste Suchmeldung, die ich je gehört habe. Und was wollt ihr damit erreichen? Dass der Kerl nervös wird?» Gunnar war stinksauer. Sein Blick wanderte von Siggi zu Anton und blieb an Isä hängen. «Überlegt ihr eigentlich nie, bevor ihr handelt? Im besten Fall setzt er Doro jetzt an der nächsten Ecke aus, um sie loszuwerden. Genauso gut könnte er sie auch auf eine Art und Weise verschwinden lassen, bei der sie nie wieder auftaucht. Habt ihr das bedacht? Und jetzt soll ich den Karren aus dem Dreck ziehen? Na, vielen Dank auch.»

Mit dem Umschlag unterm Arm verließ Gunnar den Laden. Siggi und Anton sahen einander an.

«Zugegeben, die Suchmeldung hat ihre Schwachpunkte, aber ist es nicht besser, etwas auszuprobieren, als nichts zu unternehmen?» Anton sah bedrückt aus.

«Ich sage es nur ungern, aber der Bulle hat recht», brummte Isä. «Ihr müsst vorsichtiger sein. Für Doro und um euer selbst willen. Der Kerl schreckt vor nichts zurück.»

«Das stimmt.» Siggi schluckte trocken. «Wenn ich nur diesen Zeidis finden könnte, dann gäbe es so etwas wie eine Verhandlungsbasis.»

Von ihrem Platz aus konnte Doro durch ein Dachfenster ein Stückchen Himmel sehen. Manchmal tauchte ein Vogel oder ein Flugzeug inmitten des graublauen Einerleis auf und erinnerte sie daran, dass es fernab von diesem Ort so etwas wie eine Zivilisation gab. Um sie akustisch von der Außenwelt abzuschotten, hatte ihr Entführer eine ganz eigene Methode: Er übertönte alles mit Musik. Den ganzen Tag über spielte er im Nebenzimmer eine endlose Playlist ab. Und wenn er zu ihr hereinkam, drehte er als Erstes das Radio auf, das in ihrer Kammer stand, bevor er ihr den entsetzlichen Knebel aus dem Mund nahm. Selbst wenn sie um Hilfe geschrien hätte, wäre ihre Stimme in der Kakofonie der sich überlagernden Musik einfach untergegangen. Das Stampfen und Treten mit den zusammengebundenen Füßen hatte Doro mittlerweile genauso aufgegeben wie das Ruckeln am Sessel, in dem sie jetzt schon seit Tagen festsaß. Um sie herum gab es offensichtlich niemanden, dem die eigenartigen Geräusche auffielen. Aber wozu sonst sollte die laute Musik dienen, wenn nicht, um zu verhindern, dass jemand sie hören könnte? Also musste es in unmittelbarer Nähe andere Menschen geben. Menschen, die ihr nicht halfen, weil sie nicht wussten, dass sie da war.

Doros Verzweiflung wuchs. Wie es aussah, lag es ganz bei ihr, sich aus dieser Situation zu befreien. Doch sie konnte beim besten Willen keinen Ausweg entdecken.

Das Klicken des Türschlosses kündigte die Ankunft des Schlapphutträgers an. Und obwohl Doro sich dafür hasste, freute sie sich darüber. Trotz allem stellten seine Besuche die einzige Abwechslung dar, einen Hauch von Freiheit. Wenn er ihre Fesseln löste, damit sie ins Bad gehen, essen oder auf dem hässlichen orangegelben Teppich ein bisschen im Kreis herumgehen konnte, kehrte auch die Hoffnung zu ihr zurück.

Anfangs hatte sie bei diesen Gelegenheiten versucht zu entkommen. Doch er vergaß nie, die Tür zu verschließen, und er hatte eine Pistole.

Als er eintrat, war sein Gesicht wie stets halb unter der Hutkrempe verborgen. Doro sah nur den immer gleichen Bartschatten, als ob die Haare nie länger oder kürzer werden würden. Er stellte ihr ein Tablett auf die Knie, auf dem wie jeden Tag ein frisches Brathähnchen in einer Tüte vom Imbiss lag. Dann beugte er sich vor und machte sich an den Stricken zu schaffen, die ihre Füße an den Beinen des Sessels und ihre Hände auf den Armlehnen fixierten. Sobald sie die Hände frei hatte, fummelte sie den verhassten Knebel aus der Mundhöhle.

«Wann darf ich endlich nach Hause gehen?» Diese Frage wiederholte sie inzwischen gewohnheitsmäßig.

«Wenn ich gefunden habe, was mir gehört», murmelte er kaum hörbar. Die Antwort war auch immer dieselbe. Ihr Gespräch folgte Tag für Tag denselben Bahnen.

«Warum bitten Sie Siggi nicht einfach darum?» Sie kannte die Antwort darauf, wartete allerdings hartnäckig auf den Moment, da sie sie verstehen würde. Ihrer beider Logik schien nicht dieselbe zu sein.

«Er kann es mir nicht einfach geben, Dummerchen. Dann würde doch eines Tages alles herauskommen. Ich muss es selbst finden, und ich suche jeden Tag danach. Für mich ist deine Anwesenheit auch kein Vergnügen.»

Doro gab es auf. Seine Begründungen für ihre Gefangenschaft blieben kryptisch, und sie konnte aktuell nicht mehr tun, als bei Kräften zu bleiben. Geistig, aber auch körperlich, und deswegen stopfte sie jetzt das halbe Hähnchen in sich hinein. Wenigstens an der Verpflegung gab es nichts zu beanstanden.

Sie konzentrierte sich auf die Zerlegung des Brathähnchens und versuchte, nicht an die Pistole in seinem Hosenbund zu denken. Der missglückte Ausflug in ihre Wohnung nagte noch immer an ihr. Es war eine so vielversprechende Chance gewesen, zu entkommen, aber sie hatte sie ungenutzt verstreichen lassen müssen. Und alles, was dabei für sie herausgesprungen war, waren ein paar Hygieneartikel, Wechselwäsche und eine Handvoll Antibabypillen.

«Hast du deine Tablette schon genommen?»

Doro schüttelte den Kopf und kam der unausgesprochenen Aufforderung sofort nach. Sie musste den Schein wahren, sie sei eine chronisch kranke Frau, denn das konnte noch mal von Vorteil sein. Vielleicht ließ sich eine Art Anfall vortäuschen, um hier rauszukommen. Dieser Gedanke hob ihre Stimmung. Sie könnte einfach vor seinen Augen zusammenbrechen, am besten auf dem Weg in das winzige Bad, in dem es modrig roch und das nur mit einer Toilette und einem winzigen Waschbecken ausgestattet war. Doch dieser Plan musste genau durchdacht sein, wenn es ihr letzter Fluchtversuch sein sollte. Wie schade, dass strategisches Denken nicht gerade zu ihren hervorstechenden Eigenschaften zählte. Blinder Aktionismus lag ihr mehr, wofür sie ihr ADHS verantwortlich machte. Zu oft war sie unfähig, ihre Gedanken auf die Kette zu bekommen.

«Wir unterbrechen unser Musikprogramm für eine wichtige Durchsage. Gesucht wird Siggi Malichs Freundin Doro.»

«Hier bin ich!», entfuhr es Doro, und der Teller mit dem Hähnchenfleisch rutschte von ihrem Schoß.

Sofort erntete sie eine schallende Ohrfeige, und ihr Peiniger schaltete das Radio ab.

«Das wird dir nichts nützen.» Seine heisere Stimme kippte vor Erregung wie die eines Teenagers im Stimmbruch. «Du bleibst hier, bis ich habe, was mir zusteht.»

«Sie suchen nach mir», quengelte Doro, während ihre Fesseln wieder festgezogen wurden. «Alle machen sich große Sorgen um mich. Siggi und mein armer Isä ...»

Der Knebel, der gewaltsam zwischen ihre Lippen geschoben wurde, beendete ihren Wortschwall abrupt. Die aufkommende Verzweiflung indes setzte ungewohnte Kräfte in ihr frei. Doro tobte, wand sich wie ein Aal in ihrem Sessel und fing sich dafür eine weitere Ohrfeige ein.

«Sie werden dich nicht finden», sagte er schwer atmend und ließ sie in ihrem Zimmer unter dem Dach allein zurück.

13

Den Inhalt dieser Bücher würde ich nicht mal auf Deutsch verstehen.» Siggi war an seinen Küchentisch zurückgekehrt und versuchte zu begreifen, worum es in dem Werk eines gewissen Williamson überhaupt ging. In dem schmalen Büchlein fanden sich sogar Zeichnungen, meist Kreise und Wirbel, doch die Bedeutung erschloss sich ihm nicht.

«Das sieht aus wie Fachliteratur.» Er warf Anton einen verzweifelten Blick zu. «Physik, würde ich vermuten, aber ganz sicher bin ich mir nicht.»

«Möglicherweise handelt es sich um die Anleitung zum Bau einer Atombombe und unser Gegner ist ein politischer Agent», behauptete Anton und bemerkte Siggis stechenden Blick. «Oder ich habe zu viel James Bond geguckt», ergänzte er schnell.

«Wahrscheinlich hast du das.» Siggi schlug das Buch zu und betrachtete es erneut von außen. Besonders hochwertig war der Einband schon nicht gewesen, bevor die Feuchtigkeit ihm zugesetzt hatte. «Hat sich dein Expertenfreund Fink schon wieder bei dir gemeldet?»

«So schnell geht das nicht, ein bisschen Geduld musst du schon aufbringen.»

«Geduld habe ich aber nicht mehr, und Doro bestimmt auch nicht.» Er erhob sich, marschierte ins Wohnzimmer und suchte in seinem eigenen Bücherregal nach einem Exemplar, das in etwa dieselbe Größe hatte wie das Fachbuch auf dem Küchentisch. Ein Buch über alkoholfreie Cocktails schien ihm passend, er nahm ihm den Schutzumschlag ab und ging zurück in die Küche. Der schimmelige Einband verschwand unter einer Hülle, die ihm ein ganz neues Image verpasste. Zufrieden schob Siggi es zwischen seine Kochbücher. «Bestens getarnt, meinst du nicht auch?»

«Die Tarnung ist so gut, dass du dir unbedingt merken solltest, in welchen Schutzumschlägen du Eduard Pohls Bücher versteckst. Sonst findest du sie eventuell nie mehr wieder.»

«Mein Erinnerungsvermögen funktioniert wunderbar.» Siggi prüfte die anderen Bücher aus dem Koffer und suchte nach geeigneten Schutzumschlägen in seinem Regal. Doch die Formate wollten in Größe und Breite einfach nicht so recht passen. Es war erstaunlich, wie unterschiedlich Bücher in ihrer Aufmachung sein konnten. «Bestimmt lässt sich im Laden etwas Passendes dafür auftreiben. Kommst du mit?»

«Erklär mir erst, warum du die Bücher überhaupt versteckst», entgegnete Anton. «Ich meine, wir sind uns doch schon fast sicher, dass es darum geht. Warum drapieren wir sie nicht mitten im Laden auf einem Tisch und warten, bis der Entführer kommt und sie klaut? Dann ist Doro bestimmt rasch wieder bei uns.»

«Dafür müsste ich dem Kerl vertrauen, und das tue ich nicht», widersprach Siggi. «Wer garantiert mir denn, dass er sie wirklich gehen lässt? Nein, ich werde das Zeidis-Rätsel zuerst lösen und ab dann die Spielregeln selbst diktieren. Das bin ich Doro schuldig. Der Kerl soll seiner Strafe nicht entgehen.»

«Wie du meinst. Aber ich bin mir nicht sicher, ob diese Herangehensweise klug ist.» Anton stand mit sorgenvoller Miene vor dem geöffneten Kühlschrank und hielt ein Glas

Gewürzgurken in der Hand. «Ich verstehe das nicht. Normalerweise bleiben nach einer Party genügend Reste, um eine Kompanie zu verpflegen. Hier gibt es kaum genug zu essen für uns drei. Ganz besonders Isä braucht jetzt ein ordentliches Frühstück. Der alte Herr hat die Nacht in einem Sessel zugebracht und weigert sich dennoch, heimzufahren und die Füße hochzulegen. Er will unbedingt auf seinem Posten bleiben.»

«Er weiß eben, dass wir uns mehr hinter die Suche nach Doro klemmen als Gunnar», behauptete Siggi. «Auch wenn unsere Suchmeldung im Radio zugegebenermaßen etwas schräg klang.»

«Das war absolut peinlich.» Anton stellte eine Schüssel Krautsalat auf ein Tablett. «Auf der Grundlage dieser Personenbeschreibung könnte absolut jede Frau dort draußen Doro sein, insofern sie nur kurze Haare hat. Gut, dass wir keinen Finderlohn ausgesetzt haben, sonst wäre hier bald der Teufel los.»

«Der Teufel war gestern Abend schon da», erwiderte Siggi. «Ich bin ihm im Waschraum begegnet, kurz bevor ...» Siggi kam ins Stocken, als seine Gedanken sich überschlugen. «Die Tür», flüsterte er leise. «Sie ging nur ein einziges Mal.»

«Was meinst du?», fragte Anton und stellte eine Schale Schinkenröllchen neben das Gurkenglas. «Von welcher Tür sprichst du?»

«Na, die der Herrentoilette. Als ich hereinkam, stand nur ein Mann im Teufelskostüm an den Waschbecken.» Siggis Worte überschlugen sich fast vor Aufregung. «Die Kabinen waren alle leer, ich bin in eine rein und habe gehört, wie die Tür geöffnet und wieder geschlossen wurde. Vermutlich, weil der Teufel hinausging. Kurz danach wurde ich vermöbelt.»

«Ja, und?» Anton blickte ratlos von seiner kuriosen Zusammenstellung fürs Frühstück auf.

«Begreifst du nicht? Die Tür ging nur ein Mal, der Teufel

und mein Angreifer müssen sich quasi die Klinke in die Hand gegeben haben. Also ist der Mann in der Satansverkleidung ein wichtiger Zeuge. Er hat denjenigen gesehen, der über mich hergefallen ist.»

«Das klingt zwar logisch, aber es gibt noch eine andere Möglichkeit», gab Anton zu bedenken. «Vielleicht war der Teufel selbst der Täter: Er hat die Tür geöffnet und wieder geschlossen, um dich in Sicherheit zu wiegen, und ist in Wirklichkeit im Waschraum geblieben.»

Siggi nahm sein Handy und begann zu scrollen. «Ich wollte ohnehin noch einmal die Bilder vom Kostümwettbewerb durchgehen und überprüfen, ob die Wetterhexe immer noch die meisten Stimmen hat. Dann kann ich einen Aufruf an alle Besucher starten. Irgendjemand muss die Gewinnerin doch kennen. Und bei der Gelegenheit suche ich auch gleich nach dem Teufel. Wir müssen mit ihm sprechen.»

«Das klingt vernünftig.» Anton belegte den letzten freien Platz auf dem Tablett mit einer Schale Rote Grütze und schloss den Kühlschrank. «Dann lass uns zurück in den Laden gehen, bevor Isä einen Schwächeanfall erleidet.»

Als sie gemeinsam ins Freie traten, fuhr gerade ein Abschleppwagen rückwärts auf den Parkplatz, der von einem ganz und gar nicht schwach wirkenden Isä eingewiesen wurde.

«Die Polizei holt das Wrack des Chryslers», rief er Siggi und Anton entgegen. «Die wollen untersuchen lassen, ob es sich wirklich um Brandstiftung handelt.»

Siggi nahm dem leichenblass gewordenen Anton rasch das Tablett aus den Händen.

«Mein schönes Auto», wimmerte der Kunstexperte und stolperte vorwärts. «Ich kann das nicht mitansehen. Lasst uns schnell hineingehen.»

Siggi hatte Verständnis für die emotionale Reaktion seines Freundes. «Ja, es ist kein schöner Anblick. Aber bestimmt wartet irgendwo ein anderes fahrtaugliches Modell nur darauf, von dir gefunden und gekauft zu werden. Ein Auto ist nicht unersetzlich.»

«Das ist ein schwacher Trost.»

Siggi folgte Anton über die Schwelle in den Antiquitätenladen, wo Lola allein vor der Kasse saß und sich ihrer Verantwortung voll bewusst zu sein schien. Draußen brummte der Motor des Abschleppwagens, der die verkohlten Überreste des Chryslers verlud.

«Sind schon Kunden da?», wollte Siggi von Isä wissen.

«Ich denke nicht. Warum?»

«Weil ich interessante Neuigkeiten habe.»

Über den Lärm hinweg erklärte Siggi Doros Vater, dass er überzeugt war, mit den Büchern auf der richtigen Spur zu sein. Dieser stippte eine Gewürzgurke in die rote Grütze und hörte ihm aufmerksam zu. Anton hingegen starrte mit mürrischer Miene vor sich hin.

Als Nächstes scrollte Siggi durch die Fotos auf seiner Social-Media-Seite. Schnell stand fest, dass die Wetterhexe alle Mitbewerber um den ersten Platz weit hinter sich gelassen hatte. Siggi gratulierte ihr in einem Beitrag und bat sie, sich bei ihm zu melden. Die Betrachtung der Fotos führte zu einer weiteren Erkenntnis: In der Walpurgisnacht hatten mehrere Teufel ihr Unwesen getrieben. Allerdings fand er auf den Fotos keinen, der so aussah wie der, den Siggi auf der Herrentoilette angetroffen hatte. Denn von dem gab es leider kein Selfie. Es würde nicht leicht werden, den Richtigen ausfindig zu machen.

Als Anton ein leises Wimmern von sich gab, sah Siggi auf und sah draußen vor dem Fenster das Wrack des Chryslers auf dem Abschleppwagen vorbeirollen.

«Warum hat dieser Verbrecher nicht irgendeinen anderen Weg gefunden, um mich von der Heimreise abzuhalten?», lamentierte Anton. «Er hätte mich ebenfalls entführen können!»

«Stimmt.» Siggi ließ das Handy sinken. «Du durftest oder solltest hierbleiben, Doro aber musste von hier verschwinden. Warum?»

«Doro hatte jedenfalls nicht vor, irgendetwas aus dem Koffer zu einem Experten zu bringen», gab Isä zu bedenken. «Vielleicht handelt es sich nicht mal um dasselbe Motiv.»

«Und doch hat sie irgendetwas gesagt oder getan, das ihren Entführer zum Handeln zwang», murmelte Siggi. «Nur so ergibt alles einen Sinn.»

«Ihre Basteleien.» Anton hob plötzlich den Kopf. «Doro hat doch davon gesprochen, wie sie die alten Bücher aus dem Koffer als Dekoration verwenden kann.»

«Du hast recht!» Siggi klatschte begeistert in die Hände. «Und das ist der Beweis, dass es wirklich um die Bücher geht. Fragt sich nur noch, warum Eduard Pohl sterben musste. Weil er es war, der die Bücher überhaupt hierhergebracht hat? Und warum hat der Entführer den Koffer nicht einfach mitgehen lassen? Als wir alle beim Wunschbrunnen waren, hätte er doch Gelegenheit gehabt, ihn zu klauen.»

«Nein, hatte er nicht», warf Anton ein. «Ich hatte das sperrige Ding doch weggebracht und zu anderen Gepäckstücken hinten im Laden gestellt. Das konnte er nicht wissen. So viel Zeit blieb ihm dann doch nicht, alle Räume danach zu durchsuchen.»

Siggi klatschte wieder in die Hände. Endlich fügten sich die Details und ergaben so etwas wie ein Bild. «Pohl hat uns den Koffer verkauft, der Inhalt gehörte ihm aber nicht. Doro wollte die Bücher verunstalten und du ihren Wert schätzen lassen. Nichts davon passte dem Mörder in den Kram. Wir sollen auf keinen Fall erfahren, was wir da gekauft haben, und es soll auch nicht zerstört werden.»

«Aber die Bücher sind nicht wertvoll», gab Anton zu bedenken. «Jedenfalls nicht nach der ersten Einschätzung des Experten.»

«Es könnte sich noch herausstellen, dass er sich irrt», behauptete Siggi. «Du selbst hast gesagt, sein Expertenwissen tauge nur für den deutschsprachigen Raum. Mindestens eins der Bücher könnte eine Rarität und ein Vermögen wert sein.»

«Warum hat er nicht versucht, sie zu kaufen, sobald dieser Pohl mit seinem Geld den Laden verließ?», wandte Anton ein.

«Weil ich bei einem hohen Gebot sofort misstrauisch geworden wäre und bei einem niedrigen gezögert hätte? Zumal ich den Inhalt ja noch gar nicht untersucht hatte», schlug Siggi nach kurzem Zögern vor. Anton und Isä wechselten einen skeptischen Blick. «Na schön, das war jetzt reine Spekulation. Aber alles andere klingt schlüssig.»

«Und was ist ein Zeidis? Jedenfalls ist es weder ein Titel noch der Name einer der Autoren?», sagte Anton.

«Das bekommen wir noch heraus.» Siggi schnappte sich ein Schinkenröllchen und biss hinein. «Jedenfalls sollten wir», fuhr er kauend fort, «die kostbaren Stücke gut verstecken.»

«Wie wäre es mit deinem Safe?», schlug Anton vor.

«Da guckt doch jeder Dieb zuerst nach, und der Kasten ist so alt, dass er schon bei der leichtesten Berührung mit einem Brecheisen freiwillig aufgeht. Nein, meine Taktik ist besser.» Als er bemerkte, wie Isä und Anton einen erneuten skeptischen Blick wechselten, ergänzte er: «Na gut, ich habe außerdem die Kombination vom Safe vergessen, aber das macht nichts. Ich verstecke den Schatz oben in der Wohnung. Hoffentlich ruft dein Experte, dieser Fink, bald zurück.»

Siggi stopfte sich ein weiteres Schinkenröllchen in den Mund und überließ die beiden Männer sich selbst, um in den Ausstellungsräumen nach passenden Buchumschlägen für die anderen Exemplare aus dem Koffer zu suchen. Doch schon im ersten Raum traf ihn fast der Schlag. Erneut hatte jemand antike Lexika achtlos auf dem Fußboden gestapelt. Er war also doch wieder da und hatte möglicherweise jedes ihrer Worte gehört. Isä hatte sich vermutlich durch den Abtransport des Chryslers ablenken lassen.

«Anton!», brüllte er. «Lauf in die Wohnung und sicher die Bücher! Wir wurden ausspioniert!» Schon hörte er, wie Anton und Lola davonpreschten. Er ging zurück zu Isä an der Kasse, der die Griffe seines Rollators fest umklammerte, als würde er jeden Moment mit einem Überfall rechnen.

Nachdrücklich legte Siggi einen Finger an die Lippen und fragte leise: «Ist es möglich, dass dir ein oder zwei Kunden entgangen sind?»

«Meine Augen sind alt und müde, und wenn ich schlecht geschlafen habe, habe ich die Aufmerksamkeitsspanne einer Stubenfliege. Ich weiß es nicht genau», sagte Isä deutlich hörbar in der Lautstärke, die er wohl für ein Flüstern hielt. «Und schließlich musste ich auch noch den Abschleppwagen einweisen.»

Siggi blickte sich misstrauisch um und hoffte sehr, dass der Mörder und Entführer nicht auch noch Komplizen mitgebracht hatte. Gegen einen einzelnen Mann hatte Siggi vielleicht eine Chance. Noch mal würde er sich jedenfalls nicht überrumpeln lassen wie am Abend zuvor.

«Bleib du hier bei der Tür und lass niemanden raus», flüsterte Siggi, reichte Isä den Baseballschläger aus dem

Schirmständer, der sich für genau solche unberechenbaren Momente dort befand, und bewaffnete sich selbst mit einem Spazierstock.

Zimmer für Zimmer suchte er zunächst das Erdgeschoss ab. Als er gerade die Treppe hinaufsteigen wollte, bemerkte er einen kühlen Luftzug. In einem Bereich mit weniger wertvollen Sammlerstücken aus Kinderzimmern stand ein Fenster, das zur Straße hinführte, sperrangelweit offen. Ganz sicher war es zuvor noch geschlossen gewesen.

Entweder hatte sich hier wirklich jemand auf und davon gemacht, dachte Siggi, oder er wollte ihn bloß in dem Glauben lassen. Verärgert schloss Siggi das Fenster, als mehrere Stimmen laut wurden. Schnell schlängelte er sich um Ecken und an Möbeln vorbei zurück zur Eingangstür, wo Isä, den Baseballschläger in Händen, einem Mann in Jeansjacke und Turnschuhen gegenüberstand.

«Das ist Freiheitsberaubung! Ich rufe die Polizei, wenn Sie mich nicht sofort rauslassen», beschwerte sich der Fremde. «Ihr Verhalten wird ein Nachspiel haben!»

«Ihres vielleicht auch.» Siggi stellte sich demonstrativ neben Isä und betrachtete den Mann genauer. Er war keine dreißig Jahre alt und trug unter der offenen Jacke das Tour-Shirt einer ihm unbekannten Band. Ein typischer Vertreter der neuen Kundengeneration in Siggis Laden, die bei ihm Accessoires für ihre Rollenspiele oder den Besuch eines Mittelaltermarkts suchte. Von einem Schlapphut, wie Baronin von Pilz ihn gegenüber Anton erwähnt hatte, war nichts zu sehen. Was nicht bedeutete, dass der Entführer immer die gleiche Verkleidung tragen musste. Siggi änderte spontan seine Strategie.

«Darf ich Sie um Ihre Hilfe bitten?», begann er. «Im Geschäft hat sich vermutlich bis gerade eben ein Dieb rumgetrieben, der mich schon häufig besucht hat. Es sieht so aus, als ob er den Weg durchs Fenster genommen hätte. Ist Ihnen hier drinnen jemand aufgefallen, der sich auffällig für Bücher interessierte?»

Augenblicklich ließ der junge Mann die angespannten Schultern sinken und strich sich nachdenklich übers Kinn. «Mit mir zusammen ist ein Mann hereingekommen, der ziemlich schnell von Raum zu Raum ging. Deswegen habe ich ihn auch bald aus den Augen verloren. Für Bücher hat sich nur eine alte Frau mit Korb über dem Arm interessiert. Die roch nach Handcreme und Veilchen und ging am Stock. Wie eine Ladendiebin kam sie mir nicht vor.»

«Ist Ihnen an dem Mann etwas Besonderes aufgefallen?», hakte Siggi nach.

«Das war ein total unauffälliger Typ.» Der Kunde zuckte mit den Schultern. «Kopf, Arme, Beine. So einer eben.»

Siggi lag schon eine Bemerkung über schlechte Beobachter auf der Zunge, doch als er an seine äußerst schlechte Personenbeschreibung von Doro dachte, schluckte er sie lieber hinunter.

«Dann darf ich jetzt gehen?» Der junge Mann warf Isä, der noch immer mit dem Baseballschläger vor der Tür stand, einen finsteren Blick zu.

«Selbstverständlich.»

«Du hättest ihn nicht einfach gehen lassen dürfen», motzte Isä, sobald sich die Tür wieder schloss. «Wir hätten ihn durchsuchen müssen.»

«Wozu? Das Buch, das er sucht, ist ja nicht einmal hier gewesen. Und egal, ob er es war oder ein anderer, wir müssen davon ausgehen, dass wir belauscht wurden und der Täter all unsere Überlegungen kennt. Bestimmt setzt es ihn unter Druck, dass wir ihm so dicht auf den Fersen sind.»

«Ja, und dann wird er im Gegenzug uns unter Druck setzen», rief Isä. «Mit meiner Tochter!»

In diesem Moment kam Anton wieder zur Tür herein. «Die Bücher sind ...»

«Bitte nicht geklaut!», stöhnte Siggi.

«Nein, in Sicherheit, wollte ich sagen. Aber ich verrate jetzt lieber nicht, wo. Zukünftig müssen wir vorsichtiger sein. Wir sind hier im Laden nicht mehr sicher und sind es wohl seit dem Schätztag nicht mehr gewesen.»

«Dann können wir es unmöglich mit nur einem Täter zu tun haben», schloss Siggi. «Wie sollte sich, von der Walpurgisnacht abgesehen, ein und dieselbe Person immer wieder in unserer Nähe aufhalten können, ohne dass wir es bemerkt hätten?»

«Vielleicht haben wir es wirklich mit mehreren zu tun. Leuten, die über Autoleichen gehen.» Antons Laune war immer noch im Keller.

Siggis Hand glitt derweil in die Hosentasche und ertastete einen Schlüssel. Es handelte sich um den, den er in Pohls Wohnung eingesteckt hatte und der ihm vermutlich die Tür zur Nachbarwohnung öffnete. Denn noch immer wusste er nicht, woher Eduard Pohl die Bücher bekommen hatte, wenn sie ihm selbst niemals gehört hatten. Vielleicht war es an der Zeit, diesem Mietshaus einen weiteren Besuch abzustatten. «Wir müssen nach Euskirchen», murmelte er und zog den Schlüssel hervor. «Immerhin ist es doch möglich, dass Pohl den Kofferinhalt bei seinem verstorbenen Nachbarn zusammengeklaut hat. Das musst du übernehmen, Anton.»

«Wieso denn ich? Was ist mit dir? Kann ich heute nicht einfach hierbleiben und mein Auto beweinen?»

«Das geht nicht, ich habe mich schon zweimal mit unterschiedlichen Geschichten in dieses Haus geschmuggelt», entgegnete Siggi. «Frau Ditha kennt mich als Pohls vermeintlichen Erben, und die alte Frau im Erdgeschoss denkt, ich wäre von der Spezialeinheit.»

«Aber bei Frau Bentin waren wir beide», widersprach Anton. «Meine Chancen, unbehelligt zu bleiben, sind auch nicht besser als deine.»

Isä schüttelte den Kopf. «Mit einer guten Verkleidung kommt man überall hinein. Ich hätte da schon eine Idee, wie Anton ganz bestimmt nicht auffallen wird.»

«Und wonach genau suche ich in der Wohnung?», wollte Anton von Siggi wissen.

14

Am Steuer von Siggis altersschwachem Transporter sitzend wünschte sich Anton umso mehr seinen Chrysler Cruiser zurück, mit dem er nun nie wieder durch die Landschaft kurven würde. Es schien unvorstellbar, mit einem anderen Wagen noch einmal von vorn anzufangen, dieselbe Vertrautheit herzustellen. So viele Erfahrungen konnte er nicht mehr zum ersten Mal machen. Er hatte das Gefühl, mit dem Chrysler einen Teil seiner Jugend, ja seines Lebens verloren zu haben. Hier saß er nun in Siggis alter Dreckskarre, die vermutlich noch nie von innen gereinigt worden war. Auf dem Armaturenbrett lag so viel Staub, dass sich die Originalfarbe nicht mal mehr erraten ließ, und in der Luft lag das Aroma von vergessenem Käsebrot. Doch wenn er dazu beitragen konnte, dass der Brandstifter hinter Gittern landete, war er bereit, all das tapfer zu ertragen. Wer immer im Hintergrund die Fäden zog, hatte nichts anderes als eine Gefängnisstrafe verdient.

Kaum hatte er einen Parkplatz nahe seinem Ziel gefunden, wuchs er auch schon in seine Rolle hinein. Den Reißverschluss einer viel zu engen Regenjacke bis zum Kinn hochgeschlossen und eine Baseballkappe tief in die Stirn gezogen, nahm er den großen Karton vom Beifahrersitz und steuerte sein Ziel an. Nachdem er es erfolglos bei einigen anderen Mietern versucht hatte, klingelte er bei Ditha. Eigentlich hatte er gehofft, irgendjemand anderen anzutreffen. Die

Frau musste allmählich ein gesundes Misstrauen entwickeln. Endlich ertönte der Türsummer, und Anton schob die Tür mit dem Ellenbogen auf.

«Ein Paket für Pille», rief er durchs Treppenhaus. «Soll persönlich abgegeben werden, aber es öffnet keiner.»

«Da müssen Sie bis ganz nach oben!», schallte eine Frauenstimme zurück.

Anton schulterte den federleichten Karton und quälte sich die Stufen hinauf, als müsste er Steine schleppen. Eine Frau, die auf Siggis Beschreibung von Frau Ditha passte – mit einem Spucktuch über der Schulter, Kindersocken in der Hand und einem genervten Gesichtsausdruck –, empfing ihn in der zweiten Etage. «Zwei Treppen müssen Sie schon noch hoch», rief sie und musterte ihn von oben bis unten.

Anton nickte ihr kurz zu und konnte nur hoffen, die Sichtkontrolle überstanden zu haben. Langsam trug er seine Last an der neugierigen Frau vorbei, die auch das Paket genau beäugte, und nahm die nächste Treppe in Angriff. Auf der Etage angekommen, wo Eduard Pohl und Enrique Sponti gewohnt hatten, legte er eine kurze Rast ein. Wie schon bei seinem ersten Besuch strahlte der Flur eine seltsame Verlassenheit aus. Die Musik, die von oben bis hierher schallte, hatte nahezu etwas Tröstliches.

Während er langsam weiterging, rückte Anton dicht ans Geländer heran und warf einen Blick hinunter. Nur ein Stockwerk tiefer konnte er den dunklen Haarschopf von Frau Ditha erkennen. Sie war nicht in ihre Wohnung zurückgekehrt, sondern schien zu lauschen, was über ihr vor sich ging. Siggis Befürchtungen schienen sich zu bewahrheiten. Zwei seltsame Besucher im dritten Stock binnen kürzester Zeit hatten sie wachsamer werden lassen. Und nun drohte sein Plan zu scheitern. Genau genommen war es Isäs Idee gewesen, Anton als Paketboten loszuschicken, aber das machte letzten Endes keinen Unterschied.

Langsam und von Stöhnen begleitet schleppte Anton sich weiter hinauf. Doch wann immer er vorsichtig einen Blick über das Geländer in die Tiefe warf, konnte er den Schopf von Frau Ditha erkennen, die stur auf dem Posten blieb. Schließlich klopfte er zaghaft an die Tür mit dem selbst gebastelten Namensschild. «Eine Paketlieferung für Pille.»

«Sie müssen lauter klopfen, sonst hört die das niemals!», hörte er von unten.

Seufzend fügte sich Anton in sein Schicksal. Der Plan war ein besonders mieser gewesen, und irgendwie hatte er das gleich gewusst. Nachdem er einige Male kräftig gegen die Tür geschlagen hatte, öffnete sie sich, und ein junges Gesicht, fast verborgen hinter knallroten Haarsträhnen, schaute zu ihm hoch.

«Hä?»

«Ein Paket für Sie!», brüllte Anton und fragte sich, wie die junge Frau wohl auf den schlafenden Gartenzwerg inmitten der Verpackungsfolie reagieren würde. Siggi hatte wahllos etwas eingepackt, damit der Karton nicht völlig leer wäre, falls es zu ebendieser Situation kommen sollte.

«Hab nichts bestellt», muffelte sie, nahm den Karton aber trotzdem entgegen und ließ die Tür krachend ins Schloss fallen.

Von diesem Moment an hatte Anton in diesem Gebäude keine Existenzberechtigung mehr, und unten stand die Nachbarin noch immer auf ihrem Posten. Anton hoffte auf ein Wunder und trottete die Stufen so langsam hinab, wie Isä ohne seinen Rollator laufen konnte. Dabei tippte er geschäftig auf seinem Handy herum, wie ein echter Paketbote es vermutlich getan hätte. Mit einem beiläufigen Nicken ging er an Frau Ditha vorbei und sah schon seine Chance auf einen Besuch in Spontis Wohnung vertan, da hörte er das schrille Schreien eines kleinen Kindes mit gut entwickelten Lungen.

«Ach, verdammt noch mal, was ist denn nun schon wieder?», fluchte die Mutter, verschwand in ihrer Wohnung und schloss die Tür.

Anton machte auf dem Absatz kehrt, flitzte die Treppe wieder hinauf und steckte den Schlüssel, den Siggi ihm gegeben hatte, in das Türschloss von Enrique Sponti. Er passte. Er war kaum über die Schwelle getreten, als er hörte, wie Frau Dithas Stimme wieder lauter wurde. Offensichtlich hatte sie ihren Erziehungsversuch beendet und schien noch einen prüfenden Blick ins Treppenhaus zu werfen. Doch der Paketbote war nun nicht mehr dort. Er hoffte, dass sie nicht hochkam in den dritten Stock. Durch einen kleinen Spalt in der Tür konnte er hören, wie Frau Ditha unten ihre Wohnungstür wieder schloss. Erst dann traute er sich ebenfalls, mit einem leisen Klick die Tür zu schließen.

Anton stand im dunklen Flur einer fremden Wohnung und wagte kaum zu atmen. «Was tut man nicht alles, um einen Mordfall zu lösen», murmelte er seinem Abbild in dem goldgerahmten Spiegel zu.

Während Siggi hoffte, dass es Anton gelang, in Spontis Wohnung zu kommen, kümmerte er sich um die begehrten Bücher. Der Kunstexperte hatte sie äußerst läppisch unter den Sofakissen versteckt. Siggi verpasste ihnen nun ebenfalls ein neues Image: Die Bände von Twain und Vendergood verwandelte er, genau wie das von Williamson, dank neuer Schutzumschläge in Kochbücher und platzierte sie auf seinem Küchenregal. In diesem Moment meldete sein Handy den Eingang einer Nachricht. Anton hatte ihm ein Foto geschickt.

«Na wunderbar», rief er Lola zu. «Er ist drin.» Ja, das sah nach der Wohnung eines Sammlers aus. Bilder und Gemälde von der Fußleiste bis zur Decke. Jetzt wusste Siggi, wo Pohl das Zeug zusammengeklaut hatte. Ob er mit dem Erlös vom Verkauf vielleicht Frau Ditha bezahlen wollte? Dann wäre Sponti auch noch posthum für seine Haushaltshilfe aufgekommen.

Lola schien nur mäßig interessiert, und Siggi legte das Handy beiseite, verbarg den Gedichtband von Untermeyer unter dem Gewand eines zweitklassigen Liebesromans und steckte ihn zwischen die anderen Bücher im Wohnzimmer. Da trafen weitere Fotos ein. Anton hatte ein Regal abgelichtet, genau genommen eine Lücke darin. Siggi zoomte das Bild heran und stellte fest, dass diese zwischen einem Werk von Twain und einem von Whitman prangte. Dass die Bücher, die er selbst gerade versteckt hatte, einmal genau dort gestanden haben mussten, lag für ihn auf der Hand.

Das nächste Lebenszeichen von Anton war eine Textnachricht: *Was für ein Glück für dich, dass man Gerüche nicht per Nachricht verschicken kann. Sponti hat einen Wasserschaden in seiner Wohnung gehabt, das ist noch deutlich zu sehen. So dürfte der Schimmel an die Bücher gekommen sein.*

Siggi setzte sich auf den Küchenstuhl. Anton hatte eine Erfolgssträhne, doch er selbst konnte für den Moment nicht mehr tun, als zum wiederholten Mal darüber nachzugrübeln, was ein Zeidis sein konnte. Nicht zum ersten Mal tippte er das Wort auf seinem Handy in verschiedenen Schreibweisen in die Suchmaschine: Zeidis. Zaidiss. Ceidis. Ceides. Die Ergebnisse brachten ihn nicht weiter. Sie führten allesamt zu

Unternehmen, Arztpraxen oder Social-Media-Accounts. Beim vierten Versuch hielt er inne und bedachte Lola, die ihn von ihrem Platz vor der Heizung aus beobachtete, mit einem verdrießlichen Blick.

«Das funktioniert so nicht.» Er wusste nicht mal, wie das Wort eigentlich geschrieben wurde. Vielleicht hatte Doro es falsch ausgesprochen. Eigentlich müsste er es jemandem vorsprechen, überlegte er. Jemandem mit nahezu enzyklopädischem Wissen, der herausfinden würde, welches Wort Zeidis am nächsten kam.

Lola legte den Kopf auf die Vorderpfoten, als ob sie ihm signalisieren wollte, dass sie dieser Jemand nicht war. Siggi holte Luft, um seinen nächsten Gedanken laut zu formulieren, als ihm unvermittelt ein weiterer durch den Kopf schoss. «Das geht, ja natürlich! Ich bin so ein Dussel.»

Lola ließ ein zustimmendes Schnauben ertönen. Siggi suchte auf seinem Display das kleine bunte Mikrofon für die Spracheingabe, die er bisher noch nie benutzt hatte. Energisch tippte er darauf und rief:

«Was oder wer ist Zeidis?»

Die Suchmaschine antwortete ihm mit einer bildgewaltigen Werbung für Apfelwein. Cider, angepriesen von verschiedenen Herstellern.

«Seidis», versuchte Siggi es mit einem scharf gesprochenen S am Anfang.

Auf dem Bildschirm erschien die Adresse einer Physiotherapie-Praxis in Bayern.

Jetzt gab Siggi ein verächtliches Schnauben von sich. Offensichtlich hörte sein Handy auch nicht besser als er selbst. Doch noch war er nicht bereit aufzugeben.

«Cedes! Seydis! Ceidis!»

Siggi hatte die verschiedenen Varianten bereits mehrfach

wiederholt, als endlich etwas Interessantes erschien: die Schwarz-Weiß-Fotografie eines jungen, ernst dreinblickenden Mannes.

«Sidis», las er verärgert. «Ich meine doch Zeidis!», schimpfte er mit dem Handy und wollte schon weiterscrollen, als ihm der Vorname der Person ins Auge fiel: William.

«William Sidis», sprach Siggi den Namen laut aus und wiederholte ihn gleich noch mal. William Sidis, geboren in Boston. Klar, der Name musste englisch ausgesprochen werden. «Ceidis.» Ein Schauer lief ihm über den Rücken.

In diesem Augenblick klingelte sein Handy. Anton rief an.

Siggi hob sofort ab. «Ich hab die Lösung für das Zeidis-Rätsel», rief er ins Telefon.

«Wunderbar, denn ich habe das verdammte Problem dazu.» Antons Stimme klang, als würde er flüstern. «Vor Spontis Tür stehen zwei Gestalten und lassen mich nicht mehr raus. Ich sitze hier in der Falle und habe gerade eine Scheißangst, verzeih mir die Wortwahl, also schick bitte sofort einen Schlägertrupp, um mich zu retten.»

«Einen Schlägertrupp? Ich habe nur Lola und Isä», erwiderte Siggi und sah zur Boxerhündin hinunter, der gerade die Augenlider zufielen.

«Dann pack die beiden ein und komm hierher. Ich brauche Hilfe.»

«Aber du hast mein Auto!» Die Worte waren kaum heraus, als ihm auch schon bewusst wurde, dass sein Freund bestimmt etwas anderes von ihm hören wollte. «Also gut. Mach dir keine Sorgen. Verschanz dich, so gut du kannst, Hilfe ist unterwegs.»

Eine Antwort blieb aus. Anton hatte einfach aufgelegt. Und das bereitete Siggi mehr Sorgen als alles andere. Was ging in diesem Moment in der Wohnung von Enrique Sponti vor sich?

«Aufstehen, du fauler Hund, wir müssen Anton retten», rief er Lola zu, die ihm erst folgte, als er ihr Hundekörbchen durch die Küche zu ziehen begann. Dann rannten sie gemeinsam in den Antiquitätenladen, wo Isä alarmiert von seiner alten Illustrierten aufsah. «Was ist los? Ist wieder etwas passiert?»

«Ja, aber nicht hier, sondern in Euskirchen, wir müssen sofort los. Hast du rein zufällig einen fahrbaren Untersatz dabei?»

«Ja, tatsächlich.»

«Perfekt. Wir müssen schnellstens los!» Siggi stürmte aus dem Laden, vorbei an dem Schrotthaufen, den er letzte Nacht an seine Gäste hatte verschenken wollen, und stolperte fast über einen rostigen Feuerlöscher, der vom Stapel gerollt war. «Verdammt. Wir hätten das Gerümpel ebenfalls abfackeln sollen, wo das Feuer doch schon im Gang war.»

«Na, das hätte einen schönen Gestank gegeben», meinte Isä, der ihm, zusammen mit Lola, gefolgt war. Dann drehte er sich zur Ladentür um. «Ob wir die vielleicht abschließen sollten?»

«Unbedingt. Sind noch Leute im Laden?» Siggi eilte zurück zur Tür.

«Nur eine einzige Frau, die nach Sammeltassen sucht.»

«Wir schließen!», rief Siggi in die Verkaufsräume, griff nach dem kurzen Seil einer Schiffsglocke, die neben der Tür hing, und läutete wie wild. «Alle raus hier, der Laden macht jetzt dicht!»

In kleinen Tippelschritten kam eine vom Alter gebückte Dame im gestreiften Poncho um die Ecke, ein Seidenschal verdeckte ihr halbes Gesicht. Sie flüsterte nur einen kurzen Abschiedsgruß und wackelte über den Parkplatz in Richtung Dorf davon. Siggi schloss den Laden ab. Isä erwartete ihn schon neben einem roten Gefährt, auf dessen Heck ein rundes Schild mit einer Dreißig klebte.

«Ist das etwa dein Wagen?» Konsterniert sah er Doros Vater an, der gerade seine Jacke zuknöpfte.

«Den habe ich mir von einer attraktiven Neunzigjährigen in meinem Heim geliehen», erklärte er stolz. «Was hast du denn erwartet? Ich bin ein alter Mann, der manchmal nicht mehr weiß, welche Farbe seine Socken haben oder welcher Tag heute ist. Meinst du, jemand vertraut mir etwas Schnelleres an als das da?»

«Auf mich wirkst du topfit. Egal, das Ding hat zwei Sitze und einen Motor. Wir werden schon ankommen.»

Siggi beobachtete, wie Isä in seinen Taschen zu suchen begann. Das Auto war noch verschlossen.

«Geht es ein wenig schneller?»

Der alte Mann warf ihm einen strafenden Blick zu, wurde dann fündig, schloss das knallrote Papamobil auf und zwängte sich hinter das Steuer. Siggi setzte sich neben ihn und konnte Lola nur mit Mühe davon überzeugen, auf seinem Schoß Platz zu nehmen. Dann endlich krochen sie mit spektakulären dreißig Kilometern pro Stunde über die Straße, um Anton zu retten.

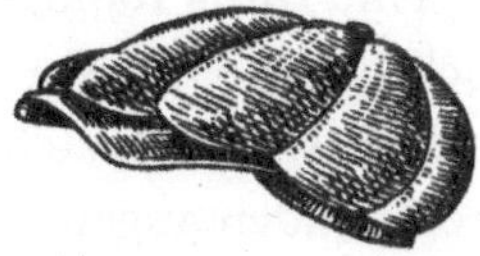

15

Als sie ihr Ziel erreicht hatten, entdeckte Siggi sofort den vor der Tür parkenden Streifenwagen, und das Herz rutschte ihm in die Hose. War er zu spät gekommen, um Anton zu retten?

Ohne auf Isä zu warten, schälte er sich aus dem Wagen und rannte auf die offen stehende Haustür zu. Lola folgte ihm. Kaum hatte er den ersten Treppenabsatz erreicht, hörte er über sich Stimmen.

«Das wurde aber auch Zeit, wir warten hier schon seit einer Ewigkeit. Verhaften Sie diesen Kerl. Er ist eingebrochen. Bestimmt wollte er alles stehlen, was Sponti hinterlassen hat. Leichenfledderei ist das», rief eine Frauenstimme.

«Ich hatte einen Schlüssel», hörte er Anton sagen. «Und gestohlen habe ich nichts, das hat schon jemand anders getan.»

«Schauer, jetzt sind Sie reif.»

Siggis Herz tat einen weiteren Satz. Das klang ganz nach dem doppelten Gunnar. Was trieb denn der hier? War das überhaupt noch sein Einsatzgebiet?

Hinter ihm näherte sich nun auch Isä. Und Siggi, der stehen geblieben war, um zu lauschen, setzte sich wieder in Bewegung, um Anton beizuspringen. Über ihm ertönte jetzt eine wahre Kakofonie. Alles rief durcheinander, und Siggi verstand kein Wort mehr. Doch als er am Ort des Geschehens ankam, wurde ihm klar, was hier vor sich ging.

Frau Ditha stand, seinen Gartenzwerg aus dem Paket zum Schlag erhoben, vor Anton, der sie sich mit einem Regenschirm vom Hals zu halten versuchte. Und eines von Gunnars schielenden Augen richtete sich nun direkt auf Siggi. Ein gefährliches Knurren verriet, dass er kurz vorm Platzen war.

«Ich kann alles aufklären!», rief Siggi. «Es hängt mit Doros Entführung und den beiden Toten zusammen. Und außerdem ist das hier gar nicht mehr dein Zuständigkeitsbereich, Gunnar.»

«Eine Entführung», japste Frau Ditha. «Wer wurde entführt? Moment mal: Sind Sie nicht der Kerl, der sich als Eddies Vetter ausgegeben hat?»

«Zwei Tote?» Gunnar wurde hellhörig. «Wo kommt der zweite her? Und was ist das für eine Geschichte mit Eddies Vetter? Malich, wenn du mich auf den Arm nehmen willst, sperre ich dich und deine ganze Bande für eine Woche weg. Auch den Alten da!» Er wies auf Isä, der sich, beide Hände am Geländer, hinter Siggi die Stufen hinaufschleppte. Dicht neben ihm hielt sich eine nervös hechelnde Lola. «Und erzähl du mir nichts über meinen Zuständigkeitsbereich! Pohls Adresse in Zusammenhang mit der Meldung eines Einbruchs hat natürlich mich auf den Plan gerufen!»

«Es hängt alles zusammen, Gunnar», japste Siggi atemlos und stellte sich neben Anton. «Alles begann in diesem Haus, als Eduard Pohl eine Handvoll Bücher und jede Menge Nippes in einen Überseekoffer gepackt hat und damit in meinem Laden aufgetaucht ist.»

«Nichts davon gehörte Pohl», kam Anton ihm zu Hilfe. «Er hat die Sachen aus der Wohnung seines verstorbenen Freundes Enrique Sponti geklaut. In dessen alphabetisch sortiertem Bücherregal klafft eine deutliche Lücke, und zwar bei den Buchstaben T bis V. Die Bücher, die Siggi Herrn Pohl mit dem Koffer abkaufte, sind allesamt von Autoren, deren Nachnamen mit T, U, V und W beginnen.»

«Der Eddie hat seinen Nachbarn beklaut?», entfuhr es Pille, deren Ohren offensichtlich besser waren, als sie selbst und ihre Nachbarin behauptet hatten. Möglicherweise hatte sie auch einfach neue Batterien in ihr Hörgerät gesteckt. «Das sieht ihm ähnlich.»

«Das soll Ihnen der Polizist glauben?», ereiferte sich nun Frau Ditha und zeigte auf Anton. «Dieser Mann ist der Dieb. Eingeschlichen hat er sich. Mit einem ganz billigen Trick. Deswegen habe ich ihm den Weg versperrt, indem ich die Tür von außen abgeschlossen habe.»

«Aha, Freiheitsberaubung.» Gunnar zückte ein Notizbuch samt Stift und baute sich vor ihr auf. «Ihren Ausweis bitte?»

«Was soll das?» Die junge Mutter trat völlig verdattert den Rückzug an. «Bin ich jetzt hier plötzlich die Schuldige?»

«Das werden wir noch sehen», brummte Gunnar.

«Wie bitte?» Frau Ditha schnappte nach Luft.

«Er hat nur schlechte Laune», flüsterte Anton ihr zu. «Weil er die entführte Freundin von Siggi schon seit Tagen nicht finden kann. Vom Mordfall Pohl mal ganz zu schweigen.»

«Haben Sie diese Freundin hier bei uns im Haus gesucht?», flüsterte Frau Ditha zurück, sodass Siggi es gerade noch hören konnte. «Warum haben Sie denn nichts gesagt? Ich hätte Ihnen doch geholfen.»

«Ja, warum haben wir eigentlich nichts gesagt?», wandte sich Anton an Siggi. «Ohne diese albernen Undercover-Einsätze wären wir jetzt vielleicht schon weiter.»

«Ach, jetzt bin ich an allem schuld?» Siggi griff sich an die Brust. Prompt gab Lola, der die ganze Situation seltsam vorkommen musste, ein aufgeregtes Bellen von sich. Isä tätschelte sie beruhigend.

«Alles klar», brummelte Gunnar und steckte Stift und Block wieder ein. «Der Schrottsammler ist schuld. Da hätte ich auch selbst draufkommen können.»

«Antiquitätenhändler! Und ich bin derjenige, der diesen Fall quasi im Alleingang lösen muss! Gerade bin ich auf die Spur von William Sidis gestoßen. Ich weiß jetzt, worum es dem Entführer geht!»

«Sidis?», mischte Pille sich wieder ein. «Den Namen habe ich schon einmal gehört. Das ist eine furchtbar traurige Geschichte, oder?»

«Die Details seiner Geschichte konnte ich noch nicht recherchieren», erwiderte Siggi.

Anton schien gerade etwas sagen zu wollen, als ein lautes Schlagzeugsolo aus dem Dachgeschoss zu ihnen herunterhallte.

«Diese furchtbare Musik.» Frau Ditha sah Pille vorwurfsvoll an. «Das ganz Haus muss deinen Lärm mithören.»

«Ich bin nicht die Einzige, die hier Krach macht, und das wisst ihr alle.» Die Punkerin wandte sich wütend ab und stampfte die Stufen wieder hinauf. «Wenn mich jemand sucht: Ich bin in meiner Wohnung. Und wehe, ich werde noch mal wegen so einem Mist belästigt. Einbrecher, so etwas Albernes.»

«Aber er war doch wirklich kein Paketbote», rief Frau Ditha hinter ihr her. «Und eingebrochen ist er auch!»

«Ich hatte einen Schlüssel», wiederholte Anton. «Woher wussten Sie eigentlich, hinter welcher Tür ich war?»

«Ich habe einfach mal angenommen, dass Sie dort einbrechen, wo es am meisten zu holen gibt und wo es am wenigsten Mühe macht. Eddie besaß nichts, und Doktor Katzenthals Wohnung hat ein zusätzliches Schloss. Blieb nur noch Sponti übrig.»

«Bei Katzenthal scheint jedenfalls niemand zu Hause zu sein?», fragte Siggi. «Wir haben hier Radau gemacht wie eine Kompanie besoffener Berggorillas, ohne dass mal jemand aus der Tür geschaut hätte.»

«Es ist mitten am Tag, da ist kaum einer zu Hause», erklärte Frau Ditha schulterzuckend. «Nur ich und Pille, die ständig im Homeoffice ist und die Bässe aufdreht.»

«Interessiert mich nicht», ging Gunnar dazwischen. «Ich will wissen, wen ich jetzt eigentlich verhaften soll.»

Siggi und Anton wechselten ratlose Blicke mit Frau Ditha und Isä. Bevor Gunnar sich entscheiden konnte, unterbrach ein schrilles Läuten die Stille. Er fluchte und zog sein Handy hervor.

«Ja?», bellte er. «Was ist so wichtig, dass ich dafür mitten in einem Einsatz gestört werde?»

Eine aufgeregte Stimme am anderen Ende ließ einen Wortschwall auf Gunnar niedergehen, der den Kopf senkte und aufmerksam lauschte. Anton gab Siggi einen Wink. Der nickte verstohlen, und gerade wollten sie klammheimlich den Rückzug antreten, als Gunnar sein Telefonat beendete.

«Ihr beide kommt mit.» Während sein Blick sich auf die Wand hinter ihm richtete, deutete er mit dem Zeigefinger unmissverständlich erst auf Siggi und dann auf Anton.

«Aber ich will keine Anzeige erstatten», sagte Frau Ditha, die schon auf ihrer Türschwelle stand. «Es war alles nur ein Missverständnis. Die Herren suchen nach ihrer entführten Freundin, das konnte ich ja nicht ahnen.» Damit schloss sie die Tür hinter sich.

Gunnar schien nicht auf ihre Worte zu achten und richtete seine Aufmerksamkeit ausschließlich auf Siggi und Anton.

«Ihr kommt mit mir», wiederholte er. «Es gibt dringenden Klärungsbedarf.»

«Hast du etwas von Doro gehört?», fragte Siggi.

«So ähnlich. Wir haben einen Treffer in der Datensammlung. Kollege Schneeweiß ist auf die Spur gestoßen», erklärte Gunnar. «Wir wissen jetzt, wer von deinem Laden aus die Feuerwehr gerufen hat. Ihr folgt mir aufs Revier.»

«Dann fahre ich mal gemütlich zurück in den Laden und halte dort die Stellung», brummelte Isä, der die nervöse Lola streichelte.

Eine halbe Stunde später saß Siggi wie auf heißen Kohlen in Gunnars Büro und lehnte den lauwarmen Kaffee ab, den dieser ihm anbot. Anton beging den Fehler und nahm das Angebot an. Doch nach dem ersten Schluck sprach sein Gesicht Bände.

«Sagst du uns jetzt endlich, was dein Kollege Schneeweiß herausgefunden hat?» Unruhig trommelte Siggi auf der Tischplatte von Gunnars Schreibtisch herum. «Hat der Mistkerl seine Visitenkarte auf den Tasten für die 112 hinterlassen? Wie heißt er?»

«Der Daumenabdruck befand sich am Gehäuse. Und tatsächlich haben wir diesen Daumenabdruck im System.»

Siggi fand, dass Gunnar nicht einmal halb so glücklich wirkte, wie er es bei einem solchen Erfolg seiner Polizeiarbeit eigentlich sein sollte. Er wirkte sogar unzufrieden, wie er da hinter seinem Schreibtisch saß, die Hände über dem Bauch gefaltet.

«Es handelt sich um einen verurteilten Schwerverbrecher namens Johannes Laine.»

Augenblicklich spürte Siggi, wie seine Hände schweißnass

wurden. «Ist er ein Gewalttäter oder Mörder?», fragte er mit ausgetrocknetem Mund.

«Nicht so ganz.» Gunnar unterbrach sich, als Axel Schneeweiß, der schweigsame Kollege, hereinkam und seinem Vorgesetzten mit stolzgeschwellter Brust eine Akte auf den Schreibtisch legte. Gunnar fischte eine Lesebrille aus der obersten Schublade seines Schreibtischs und begann laut zu lesen.

«Widerstand gegen die Staatsgewalt, ziviler Ungehorsam, Ruhestörung, Körperverletzung, die Liste lässt sich endlos fortsetzen.»

«Wird schon nach ihm gefahndet?», wollte Anton wissen, der hinter Gunnar stand und ihm über die Schulter blickte.

«Noch nicht. Es gibt da noch ein paar Ungereimtheiten. Unwahrscheinlichkeiten, um genau zu sein.»

Siggi bemerkte, wie Anton beiläufig den Inhalt seines Kaffeebechers in einem Blumenkübel entsorgte und dann wieder die Akte in Gunnars Hand studierte.

«Was für Ungereimtheiten? Wenn Doro sich wirklich in den Händen eines gemeingefährlichen Irren befindet, musst du doch etwas tun», forderte Siggi. «Ihr müsst den Kerl finden, bevor er ihr etwas Schreckliches antun kann. Wo war denn dieser Laine zuletzt gemeldet?»

«Wir haben den Mann in den letzten Jahren etwas aus den Augen verloren, aber wir werden ihn schon wiederfinden.» Gunnar entnahm der Mappe eine Schwarz-Weiß-Fotografie und reichte sie an Siggi weiter. «Laine befindet sich ganz unten links im Bild. Kommt er dir irgendwie bekannt vor? War er auf deiner Halloweenparty, oder ist er ein Stammkunde in deinem Laden?»

Siggi nahm das Foto, kniff die Augen zusammen und versuchte, ein ihm bekanntes Gesicht auf dem Gruppenfoto ausfindig zu machen. Das war alles andere als leicht, denn es war ein älteres Bild, das eine Gruppe junger Leute zeigte, die selbst gemalte Plakate in die Luft reckten.

«Du meinst den Typen, der gerade vom Wasserwerfer umgehauen wird?» Siggi sah Gunnar ungläubig an. «Wie soll ich den wiedererkennen? Das ist total unscharf. Hast du nichts Besseres?»

«Und vielleicht auch Aktuelleres?», schlug Anton vor. «Oder ist der gesamte Inhalt dieser Akte so alt wie die Staubschicht auf ihrem Deckel?»

«Unser Archiv mag angestaubt sein, hat uns aber immerhin geradewegs zum Täter geführt.» Gunnar klang angesäuert. «Damit haben wir jetzt schon mehr erreicht als ihr beide mit eurem heutigen Einbruch.»

«Davon bin ich noch nicht ganz überzeugt.» Siggi wollte Gunnar das Foto zurückgeben, doch dieser wehrte ab.

«Präg dir diesen Johannes Laine ganz genau ein und ruf mich an, falls er bei dir auftauchen sollte. Ich werde jeden verfügbaren Mann auf seine Fährte setzen. Wer weiß, wenn wir Glück haben, ist Doro wieder bei dir, bevor es dunkel wird.»

Siggi runzelte die Stirn. «Gunnar, wir kennen uns schon ewig. Ich merk doch, dass dir irgendetwas an der Sache nicht schmeckt. Was ist es?»

Gunnar schlug die Augen nieder. «Hast du mir zugehört, womit Laine bisher aufgefallen ist? Der Kerl ist ein Krawallbruder. Ein brennendes Auto würde in seine Vita passen, aber eine Entführung? Oder sogar Mord?» Gunnar kaute an seiner Unterlippe. «Da stimmt was nicht, das spüre ich.»

«Vielleicht hat Laine sich einfach weiterentwickelt, seit dieses Foto gemacht wurde?», schlug Siggi vor und drehte den Abzug um. Er betrachtete die Rückseite des Bildes, auf der ein kleiner grüner Stempel das Datum der Aufnahme verriet. «1968? Wie alt ist denn dieser brandgefährliche Mensch heute?»

«Das ist der zweite seltsame Punkt an der Sache», gab Gunnar zu. «Aber Alter und geistige Reife sind zwei verschiedene Stiefel. Laine könnte noch immer derselbe Schurke sein wie damals. Verbrecher gehen nicht in Rente.»

«Das tun sie sehr wohl», behauptete Anton. «Der Golden State Killer beispielsweise ...»

«Haltet einfach die Augen offen», fiel Gunnar ihm ins Wort. «Womöglich lässt Laine sich noch mal bei euch blicken.»

«In Ordnung», stimmte Siggi zu und erhob sich. Wenig später saß er hinter dem Steuer seines Transporters.

Anton schüttelte den Kopf auf dem Beifahrersitz. «1968. Sein angeblicher Schwerverbrecher wird ein aufmüpfiger Student gewesen sein, der auf keiner Demo gefehlt hat. Oder er war ein Hausbesetzer.»

«Vergiss Laine, um den kümmert sich Gunnar», sagte Siggi. «Wir konzentrieren uns auf William Sidis. Er ist die Spur, von der unser Gegner hofft, dass wir sie niemals finden würden. Unser rätselhafter Zeidis ist mit William Sidis identisch, daran besteht für mich kein Zweifel mehr.»

«Aber die Bücher, die Pohl aus dem Regal von Sponti geklaut hat, beginnen erst bei T wie Mark Twain», erinnerte ihn Anton. «Wir haben kein Werk von irgendeinem Sidis.»

«Das haben wir sehr wohl», widersprach Siggi und grinste. «Und ich denke, ich weiß auch schon, um welches Exemplar es sich handelt.»

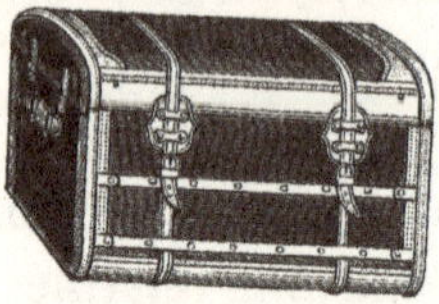

16

William Sidis war also ein Genie mit einem geschätzten IQ von 300.» Anton sah von seinem Handy auf, als Siggi durch ein Schlagloch fuhr und der Transporter fast von der Straße hüpfte. «Ist das überhaupt möglich? Diese Zahl scheint mir exorbitant hoch zu sein.»

«Frag mich nicht, ich weiß auch nicht mehr über den Mann als das Internet», erwiderte Siggi, der während der Wartezeit auf der Polizeistation ebenfalls recherchiert hatte. «Überhaupt ist es gar nicht verwunderlich, dass wir noch nie zuvor von ihm gehört haben, denn William Sidis ist auf der ganzen Linie an der Realität gescheitert. Ihm fehlte jegliche soziale Kompetenz. Was nützt es, fünfundzwanzig Sprachen zu beherrschen, wenn man letzten Endes doch nicht mit seinen Mitmenschen kommunizieren kann? Nicht, dass er es nicht versucht hätte, aber er hatte einfach keinen Erfolg. Zum Schluss wollte er nur noch ein Leben in Einsamkeit führen.»

«Das ist wohl der Lauf der Dinge», gab Anton ihm recht. «Wenn jemand so unfassbar klug ist, kann er nicht nur die Probleme und Fragen eines Durchschnittsmenschen nicht mehr verstehen, er käme auch mit seinen Antworten gar nicht auf ein passendes Niveau runter. Das ist, als ob ein Kindergartenkind mit einem Universitätsprofessor über die Fortpflanzung diskutieren wollte. Während der eine noch nicht mal vom Storch gehört hat, erörtert der andere schon

DNA-Stränge und Chromosomen, verstehst du, was ich meine?»

«Klar und deutlich, denn du bist nicht Sidis.» Siggi grinste. «Deswegen hat leider niemand seine wissenschaftlichen Bücher verstanden, jedenfalls nicht zu seinen Lebzeiten. Sidis verstarb 1944. Es könnte Wissenschaftler geben, die mit seinen Aufzeichnungen etwas anzufangen wüssten. Aber da er viele unter verschiedenen Pseudonymen veröffentlicht hat, sind die nicht leicht zu finden. Ein echter Sidis kann, auf dem richtigen Markt angeboten, ein kleines Vermögen einbringen.»

«Und du glaubst, du hast eines seiner Werke bei dir zu Hause?» Anton steckte sein Handy weg und suchte Halt am Armaturenbrett, als der Transporter in eine scharfe Rechtskurve ging. «Rast du deswegen so? Weil du es nicht erwarten kannst, deinen Verdacht zu bestätigen?»

«Ich weiß, dass ich recht habe. Sidis hieß mit Vornamen William. William James Sidis. Und ich habe in meiner Küche das Buch eines gewissen Williamson in einem Einband für alkoholfreie Drinks versteckt. Würde mich nicht wundern, wenn dieser Williamson auch noch James mit Vornamen heißen würde und wilde Theorien aufgestellt hat, mit denen die Welt gerettet werden kann. Möglicherweise lässt sich mit dem Wissen von Sidis sogar der Klimawandel aufhalten.»

«Ob Enrique Sponti wusste, was er da besaß?», überlegte Anton laut. «Und wenn er genauso ahnungslos war wie sein diebischer Nachbar, wer ist dann unser geheimnisvoller Mörder und woher wusste er von dem Sidis in Spontis Regal?»

Siggi hatte keine Ahnung und wollte gerade etwas erwidern, als er ein seltsames Szenario auf seinem Parkplatz erblickte. Vor der geöffneten Ladentür des Antiquitätenladens parkte ein Rollator und versperrte den Zugang. Von Isä und Lola allerdings war weit und breit keine Spur zu entdecken.

«Da stimmt was nicht», entfuhr es Siggi, und er stieg so heftig in die Bremsen, dass Anton nach vorn geschleudert wurde.

«War das der Gurt-Test?», stöhnte sein Freund. «Oder wolltest du nur mal sehen, ob du den Transporter noch mal über den TÜV bekommst?»

«Ich sag dir, da stimmt was nicht», wiederholte Siggi und war schon halb aus dem Auto.

Anton folgte ihm mit etwas Verzögerung zur offenen Ladentür, wo Siggi den Rollator unwirsch beiseitestieß. Isä saß nicht an seinem angestammten Platz hinter der Registrierkasse. Siggis Rufe nach Doros Vater blieben erfolglos, stattdessen bog Lola mit angelegten Ohren um die Ecke und schien vor Verlegenheit nicht zu wissen, wohin sie schauen sollte.

«Was bist du nur für ein armseliger Wachhund?», motzte Siggi die Boxerhündin an. «Wo ist Isä? Was ist hier passiert?»

Im nächsten Moment rief Anton aus dem Porzellanzimmer: «Ich hab ihn gefunden! Er sieht gar nicht gut aus!»

Siggi eilte zu ihm und hielt abrupt inne, als er Isä in dem Korbsessel sitzen sah, einen blutdurchtränkten Lappen an die Stirn gepresst.

«Er war plötzlich da», jammerte der alte Mann. «Stand vor mir, und dann hat es auch schon geknallt. Er hat mir das da an den Kopf geworfen.» Mit zitternden Fingern wies er auf weiße Scherben am Boden, die einmal Teil einer Suppenterrine gewesen sein mochten. «Vermutlich hat er sich von mir gestört gefühlt.»

«Wie fühlst du dich?», fragte Anton. «Sollen wir einen Krankenwagen rufen?»

«Nein, ihr sollt den Kerl verhauen.» Isä verzog das Gesicht, als Anton vorsichtig das blutige Stofftaschentuch von seiner Stirn nahm, um die Verletzung genauer in Augenschein zu nehmen. «Schlägt der doch einfach einen Rentner nieder. Ich dachte, jenseits der achtzig hätte man wieder so etwas Ähnliches wie Welpenschutz.»

«Ich glaube, es sieht schlimmer aus, als es ist», sagte Anton zu Siggi. «Kopfwunden bluten eben sehr stark. Trotzdem sollte ein Arzt einen Blick darauf werfen.»

«Danke für Ihre professionelle Einschätzung, Professor Schauer», sagte Siggi ungeduldig. «Hast du den Täter erkennen können, Isä?»

«Klar, er stand ja direkt vor mir. Es war ein riesiger Gorilla.»

«Besondere Kennzeichen?», hakte Siggi nach.

«Haare im Gesicht natürlich. Wie stellst du dir denn einen Gorilla vor?»

Siggi wechselte einen Blick mit Anton. Der Schlag auf den Kopf war wohl doch nicht ohne Folgen geblieben.

«Der war schon im Laden, als ich hier ankam. Das Türschloss war in Ordnung, also muss er wohl durch eines der Fenster gekommen sein.»

«Zu dumm.» Siggi biss sich auf die Lippen. «Bei unserem überstürzten Aufbruch hatte ich vergessen, die Alarmanlage scharf zu schalten.»

«Und dann hat er mit seinen schwarzen Pranken überall herumgewühlt», fuhr Isä fort. «Ich konnte hören, wie er sich deinen Schreibtisch bei der Kasse vorgenommen hat, nachdem er mit mir fertig war. Alle Schubladen hat er aufgerissen. Und dann war er plötzlich weg.»

«Der wird wieder nach dem Sidis gesucht haben», mutmaßte Anton.

«Oder nach einem Zweitschlüssel zu meiner Wohnung,

denn wenn er bei unserem letzten Gespräch gut zugehört hat, weiß er, dass das Buch oben ist.» Siggi überlief es eiskalt, und nur mühsam unterdrückte er den Impuls, sofort loszurennen, um dort nach dem Rechten zu sehen. «Anton, kannst du Isä zu einem Arzt bringen?»

«Mir geht es gut», protestierte Doros Vater und versuchte aufzustehen, was gründlich misslang. Anton konnte ihn geistesgegenwärtig auffangen, bevor Isä ihm der Länge nach vor die Füße fiel.

«Wir nehmen deinen Transporter.» Anton hakte Doros Vater unter und lotste ihn zur Tür, ohne auf dessen Protest einzugehen. «Und du rufst besser Gunnar an, bevor du dich nach oben vorwagst. Vielleicht ist der Typ noch da und durchsucht gerade dein Bücherregal.»

«Das wäre mir sehr recht, dann könnte ich mich bei ihm revanchieren», brummte Siggi, als sie Isä gemeinsam auf den Beifahrersitz des Transporters verfrachteten. Dann schnappte er sich den guten alten Baseballschläger aus dem Schirmständer und rief nach Lola, die sich schuldbewusst unter dem Kassentisch verkrochen hatte.

«Du kannst noch alles wiedergutmachen.» Er sah die Hundedame aufmunternd an. «Falls mir gleich auch Geschirr an den Kopf fliegt, will ich, dass du dem Angreifer in die Waden beißt, anstatt dich von ihm mit Leckerlis bestechen zu lassen.»

Bei dem Wort «Leckerli» spitzte Lola die Ohren und folgte ihrem Herrchen spontan hinaus aus dem Geschäft und die Stufen hinauf zu seinen Privaträumen. Als Siggi die sperrangelweit geöffnete Tür am oberen Treppenabsatz sah, packte er den Baseballschläger fester und schlich so leise er konnte hinauf.

Mit angehaltenem Atem lauschte er auf jedes Geräusch,

doch das Einzige, was er hörte, war das leise Klicken von Lolas Krallen auf den Küchenfliesen. Die Boxerhündin steuerte direkt ihren Futternapf an. Siggi hingegen gab dem Wohnzimmer den Vorzug und fand es so ziemlich genau in dem Zustand vor, den er erwartet hatte.

Dieses Mal hatte der Fremde sich nicht die Mühe gemacht, die für ihn uninteressanten Werke zu Stapeln aufzuschichten. Stattdessen waren sie achtlos auf den Boden geworfen worden, wie eine Art literarische Geröllhalde. Obenauf, und daher gut sichtbar, lag der Umschlag, in dem Siggi den Gedichtband von Untermeyer versteckt hatte. Das Buch selbst lag nackt in einem der Sessel und prahlte mit seinen großen Schimmelflecken auf dem Einband. Offensichtlich war das Werk nicht das gesuchte.

Auf dem kurzen Weg zurück in die Küche sandte Siggi ein Stoßgebet gen Himmel und stieß einen Freudenschrei aus, als er die Kochbücher unversehrt auf dem Regal neben dem Nudeltopf erblickte. Ganz unscheinbar stand zwischen ihnen auch das Buch über alkoholfreie Cocktails. Siggi nahm es an sich und entfernte hastig den Umschlag.

«Jack Williamson», las er Lola vor, die irgendetwas, das vor ihr am Boden lag, intensiv beschnupperte. «Jack oder James, das spielt wohl keine Rolle.» Rasch blätterte er durch die Seiten, stieß auf die abstrakte Zeichnung futuristisch anmutender Flugkörper und fühlte sich bestätigt. Dies mussten die Aufzeichnungen eines Genies sein. Mühelos entzifferte er trotz seiner begrenzten Englischkenntnisse die Worte «Orbitkollision» und «Antimaterie». Zweifellos würde dieses unscheinbare Büchlein die moderne Wissenschaft in ein neues Zeitalter führen, und er hatte es wiederentdeckt. Siggi glaubte schon, Applaus aufbranden zu hören, doch es war nur Lolas aufgeregtes Schnauben, und es veranlasste ihn dazu, einen Blick auf das zu werfen, was sie zwischen ihre Hundepfoten genommen hatte.

«Was hast du denn da? Ist das etwa eine tote Ratte?»

Lola stupste das haarige Etwas mit der Schnauze an und schien noch immer nicht recht zu wissen, was sie davon halten sollte. Mit spitzen Fingern hob Siggi das pelzige Objekt hoch. Es handelte sich um eine schwarze Gumminase, über der sich zwei ovale Ausschnitte für die Augen befanden.

«Eine Gorillamaske.» Er atmete erleichtert aus. Isäs Gehirn war durch die Kollision mit der Suppenschüssel nicht irreparabel geschädigt worden, er hatte wirklich einen Gorilla gesehen. Vielmehr einen Einbrecher, der sich auf diese Weise getarnt hatte.

«Wann ist die gute alte Strumpfmaske eigentlich aus der Mode gekommen?», fragte er Lola. Doch die schien dazu keine Meinung zu haben. Sie setzte sich demonstrativ neben ihren leeren Futternapf.

«Ja, die Botschaft ist angekommen. Aber ich wünschte wirklich, du würdest nicht immerzu nur ans Fressen denken.» Rasch überprüfte er noch die anderen Räume, fand aber keinen ungebetenen Besucher darin. Dann gab er Lola Futter und sich selbst mit einer kalten Fertigfrikadelle zufrieden, den Blick immer auf das schmale Büchlein gerichtet, das all die Ereignisse der letzten Tage ausgelöst hatte. Sicherheitshalber würde er es von jetzt an immer bei sich tragen. Zumindest so lange, bis er wusste, wie er nun weiter vorgehen würde. Falls der Entführer sich noch einmal meldete, könnte er ihm das Buch im Tausch gegen Doro anbieten. Aber das hielt Siggi für gefährlich, denn schließlich hatte er ja nun dessen Geheimnis aufgedeckt.

Lola bedachte ihn mit einem triefäugigen Blick, als ihr Napf leer gefuttert war.

«Ja, du hast recht. Ich sollte den Sidis einfach herumliegen lassen, damit er ihn bei seinem nächsten Besuch auch ganz sicher findet», beschloss Siggi. Andererseits ging ihm das ziemlich gegen den Strich, zumal das nicht garantierte, dass der Entführer Doro endlich gehen ließ. «Lola, wir behalten den Sidis und versuchen, schlauer zu sein als der Entführer. Wir kriegen ihn!»

«Hallo?»

Siggi zuckte erschrocken zusammen, als er jemanden laut rufen hörte. Hastig schaute er sich nach seinem Baseballschläger um. Aber noch bevor er ihn unter dem Regal mit den Kochbüchern entdeckte, stand eine junge Frau in seiner Küche und zog sich die schwarze Mütze von den grellroten Haaren. Pille.

«Die Tür stand offen», erklärte sie. «Nicht nur hier, auch unten im Geschäft, und weit und breit ist niemand zu sehen. Ist das Absicht?»

Siggi schüttelte den Kopf. «Nein ... was machen Sie denn hier?»

«Was? Du musst bitte lauter sprechen, ich bin von Geburt an schwerhörig», rief Pille, als ob es Siggis Ohren wären, die das Problem darstellten. «Ich glaube, jetzt gibt die Batterie im anderen Hörgerät auf. Hoffentlich habe ich noch welche dabei.»

«Was machst du hier?», wiederholte Siggi lauter.

«Ich bin wegen Sidis gekommen.»

Fassungslos starrte Siggi sie an. «Du warst das? Das alles?»

«Hä?» Pille neigte den Kopf, um ihn besser verstehen zu können. «Ach, ist ja auch egal. Du hast vorhin im Treppenhaus über Sidis gesprochen. Irgendwie ging es um deine entführte Freundin. Oder habe ich das falsch verstanden?»

«Nein, nein», erwiderte Siggi rasch und war noch immer

unsicher, was er von diesem Auftritt halten sollte. Steckte womöglich diese junge Frau hinter der Entführung von Doro und dem Feuer, das den Chrysler vernichtet hatte? Aber warum stand sie dann jetzt seelenruhig vor ihm? Weder ihr unaufgeregtes Verhalten noch ihr Tonfall passte zu den bisherigen Vorfällen.

«Zufällig kenne ich jemanden, der dir eine ganze Menge über William Sidis erzählen kann», fuhr Pille fort. «Davon gibt es nicht gerade viele Leute.»

Siggi stellte den Baseballschläger beiseite. Pille war nicht gekommen, um sich das Buch zu holen. Sie wollte ihm einfach helfen. «Das stimmt. Und derjenige, der Doro, meine Freundin, entführt hat, muss auch viel Ahnung von Sidis haben. Danke, dass du gekommen bist.»

Wenn er ehrlich war, fand er Pilles Idee sehr schlau. Der Täter hatte über den Sidis in Spontis Regal Bescheid gewusst, war also ein Kenner der Literatur, der Physik oder beides. Also musste Siggi ebenfalls in diese gesellschaftlichen Kreise eintauchen, um über kurz oder lang auf Doros Entführer zu stoßen.

«Wer ist denn dieser ‹Jemand›, der angeblich so gut Bescheid weiß?», fragte Siggi laut.

«Der Endgegner. Wir müssen uns bis zu ihm durchkämpfen, aber ich kann dir dabei helfen», erklärte Pille in einem völlig ironiefreien Ton, und Siggi kamen wieder Zweifel, ob er die Situation richtig eingeschätzt hatte.

«Kann man den Typen nicht einfach anrufen?», schlug Siggi vor.

«Der telefoniert noch viel weniger als ich, und dabei ist er nicht einmal schwerhörig.» Pille zog eine Grimasse.

«Und wo finden wir diesen Endgegner?», fragte er vorsichtig.

«Hinter der schwarzen Tür. Willst du mitkommen? Ich habe alles dabei, was wir brauchen. Außer einer Fahrgelegenheit. Ich bin mit dem Bus gekommen und das letzte Stück gelaufen.» Sie sah ihn ernst an. «Entführung ist eine schlimme Sache, ich würde wirklich gern helfen, deine Freundin zu finden.»

Isä, Anton und somit auch der Transporter wären noch für eine Weile weg, überlegte Siggi. «Das Papamobil, hoffentlich hat Isä den Schlüssel hiergelassen.»

«Was?»

«Egal. Komm mit.» Siggi stopfte sich den Sidis hinten in den Hosenbund und wandte sich an Lola. «Du passt hier auf. Auch wenn es hier jetzt nicht mehr viel zu bewachen gibt. Lass niemanden rein, egal, was er dir anbietet.»

Lola schaute ihm mit großen Augen nach, als könnte sie es nicht glauben, einfach zurückgelassen zu werden. Siggi marschierte, gefolgt von Pille, zurück in den Antiquitätenladen und fand die gesuchten Wagenschlüssel auf der Anrichte neben dem Korbsessel, wo Isä mit seiner Kopfverletzung gesessen hatte.

«Das nennt man Glück», rief Siggi und nahm den Schlüssel an sich.

«Was ist denn hier passiert?» Pille blickte verwirrt auf die Scherben am Boden und eine Blutspur auf dem Polster des Sessels.

«Ein Kampf mit einem Gorilla», erwiderte Siggi. «Üble Sache.»

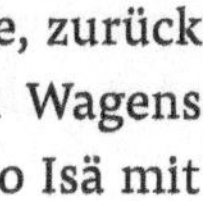

Da Pille zwar den Weg zum Endgegner kannte, die Adresse aber nicht wusste, ließ Siggi sich von ihr lotsen. Sie landeten in einer Ecke von Euskirchen, die ihm gänzlich unbekannt war. Leute, die hier hausten, hatten keine Antiquitäten zu verkaufen.

Als sie in einer Nebenstraße parkten, fehlte es Siggi noch immer an jeglicher Vorstellungskraft bezüglich dem, was ihn nun erwarten würde. Zusammen mit Pille betrat er eine unscheinbare Kneipe mit dem nicht vorhandenen Charme der späten Achtzigerjahre.

«Wir gehen runter», rief seine Begleitung einem trübsinnig dreinblickenden Wirt zu, der allein an seinem Tresen lehnte. Als einzige Reaktion zuckte er nur mit den Schultern, und Pille hielt Siggi eine Tür auf, hinter der beleuchtete Stufen in die Tiefe führten. An den Wänden hingen die Poster seltsamer Kreaturen, die an japanische Comicfiguren erinnerten. Von unten drang Stimmengewirr an sein Ohr, von leise murmelnd bis aufgeregt, und es roch nach menschlichen Ausdünstungen.

«Wer ist da unten?», fragte Siggi und wandte den Kopf zu Pille um, die nach ihm die Treppe hinabstieg.

«Duellanten.» Sie grinste verschlagen. «Keine Sorge. Die schlage ich locker, denn an ihnen müssen wir vorbei, wenn wir mit dem Endgegner sprechen wollen. Mach dein Handy aus. Dort unten darf nichts piepen oder summen.»

Siggi tat wie geheißen und begann sich zu fragen, ob er, ohne es zu merken, in einer Parallelwelt gelandet war, in der Duellanten und Endgegner ganz alltägliche Zeitgenossen darstellten. Doch dieser Gedanke verschwand augenblicklich, als er das untere Ende der Treppe erreicht hatte. In dem Keller unter der Kneipe saßen sich an langen Tischen hauptsächlich junge Männer gegenüber und blickten konzentriert auf bunte Bildchen, die sie vor sich ausgebreitet hatten.

«Das ist ein Spielkeller?» Er drehte sich um und stellte fest, dass Pille ihn breit angrinste. «Hier treffen sich Leute zum Kartenspielen?»

«Sie fechten Duelle miteinander aus», korrigierte Pille, die seiner Frage mit zusammengekniffenen Brauen gelauscht hatte. Offensichtlich forderte die Akustik an diesem Ort ihrem Hörvermögen das Äußerste ab. «Und nur der Beste unter ihnen darf sich mit dem Endgegner messen.» Sie deutete auf einen schwarzen Vorhang am Ende des Raumes, hinter dem sich die Umrisse einer Tür vermuten ließen.

«Er sitzt da hinten drin? Den ganzen Tag über?»

«So ist es», rief ihm ein Kerl in Lederjacke zu. «Der Endgegner kommt niemals heraus. Alles, was er braucht, besitzt er schon. Bestimmt gibt es im Himalaja-Gebirge Eremiten, die geselliger sind als er.» Der Fremde mit den langen Haaren – Siggi schätzte ihn auf Mitte zwanzig – mischte nebenbei ein Kartendeck und wies auf zwei leere Stühle ihm gegenüber. «Lust auf ein Spiel, Pille?»

«Mit dir immer», erwiderte sie, zog Siggi am Ärmel hinter sich her und nahm Platz.

Siggi setzte sich neben sie, gespannt, wie es nun weitergehen würde. Wenig überraschend zog Pille eine Box von der Größe einer Zigarettenschachtel aus der Innentasche ihrer Jacke und legte sie vor sich hin.

Der Langhaarige rümpfte die Nase. «Du spielst immer noch das Drachendeck? Ein wenig oldschool, findest du nicht?»

«Never change a winning team», warf Siggi ein und erntete damit gleich zwei irritierte Blicke. Offensichtlich war diese Floskel in dem Keller der Duellanten nicht mehr zeitgemäß. Siggi presste die Lippen aufeinander und dachte an William

Sidis. Vermutlich hatte das junge Genie sich ähnlich unsicher gefühlt, wann immer er versuchte, eine seiner Meinung nach ganz gewöhnliche Konversation zu führen. Er beschloss, sich im Hintergrund zu halten und Pille aufmerksam zu beobachten. Gleichzeitig versuchte er, die Regeln des ihm völlig fremden Spiels zu begreifen. Doch noch bevor er auch nur ein Schema im Verhalten der beiden Spieler hatte erkennen können, war das Duell auch schon vorbei, und die Kontrahenten reichten einander die Hand.

«Wer ist mein nächster Gegner?», wollte Pille wissen.

«Rübe», erwiderte der Langhaarige. «Ich glaube, der sitzt schon seit drei Tagen hier unten, kommt aber einfach nicht voran. Sein Deck taugt nicht viel.»

Pille raffte ihre Karten zusammen, erhob sich und bedeutete Siggi mit einem Kopfnicken, ihr zu folgen. Minuten später nahm sie erneut Platz. Dieses Mal saßen sie einem pickligen Teenager gegenüber, der ein wenig ranzig roch, als ob die letzte Dusche schon eine Weile zurückläge.

«Gegen wie viele Leute werden wir denn spielen müssen?», raunte Siggi seiner Begleiterin zu.

«Was?» Pille sah ihn verständnislos an.

«Wie viele Duelle müssen wir gewinnen?», rief Siggi deutlich lauter und zog damit die Aufmerksamkeit der anderen Spieler auf sich.

«Sieh dich um», erwiderte sie. «Wir müssen an allen vorbeikommen, bevor wir uns dem Endgegner stellen dürfen.»

«Wie? An allen?», rief Siggi entsetzt und erntete damit mehrstimmiges Gelächter.

«Der Endgegner kommt nun mal zum Schluss.» Pille zückte erneut eine Box mit Karten. Es handelte sich um eine andere als zuvor. Offensichtlich beherrschte Pille nicht nur das Spiel mit den Drachen.

«Oh Mann, ich hoffe, der Aufwand lohnt sich.» Siggi lehnte sich zurück und sah zu, wie das Duell eröffnet wurde. Wieder bemühte er sich, wenigstens die Grundidee zu verstehen. Und wieder gelang es ihm nicht, bevor Pille auch ihrem zweiten Gegner die Hand zum Abschied reichte. Ihr dritter Duellpartner trug den klangvollen Spitznamen «Glatze», und jeder konnte sehen, warum. Glatze war für Pille eine härtere Nuss, Siggi konnte es ihr ansehen. Und mit einem Mal kam ihm ein furchtbarer Gedanke.

«Was passiert eigentlich, wenn du mal unterliegst?», fragte er und fürchtete sich vor der Antwort.

«Dann müssen wir von vorn anfangen.»

Er hatte es geahnt. Von jetzt an saß er in verkrampfter Haltung und mit gedrückten Daumen an Pilles Seite, während diese sich tapfer durch den ganzen Keller spielte. Einmal sah es fast so aus, als würde sie den Sieg abgeben müssen, aber sie riss das Spiel im letzten Moment herum, und Siggi lernte, dass der Kristalldrache eine besonders wertvolle Karte war, die Pille eine Stange Geld gekostet hatte. Als sie ihm die Summe nannte, begann er sich zu fragen, ob der Handel mit Antiquitäten überhaupt noch zeitgemäß war. Drachen musste er in sein Sortiment aufnehmen. Und diese glutäugigen Wölfe, mit denen ihr letzter Gegner sie fast vom Spielfeld gefegt hatte.

Die Stunden vergingen, und Siggi hatte es noch immer nicht wirklich geschafft, das Spiel zu durchschauen. Jede Partie war anders, individuell und folgte doch einem komplizierten Regelwerk. Inzwischen war ihm zu seiner Erleichterung klar geworden, dass nicht alle Personen im Raum dasselbe Spiel spielten und Pille nur gegen jene antreten musste, die für sie als Spieler infrage kamen. Einmal beobachtete er, wie ein Mädchen, das eines der Spiele offenbar sehr gut beherrschte, unter lautem Gejohle der anderen auf den schwarzen Vorhang zuging, ihn beiseite zog und an die Tür klopfte.

«Ist der Endgegner auf alle Kartenspiele spezialisiert, die hier unten gespielt werden?», fragte er.

«Ja. Alle», antwortete Pille knapp, die sich gerade konzentrieren musste. Ihr Duellant, wohl nach Siggi der Älteste im Keller, war gesprächiger. «Der Endgegner hat es voll drauf. Jeder will wenigstens einmal gegen ihn spielen, egal in welcher Kategorie. Davon, ihn eines Tages zu schlagen, wagen wir gar nicht zu träumen.»

Siggi bemerkte, wie sich die Atmosphäre veränderte, während das Mädchen dort hinter dem schwarzen Vorhang ihren Kampf ausfocht. Immer wieder huschten die Blicke der anderen in Richtung des staubigen Vorhangstoffes. Als die Tür sich schließlich erneut öffnete und die Herausforderin mit einem gequälten Lächeln auf dem Gesicht heraustrat, ging ein Raunen durch die Menge.

«Er hat gewonnen. Was auch sonst», kommentierte Pilles Gegner die Situation.

«Und ich auch.» Pille schlug mit der flachen Hand auf den Tisch. «Jetzt sind wir dran. Auf zum Endgegner.» Ihr Gegenspieler stieß einen Fluch aus, reichte ihr aber trotzdem die Hand und sah zu, wie Pille ihre Karten einsammelte.

«Komm schon, Siggi Malich. Wagen wir uns in die geheime Kammer. Dort wirst du viele interessante Dinge zu hören bekommen.»

«Woher weißt du überhaupt meinen Namen?», fragte Siggi.

«So hat dich der Polizist im Treppenhaus genannt. Guter Mann, endlich mal jemand, der laut und deutlich sagt, was er meint.»

Siggi teilte ihre Meinung zwar nicht, doch er wollte jetzt nicht über seinen alten Schulkameraden sprechen. In wenigen Augenblicken würde er dem Endgegner gegenüberstehen, und er konnte nicht von sich behaupten, dass er nicht nervös war.

17

Die Angeln knarrten leise, als Pille die Tür aufzog und Siggi mit ihr zusammen die dunkle Welt des Endgegners betrat. Die einzigen Lichtquellen in dem fensterlosen Raum, der kaum größer war als das Gästeklo in einem Reihenhaus, stellten die zwei Computerbildschirme dar, über die mittelalterlich gekleidete Gestalten tanzten, während ein Chatverlauf unaufhörlich weiter nach oben kroch und in der Unendlichkeit verschwand. Es roch nach kalter Pizza. Überall auf dem Boden warteten leere Limonadenflaschen darauf, entsorgt zu werden. Ohne Zweifel besaß der Endgegner alles, was er brauchte, denn seine Ansprüche an das Leben waren wohl gering.

«Hallo, Veronica.» Der spindeldürre Mann mit dem schon ergrauten wilden Haarschopf musterte seine Begleiterin mit einem Lächeln. «Wir haben uns schon lange nicht mehr gesehen.»

«Ich hatte andere Dinge zu tun.» Veronica alias Pille lehnte sich an die Wand und überließ Siggi den einzig unbesetzten Stuhl in der spärlich möblierten Zockerhöhle. «Ich habe dir jemanden mitgebracht, der deine Hilfe gebrauchen könnte.»

«Meine Hilfe?» Sein Lachen klang, als ob der Mann seine Stimmbänder nur selten dafür gebrauchte. «Wie könnte ich irgendjemandem von Nutzen sein?»

«Es geht um William Sidis.» Siggi beobachtete, so gut es

im Licht der Bildschirme möglich war, inwiefern die Nennung des Namens eine Reaktion im Gesicht des Endgegners hervorrief, und wurde nicht enttäuscht. Das Lachen gefror, die Augen öffneten sich weit, und für einen kurzen Moment schien sein Gegenüber komplett aus dem Konzept gebracht.

«Planen Sie etwa Nachwuchs?», fragte er unvermittelt.

Siggi klappte die Kinnlade herunter. «Ähm ... nein.» Konsterniert starrte Siggi dem Mann in das eingefallene, fast totenkopfähnliche Gesicht. «Was hat diese Frage mit einem toten Physiker zu tun?»

«Oh, eine Menge. Sie haben ja gar keine Vorstellung.» Der Endgegner, der begriff, dass Pille nicht mit ihm spielen würde, schob die schon bereitgelegten Karten auf dem Tisch zusammen und beugte sich vor. «Aber warum interessieren Sie sich für Sidis?»

«Weil meine Freundin entführt wurde und ich und meine Freunde bedroht werden. Und all das scheint in Verbindung mit einem Buch zu stehen, das Sidis unter Pseudonym geschrieben hat. Ich muss wissen, mit wem ich es eigentlich zu tun habe, wenn mein Leben wieder in ordentlichen Bahnen verlaufen soll.»

«Das Leben soll in ordentlichen Bahnen verlaufen.» Der Endgegner lachte wieder und wandte sich an Pille, die noch immer mit verschränkten Armen an der Wand lehnte. «Dein Freund hat wirklich Humor. Also gut, sprechen wir über William Sidis und darüber, was er für einige von uns bedeutet. Vornehmlich für mich, denn ich bin genau wie er ein Opfer der Sidis-Methode.»

«Der was?», fragte Siggi verblüfft.

«Ja, meinen Sie denn, Sidis wurde durch puren Zufall zu einem der klügsten Menschen des letzten Jahrhunderts? Er war ein Produkt seiner Eltern, ein Versuchsaufbau, ein

Experiment. Eines, das man letzten Endes wohl als fehlgeschlagen bezeichnen muss, aber das ändert nichts daran, dass es noch heute Paare gibt, die gerne ein Kind wie William Sidis formen würden. Deshalb habe ich Sie nach Ihrer Familienplanung gefragt. Denn ich kann nur davor warnen, einem unschuldigen Wesen diese Tortur angedeihen zu lassen. Mich hat es zerstört. Und auch Sidis ist nicht glücklich geworden.»

«Was genau ist die Sidis-Methode?» Siggi spürte einen leichten Schauer auf der Haut, wie er ihn aus Kindertagen kannte, wenn im Zeltlager am Feuer eine Gruselgeschichte erzählt wurde.

«Sie geht auf den Psychologen Boris Sidis und seine Ehefrau zurück, die nur das Beste für ihren Nachwuchs wollten. Und das war, nach seiner Ansicht, Bildung, Bildung und nochmals Bildung. Und zwar vom Tag der Geburt an. Wurden Ihnen Märchen vorgelesen, Herr ...?»

«Malich. Ich habe einen Antiquitätenladen ganz in der Nähe. Aber Siggi ist mir lieber.»

«Gut, Siggi.» Der Endgegner lehnte sich in seinem ergonomischen Sessel zurück und legte die Fingerkuppen aneinander. «Kannst du dich daran erinnern, dass dir vorgelesen wurde?»

«Ich denke, ja, aber es ist ziemlich lange her.»

«Gewiss handelte es sich nicht um die griechische Mythologie, die dir schon an der Wiege vorgetragen wurde. Auch hast du das Lesen vermutlich in der Schule gelernt.»

«Wie so ziemlich jeder, oder?» Siggi begann sich zu fragen, worauf der Mann hinauswollte.

«William Sidis konnte im Alter von achtzehn Monaten die Tageszeitung lesen und sprach schon als Vorschulkind mehrere Sprachen, die er sich angeblich selbst beigebracht hatte. Die Sidis-Methode setzte darauf, den Spaß am Lernen zu wecken und zu erhalten. Und auch wenn das im ersten Moment nicht bedenklich klingt, so ist es wie mit allen Dingen, die übertrieben werden: So etwas geht entsetzlich schief.»

«Mit der Sidis-Methode züchtet man also Wunderkinder?», fasste Siggi zusammen.

«Das hat Boris Sidis stets vehement bestritten. Sein Sohn war in seinen Augen völlig normal, obwohl er keine Gelegenheit ausließ, ihn der Fachwelt vorzuführen. Das Genie war er selber. Denn Boris Sidis hatte aus einem ganz gewöhnlichen Jungen einen der klügsten Köpfe gemacht.»

«Und mit dem Ergebnis seiner Arbeit ging er hausieren, um Anerkennung für seine Erziehungsmethode zu bekommen?» Siggi fragte sich unweigerlich, wie Boris Sidis genau vorgegangen war, um sein Ziel zu erreichen. Bestimmt nicht nur, indem er mythologische Sagen anstatt Grimm'scher Märchen vorlas.

«So ist es. William James Sidis hatte, aufgrund des Ehrgeizes seiner Eltern, niemals eine echte Chance, zu einem gesunden Mann heranzureifen», fuhr der Endgegner fort. «Normale elterliche Zuwendung wie beispielsweise das Füttern wurde ihm schon nach wenigen Monaten verweigert, um ihn zu selbstständigem Essen zu zwingen. William zerschlug mit großer Freude viele Tassen, bevor er lernte, aus ihnen zu trinken, denn der Spaß am Lernen war ja wichtig. Allerdings hat ihn letzten Endes wohl doch der Durst gezwungen, schnell Fortschritte zu machen. Die Grundschuljahre absolvierte er innerhalb weniger Monate, wurde dann zwar als Neunjähriger zunächst von der Universität aufgrund seines Alters abgelehnt, aber schließlich gab man dort nach. Schon als Teenager hielt er Vorlesungen in Mathematik. Leider waren deren Inhalte für seine Studenten völlig unverständlich. Dabei half es auch nicht, dass William Sidis ein Lehrbuch für sie schrieb. Auf Griechisch.»

«Ich wusste, dass Sidis hochbegabt war», warf Siggi ein. «Aber ich habe gedacht, er sei bereits so geboren worden.»

«Laut seiner Eltern nicht, wie bereits erwähnt.» Der Endgegner zog eine Grimasse. «Ihr einzigartiger Erziehungsstil fußte übrigens auch auf Hypnose, die William so schnell wie möglich im Lernen voranbringen sollte.»

«Ist das denn möglich?» Siggi runzelte die Stirn. «Ich meine, wenn jemand als Vollpfosten geboren wird, kann ich ihn doch nicht zum Einstein erziehen, oder? Wäre es nicht besser, einfach die Stärken zu fördern, die vorhanden sind, und das Kind seinen Weg finden zu lassen?»

Der Endgegner klatschte in die Hände. «Ich wünschte, meinen Eltern wäre dieser Gedanke gekommen, aber leider waren sie von der Sidis-Methode überzeugt. Und sie hat funktioniert. Das ist keine Selbstverständlichkeit, denn die Erfolgsquote von Boris Sidis lag nur bei fünfzig Prozent. Williams jüngere und geistig völlig durchschnittlich entwickelte Schwester wurde deswegen so gut wie nie von Boris Sidis erwähnt.»

«Sie sind also zum Genie erzogen worden», stellte Siggi fest und konnte nicht umhin, die Skepsis in seinem eigenen Tonfall zu bemerken.

«Ich bin ein gestörter Soziopath, der in einem Kneipenkeller seine selbst gewählte Einsamkeit genießt und für einen Hungerlohn die Attraktion in dieser Örtlichkeit gibt. Dafür muss ich nichts weiter tun, als in profanen Kartenspielen ein paar Nerds ihre Grenzen aufzuzeigen. Also ja, es hat funktioniert. Genauso wie bei William Sidis. Nur leider ist das Ergebnis einer auf Genialität ausgerichteten Erziehung in unserer Gesellschaft nicht alltagstauglich. Deswegen blieb William

Sidis ein kleiner Büroangestellter. Deswegen sitze ich hier unten. Auch Sidis wählte die Einsamkeit. Er war der Ansicht, ein perfektes Leben ließe sich nur in Einsamkeit führen.»

«Aber Sidis schrieb wertvolle Bücher unter falschem Namen und hinterließ der Fachwelt damit unglaubliches Wissen. Das ist doch auch eine positive Lebensbilanz», widersprach Siggi.

«Ich wette, Sidis selbst hätte sich eine andere gewünscht. Und was diese Bücher angeht, so sind sie nur für wenige von Nutzen, da sie für den Durchschnittsmenschen kaum zu verstehen sind. Ja, wer einen Sidis im Bücherregal entdeckt, kann ihn bestimmt gewinnbringend verkaufen, aber ich will mir nicht vorstellen, dass jemand dafür eine Entführung riskieren würde.»

«Und einen Mord?», ergänzte Siggi. «Oder zwei?»

«Nein.» Der Endgegner schüttelte energisch den Kopf. «Das wäre der zu erwartende Verkaufspreis nicht wert. Da müsste derjenige schon etwas mit dem Inhalt anfangen können und auf Ruhm aus sein.»

«Demnach suche ich nach einem verrückten Wissenschaftler und nicht nach einem Büchersammler oder Bücherkenner?» In Siggis Kopf arbeitete es fieberhaft. «Aber wie sollte der von dem Buch erfahren haben?»

Sein Gegenüber zuckte mit den Schultern. «Das kann ich nicht beantworten. Aber was die vorangegangene Schlussfolgerung angeht, stimme ich Ihnen zu. Wer wegen Sidis' Theorien zum Verbrecher wird, kann bestimmt auch etwas damit anfangen. Dem geht es nicht allein um den Wert des gedruckten Buches.»

«Danke.» Siggi stand auf. «Und gute Besserung.»

Der Endgegner lachte. «Für eine verkorkste Kindheit gibt es nicht gerade viele Heilmittel, aber vielen Dank. Ich arbeite daran und gehe inzwischen fast täglich ein bisschen spazieren. Vielleicht besuche ich Sie eines Tages in Ihrem Laden.»

«Das würde mich freuen.»

«Seid ihr fertig?», quengelte Pille alias Veronica, die Siggi fast vergessen hatte. «Ich habe kein Wort verstanden, ihr wart viel zu leise.»

Nachdem Siggi das Kabuff des Endgegners hinter sich gelassen hatte, kam er sich inmitten der Spieler an den langen Tischen seltsam lebendig vor. Er stieg die Kellertreppe in die leere Kneipe hinauf, winkte dem einsamen Wirt zum Abschied zu und ging zusammen mit Pille wieder zu Isäs Fahrzeug. Ein sanfter Regen fiel aus dem grauen Himmel, und doch fühlte Siggi sich seltsam leicht und frei, als ob er einer Falle oder einem Gefängnis gerade noch entkommen wäre.

«Soll ich dich nach Hause fahren?», fragte er Pille, die weit weniger zufrieden als er in den trüben Himmel hinaufsah.

«Das wäre spitze.»

Im Schneckentempo zockelten sie schweigsam durch den dichten Nachmittagsverkehr. Siggi war in Gedanken bei dem Buch, das noch immer in seinem Hosenbund steckte und dessen Wert plötzlich noch ein ganz anderer war, als er zuerst gedacht hatte. Er besaß hier nicht nur eine sehr wertvolle Antiquität, sondern einen wahren Wissensschatz. Und mit einem Mal verstand er, warum man ihm den Sidis nicht einfach im Tausch gegen Doro abgepresst hatte. Jemand wollte mit den Theorien von Sidis glänzen und sie für sich nutzen. Sobald die Person aber ins Rampenlicht trat und den Sidis in die Kamera hielt, könnte Siggi der Polizei verraten, auf welchem Weg sie an dieses Werk gelangt war. Also musste der Entführer den Sidis erbeuten, ohne dass Siggi erfuhr, worum es ihm überhaupt ging. Und dafür war er bereit, alles zu tun, was nötig war.

«Aber warum gibt er die Theorien von Sidis nicht einfach als seine eigenen aus und hält diesen toten Physiker aus der Sache raus?», murmelte Siggi und schrak zusammen, als Pille, deren Anwesenheit er schon wieder verdrängt hatte, ihm unvermittelt antwortete.

«Weil man es ihm nicht zutraut und ihm deswegen keiner zuhören würde?»

«Ja», stimmte Siggi zu, als er sich von dem Schreck erholt hatte. «Das könnte sein. Unser Freund ist eine verdammte Niete in seinem Job und braucht die Rückendeckung eines Genies, wenn er mit einer bahnbrechenden Erfindung an die Öffentlichkeit geht. Damit die Leute sagen werden: Oho, seine Arbeit basiert auf dem Werk des amerikanischen Wunderkinds, dann muss ja was dran sein.»

«Oh ja! Geben wir ihm Fördergelder, Mitarbeiter und am besten einen Lehrstuhl an der Universität, denn mit seinem Wissen wird er die Menschheit retten!», spielte Pille mit. «Wäre toll, wenn du jetzt noch wüsstest, von wem du eigentlich redest, oder?» Pille zog eine Grimasse. «Zu schade, dass gescheiterte Gelehrte nicht in den Gelben Seiten gelistet sind, sonst wärst du jetzt schon ganz dicht dran.»

«Dank dir bin ich dem Entführer jetzt bereits wesentlich näher als heute Morgen.» Siggi lenkte Isäs Gefährt an den Bordstein und hielt vor dem vertrauten Mehrfamilienhaus. Gerade sah er Frau Ditha, wie sie, den Kinderwagen vor sich herschiebend und an jedem Handgelenk eine Einkaufstüte, in Richtung Eingang wankte. Rasch sprang er aus dem Wagen und lief zu ihr hinüber.

«Kann ich helfen?» Die Frage war kaum ausgesprochen, als sie ihm auch schon die beiden Tüten vor die Brust drückte.

«Ach, das ist ganz reizend von Ihnen. Haben Sie Ihre entführte Freundin schon zurück?»

«Noch nicht, aber ich arbeite daran», antwortete Siggi und ließ sich von der ebenfalls herbeigeeilten Pille die Haustür aufhalten.

Während Frau Ditha und Pille den Kinderwagen unter die Treppe schoben, ging Siggi als Erster hinauf. Hinter ihm entspann sich ein weiteres Streitgespräch um die Geräuschkulisse im Haus.

«Dieses Gerumpel der Bässe reißt die Kleinen immer wieder aus dem Mittagsschlaf. Man kommt sich vor wie unter Beschuss. Geht das nicht ein bisschen leiser? Wenigstens am frühen Nachmittag?»

«Bässe rumpeln nicht», erwiderte Pille. «Sie wummern, dröhnen oder klopfen, aber sie rumpeln nicht und sie poltern nicht.»

«Das ist doch reine Haarspalterei. Ich kann deine Musik bis runter zu mir in den zweiten Stock hören.»

«Ach, jetzt ist es plötzlich Musik? Ich dachte, es geht um die Bässe. Und überhaupt bin ich nicht die Einzige, die Lärm macht.» Mit finsterer Miene stampfte Pille an Siggi vorbei. Ohne sich noch einmal umzusehen, stürmte sie weiter nach oben. Gleich darauf knallte eine Tür, und Sekunden später dröhnte, wummerte und klopfte auch schon der von Frau Ditha so verhasste Bass.

«Das macht sie jetzt mit Absicht», sagte diese, schob den am Schnuller nuckelnden Jonas auf ihrer Hüfte zurecht und wühlte mit der freien Hand in ihrer Umhängetasche. «Ich kann ja verstehen, dass Pille mit ihren schlechten Ohren Musik lauter hören möchte, aber warum kann sie denn nicht einfach Kopfhörer benutzen wie andere Leute auch? Wo habe ich denn jetzt nur meinen Schlüssel gelassen?»

Siggi schwieg und wartete nur darauf, die schweren Tüten wieder loszuwerden. Doch bei Frau Dithas Tasche schien es sich um die Art Minikosmos zu handeln, in dem Lippenstift, Babywindeln und Einkaufszettel eine friedliche Koexistenz führten. Ein Wohnungsschlüssel konnte darin schon einmal untergehen. So auch jetzt.

«Sie kann von Glück sagen, dass die Herren Pohl und Sponti sich nicht mehr beschweren können und Doktor Katzenthal ständig bei der Arbeit ist. Sonst hätte sie es längst mit der gesamten Nachbarschaft zu tun, und nicht alle bringen ihren Standpunkt so höflich vor wie ich.» Mit gesenktem Kopf wühlte sie weiter in der Tasche. «Ach, das gibt's doch nicht! Wo ist er denn bloß?»

Siggi hörte ihr nicht mehr zu. In seinem Kopf hatten soeben zwei unterschiedliche Informationen zueinandergefunden, und so merkte er kaum, wie eine Salatgurke aus der Tüte fiel und von seinem Gegenüber im letzten Moment aufgefangen wurde.

«Geht es Ihnen gut?» Frau Ditha sah ihn misstrauisch an. «Sie gucken so komisch.»

«So seh ich immer aus, wenn ich nachdenke», versicherte Siggi schnell. «Was für eine Art Doktor ist Doktor Katzenthal eigentlich?»

Sie blies die Backen auf und gab ein abfälliges Geräusch von sich. «Das weiß ich nicht, sie redet nur wenig mit Normalsterblichen wie mir. Die hält sich für was Besseres. Jedenfalls ist sie keine Kinderärztin. Den Ausschlag meines kleinen Lieblings wollte sie sich nicht einmal ansehen.»

«Wissen Sie sonst noch etwas über die Frau Doktor?», bohrte er nach. «Wo arbeitet sie?»

«Darüber redet sie nicht mit unsereins. Die ist kalt wie eine Hundeschnauze, an die kommt keiner ran.»

«Wirklich nicht? Nicht einmal die beiden, die mit ihr im dritten Stock Tür an Tür lebten? Stand Doktor Katzenthal vielleicht in irgendeiner Verbindung zu Enrique Sponti?», fragte er aufgeregt. «Waren sie eventuell sogar miteinander befreundet?»

Frau Ditha verzog das Gesicht. «In den letzten Wochen vor seinem Tod war es wohl so eine Art Freundschaft geworden. Aber nur wegen dem Wasserschaden. Da hatte sie ein schlechtes Gewissen. Enrique bekam von ihr selbst gemachte Pasteten und Aufläufe. Es war ihre Art, Entschuldigung zu sagen.»

«Sie hat ihn bekocht?» Das ungute Gefühl, das die Gedankenkette in ihm ausgelöst hatte, wurde immer stärker. «Sagen Sie, woran ist Herr Sponti denn eigentlich gestorben?»

«Sie fragen Sachen.» Endlich hatte Frau Ditha ihren Schlüssel gefunden und schob ihn ins Schloss. Keine Sekunde zu früh, denn Klein Jonas verlor nun die Geduld mit seiner Mutter und brach in infernalisches Geheul aus. Frau Ditha musste fast brüllen, um ihren Sprössling und Pilles Bässe zu übertönen. «Er war ein alter Mann, da kann so etwas schon mal passieren! Sterben, meine ich!» Sie stieß die Tür auf, setzte den Jungen auf die Fußmatte und wollte Siggi gerade von seiner Last befreien, als sie innehielt. «Meinen Sie, sie hat ihn vielleicht vergiftet? Das könnte doch sein, oder? Zwei Todesfälle auf dem gleichen Flur sind schon auffällig, oder? Aber was hätte sie denn von dem Tod des alten Mannes gehabt? Ich hab gehört, sie will seine Wohnung unbedingt mit ihrer eigenen zusammenlegen, aber ist ein Platzproblem ein Grund zu morden? Dann wäre ich schon längst Amok gelaufen, wir haben viel zu wenig Kinderzimmer.»

«Es ist zumindest eine interessante Theorie.» Siggi stellte die Tüten auf die Fußmatte. «Ist Doktor Katzenthal jetzt zufällig im Haus?»

Frau Ditha zuckte mit den Schultern. «Sie ist, wie gesagt, oft unterwegs. Versuchen Sie Ihr Glück einfach.»

«Gute Idee.» Siggi ließ Frau Ditha stehen und stieg die Treppen hinauf in den dritten Stock. Mangels einer Klingel klopfte er energisch an Doktor Katzenthals Tür. Eine Zeit lang rührte sich nichts. Siggi war schon drauf und dran, sich auf den Heimweg zu machen, als ihm doch noch geöffnet wurde. Die Frau hinter der Tür legte beschwörend ihren Zeigefinger an die Lippen und bedeutete ihm, einen Augenblick zu warten. Siggi bemerkte das Telefon an ihrem Ohr, nickte und blieb auf der Fußmatte stehen, bis sie ihr Telefonat beendete. Erst dann stellte er sich ihr vor.

«Ich heiße Malich und würde mit Ihnen gern über Ihren verstorbenen Nachbarn, Herrn Sponti, sprechen. Frau Ditha sagt, Sie kannten ihn.»

«Frau Ditha. Wer sonst?» Sie klang amüsiert. «Dann kommen Sie bitte herein. Viel Zeit habe ich aber nicht.»

Wie um ihre Worte zu bestätigen, klingelte ihr Telefon erneut. Sie verdrehte die Augen, nahm das Gespräch an und winkte ihm, ihr zu folgen. Erst in diesem Moment kam ihm der Gedanke, dass es ein fataler Fehler sein könnte, den Sidis in seinem Hosenbund ausgerechnet in das Zuhause der Person zu tragen, die seit einigen Minuten seine Hauptverdächtige war. Spontan tastete er nach dem schmalen Büchlein. Es war noch da und wurde von seiner Jacke nahezu perfekt verdeckt.

«Ja, ich verstehe, was Sie meinen, aber da kann ich Ihnen auch nicht weiterhelfen», sagte die Frau ins Telefon.

Ihre Stimme war tief, dunkel und besaß einen angenehm warmen Unterton. Siggi fragte sich, ob die Frau in der Lage war, sie heiser und männlicher klingen zu lassen.

Er folgte ihr in ein helles, weiß gefliestes Wohnzimmer mit

offenem Küchenbereich. Frau Katzenthal lauschte der Stimme am anderen Ende der Leitung mit verkniffener Miene, blickte ernst drein und zeigte auf einen Sessel am Fenster, was Siggi als Aufforderung verstand, sich zu setzen. Von seinem Platz aus beobachtete er die große, sportlich schlanke Frau, wie sie in ihrem Hosenanzug vor ihrer Couchgarnitur auf und ab schritt, zwischendurch die Augen verdrehte und offensichtlich wenig Interesse hatte, das Telefonat weiter fortzusetzen. Doch es bereitete ihr einige Mühe, ihren Gesprächspartner einfach abzuwimmeln, weswegen sie Siggi ein weiteres kurzes Lächeln schenkte und vielsagend mit den Schultern zuckte. Siggi seinerseits ließ sie nicht aus den Augen.

Doktor Katzenthals kurz geschnittenes Haar war von einem leuchtenden Rot. Vermutlich war diese Farbe genauso wenig echt wie die auf Pilles Kopf. Ihre Wohnung war weit weniger extravagant, eher zeitlos elegant durch Möbel und Stoffe in unaufdringlichen Farben. Der kleine Raum war zur Küche offen und wirkte dadurch etwas großzügiger. Dennoch vermutete Siggi, dass ihre Wohnung kleiner war als die von Eduard Pohl. Dieses alte Haus war offensichtlich erbaut worden, um möglichst vielen Parteien Unterkunft zu bieten. Siggi war mit seinem Zuhause über dem Antiquitätenladen flächenmäßig auch nicht gerade verwöhnt. Den meisten Platz in seinem Leben nahmen seine Antiquitäten ein. Doch im Vergleich zu dieser Schuhschachtel lebte er regelrecht luxuriös.

«Hören Sie, ich habe Besuch bekommen, es passt mir wirklich gerade gar nicht. Lassen Sie uns morgen noch einmal darüber reden, ja?» Endlich nahm sie das Telefon vom Ohr, legte auf und schenkte ihm ein Lächeln, das entfernt an das Zähnefletschen einer Raubkatze erinnerte. «Was kann ich für Sie tun?»

«Wie schon gesagt, mein Name ist Siggi Malich», fing er an und wurde fast augenblicklich von ihr unterbrochen.

«Ich weiß, wer Sie sind. Ihnen gehört dieser nette Antiquitätenladen draußen an der Landstraße. Ich war schon einmal dort. Mir gefallen schöne Dinge.»

«So wie Ihrem verstorbenen Nachbarn», lenkte Siggi das Gespräch direkt in die richtigen Bahnen.

Doktor Katzenthal zog einen weiteren Sessel ans Fenster heran, um sich Siggi gegenüberzusetzen. «Ich mochte Enrique, aber unsere Geschmäcker, was Dekorationen betraf, gingen doch weit auseinander. Sehen Sie, er war in seinen jungen Jahren viel unterwegs und besaß Erinnerungsstücke aus aller Herren Länder. So etwas wie Stil oder Wertigkeit interessierte ihn dabei nicht. Da bin ich etwas anders gestrickt.»

«Das sehe ich.» Siggi blickte sich noch einmal demonstrativ um. «Sie haben alles sehr geschickt arrangiert, mein Kompliment. Die Wand zur Küche wurde in Ihrem Auftrag entfernt?»

«Ja, ich brauche Licht und Luft um mich herum. Da wirkt ein Vorschlaghammer wahre Wunder. Leider habe ich noch immer viel zu wenig Platz hier. Ich musste einen Großteil meiner Bücher auslagern, weil ich nicht mehr wusste, wohin mit ihnen. Aber genug davon. Wollen Sie etwas trinken, bevor Sie mir erzählen, was Sie hergeführt hat?»

«Ein Glas Wasser täte mir jetzt tatsächlich gut», erwiderte Siggi und dachte an seinen Ausflug mit Pille zurück. In dem Keller unter der schmierigen Kneipe hatte er es nicht über sich gebracht, etwas zu trinken. Die fleckigen Gläser auf den Spieltischen hatten für seinen Geschmack zu laut nach Hepatitis A geschrien.

«Wasser», wiederholte Doktor Katzenthal und erhob sich. «Selbstverständlich.»

«Und dürfte ich einmal Ihr Bad aufsuchen?», ergänzte Siggi eilig.

«Natürlich. Es ist die linke der beiden Türen, gleich dort drüben.» Sie drehte den Hahn auf und hielt eine Karaffe darunter.

Siggi stand auf, öffnete die rechte Tür und warf einen kurzen, aber aufschlussreichen Blick in das spartanisch eingerichtete Schlafzimmer der Dame. Sofort entschuldigte er sich für eine angebliche Rechts-links-Schwäche und verschwand in dem fensterlosen Bad, wo er sich ausgiebig die Hände wusch und den Spiegel inspizierte, der keinerlei Spuren einer Nachricht aufwies. Obwohl er nicht ernsthaft geglaubt hatte, hier auf Doro zu stoßen, so war er doch enttäuscht. Frau Doktor Katzenthal wirkte wenig geheimnisvoll, und er begann zu ahnen, dass sie mit Physik vermutlich nicht viel zu schaffen hatte. Nun, es war einen Versuch wert gewesen, und vielleicht entpuppte sich dieser spontane Besuch bei der letzten Überlebenden des dritten Stockwerks ja doch noch als informativ. Sie hatte Sponti gekannt und ihm sogar Essen gebracht. Möglicherweise erfuhr er von ihr mehr über dessen Lebensumstände und seine sozialen Kontakte.

Als Siggi wieder aus dem Bad heraustrat, erwarteten ihn auf der Fensterbank nahe seinem Sessel eine mit Leitungswasser gefüllte Karaffe sowie zwei Gläser. Doktor Katzenthal blickte ihm entgegen.

«Sie haben mir noch nicht gesagt, was Sie nun wirklich zu mir führt. Es wird doch nicht etwa die Suche nach Ihrer Freundin sein?»

Die unvermittelte Frage brachte Siggi völlig aus dem Konzept. «Woher wissen Sie davon?»

«Ich höre Radio.» Ihr Lächeln war sanft. «Und zwar offensichtlich denselben Sender wie Sie. Ist diese Doro denn inzwischen wieder aufgetaucht?»

«Nein», gab Siggi zu. «Und sie ist tatsächlich der Grund, warum ich gern mehr über Ihren Nachbarn, Herrn Sponti, von Ihnen hören würde. Es scheint da ein Zusammenhang zu bestehen.»

«Ich wüsste zwar nicht, wie das möglich sein sollte, aber bitte. Fragen Sie, was immer Sie wissen wollen.»

«Danke.» Siggi nahm wieder Platz, griff nach dem Wasserglas und legte los. «Enrique Sponti war, nach allem, was ich bisher über ihn erfahren habe, ein weit gereister und ausgesprochen großzügiger Mann. Aber hatte er auch viele Freunde oder wenigstens Bekannte, die zu ihm kamen?»

«Großzügig?» Doktor Katzenthal zog eine Braue hoch. «Enrique und großzügig? Wie kommen Sie denn darauf?»

«Hat er nicht seinem Nachbarn Eduard Pohl eine Raumpflegerin spendiert?»

«Ach so, das. Ja, wenn es um Geld ging, konnte Enrique großzügig sein. Geld an sich hatte keine große Bedeutung für ihn. Erst wenn es sich in etwas anderes transformierte, wurde es für ihn wertvoll. Glauben Sie nicht, Enrique hätte sich freiwillig auch nur von einem Schnürsenkel getrennt. Was meins ist, bleibt meins, das war sein Credo. Deswegen tat mir das mit dem Wasser in seiner Wohnung auch so leid.»

«Wasser?», wiederholte Siggi und warf einen misstrauischen Blick auf das Glas in seiner Hand. «Was stimmte denn mit dem Wasser nicht?»

«Es gab einen Wasserschaden. Und das war meine Schuld. Dadurch wurde ein Teil von Enriques Sammlung beschädigt.»

«Ach, Sie waren das?»

«Eine Unachtsamkeit, die mir, wie gesagt, sehr leidtat», beteuerte sie und beugte sich vor. «Ich wollte für den Schaden aufkommen, aber da er, wie gesagt, an Geld kein Interesse hatte, konnte ich ihm seinen Verlust damit nicht ersetzen. Also versuchte ich, mein Gewissen mit Gefälligkeiten zu beruhigen. Ich habe ihn öfters bekocht, ihm gelegentlich einige Stunden meiner Zeit geschenkt, in denen er mir von seinen Reisen erzählte. Ich glaube, in gewisser Weise war das für ihn das Beste, was ihm passieren konnte. Was gibt es Schöneres, als kurz vor dem Ende noch einmal all die Erinnerungen an ein erfülltes Leben Revue passieren zu lassen?»

Siggi ging nicht auf den philosophischen Ansatz dieser Frage ein. Ihn interessierte etwas anderes. «Woran ist Herr Sponti eigentlich gestorben, wissen Sie das?»

Sie schüttelte den Kopf und legte eine Hand auf ihren Bauch. «Ich war nicht da, als es geschah. Ich war aufgrund einer Entzündung der Gallenblase und der notwendigen OP für ein paar Tage im Krankenhaus. Als ich wiederkam, erfuhr ich, dass Herr Sponti verstorben war. Ich glaube, Frau Ditha hat ihn gefunden. Oder war es Herr Pohl? Beide besaßen Schlüssel zu Enriques Wohnung. Enrique vertraute Eduard Pohl. Der Schlüssel stand wohl symbolisch dafür. Andere Freunde als Eduard sind mir nicht bekannt.»

Siggi nickte. «Und Ihnen hat er keinen Schlüssel anvertraut?»

Sie schüttelte den Kopf. «Wir kannten uns nicht lange und nicht gut genug für solche Gesten. Das war schon in Ordnung so.»

«Und waren Sie die einzige Akademikerin in Spontis Umfeld?», wollte er wissen.

«Was für eine seltsame Frage.» Sie betrachtete ihn mit einer Mischung aus Neugier und Belustigung. «Wie würde Ihnen diese Information bei der Suche nach Ihrer Freundin helfen?»

Einen kurzen Moment zögerte Siggi. Dann zog er seinen Joker aus dem Hosenbund und hielt ihn in sicherer Entfernung von Doktor Katzenthal in die Höhe, sodass sie den Titel des Buches lesen konnte. Es war riskant, und doch war er bereit, alles auf eine Karte zu setzen. Doktor Katzenthal war groß, kräftig und bestimmt in der Lage, einen Mann, dem ein Spitzhut über die Augen gerutscht war, zu überwältigen. Aber jetzt und hier traute er sich zu, mit ihr fertigzuwerden, falls es nötig sein sollte.

«Wissen Sie, was das ist?»

«Natürlich.» Sie schnüffelte kurz und verzog das Gesicht. «Und so schimmelig, wie es riecht, stammt es aus der Sammlung von Enrique. Wie sind Sie da rangekommen?»

«Ich habe das Buch gekauft.» Siggi beobachtete jede Regung in ihrem Gesicht, doch Doktor Katzenthal schien von dem Sidis in seiner Hand nicht im Geringsten beeindruckt zu sein. «Und so wie ich das sehe, ist es der Grund, warum meine Freundin entführt wurde.»

«Glauben Sie wirklich?» Ihre Überraschung wirkte echt. «Aber warum?»

«Weil es für einige Menschen von großem Wert ist», erklärte Siggi und versuchte noch immer, so etwas wie Gier oder Wut in den Augen seines Gegenübers zu erkennen. Doch Doktor Katzenthal war die Ruhe selbst.

«Das kann ich mir nicht vorstellen», sagte sie prompt und runzelte die Stirn. «Oder ist es eine Sonder- oder Jubiläumsausgabe von Williamson? Aber selbst wenn dem so wäre, hat das Wasser sie doch völlig ruiniert.»

«Es ist der Inhalt, der von Bedeutung ist.» Siggi ließ das Buch sinken. «Sie haben wohl keinen Doktor in Physik, oder?»

«Nein, in Tiermedizin, das bot sich bei meinem Nachnamen an.» Sie zog eine Grimasse. «Nur verstehe ich nicht, was Physik mit ...» Sie brach ab. Ihr Blick huschte von dem ramponierten Buch zu Siggis Gesicht und wieder zurück. «Sie glauben doch nicht etwa, was darin geschrieben steht, oder?»

«Darin stehen Begriffe wie Antimaterie und Terraforming, die erkennt auch ein Laie mit Englischkenntnissen wie ich. Dies ist das Buch eines berühmten Physikers. Eines Genies des letzten Jahrhunderts, dessen Theorien heute, mit den neusten Techniken, unsere Welt verändern könnten.»

Doktor Katzenthal presste ihre Lippen zusammen, um etwas zurückzuhalten. Als sie dem Druck nicht mehr standhielt, platzte haltloses Lachen aus ihr heraus. Sprachlos beobachtete Siggi, wie die Frau vor ihm sich krümmte, schüttelte und verzweifelt nach Luft japste. Sie lachte so unverblümt, dass es ihn ärgerte, nicht mitlachen zu können.

«Das, das ist der beste Witz, den ich in diesem Jahr gehört habe. Bravo, Herr Malich. Sie hätten mich doch fast drangekriegt.» Sie wischte sich die Tränen aus dem Gesicht und hielt sich den Bauch. «Meine Güte. So kurz nach einer Operation dürfen Sie mir aber nicht solche Geschichten auftischen. Da gehen ja meine Wunden wieder auf.»

«Ich wünschte, ich könnte den Grund für Ihre Heiterkeit verstehen.» Er starrte sie noch immer an. «Jack Williamson ist nämlich ...»

«Ein in den Staaten bekannter Science-Fiction- und Horror-Autor, der inzwischen leider verstorben ist.» Doktor Katzenthal kämpfte noch immer mit sich und goss sich nun selbst etwas Wasser ein. «Er ist übrigens der Erfinder des Wortes Antimaterie, wussten Sie das? Seine Geschichten sind zweifellos sehr gut geschrieben, ich habe sie als junges Mädchen gern gelesen. Zu schade, dass man ihn heute kaum noch kennt.»

«Science-Fiction?» Ungläubig starrte Siggi auf das Buch in seiner Hand, das er den ganzen Tag mit sich herumgetragen und wie einen Schatz gehütet hatte. «Diesen Jack Williamson gab es wirklich?»

«Ja, was dachten Sie denn?» Ihre Stimme vibrierte noch immer, als könnte das Lachen jeden Moment zurückkehren. Doch dann wurde sie mit einem Schlag ernst. «Sie haben wirklich geglaubt, einen Schatz von wissenschaftlicher Bedeutung erworben zu haben, ja? Wie taktlos von mir. Da sitze ich und kann mich kaum mehr einkriegen, dabei habe ich gerade Ihre Hoffnungen zerstört. Meinten Sie denn wirklich, Ihre Freundin mithilfe des Buches zurückzubekommen? Herr Malich, wenn Sie sich für Physik interessieren, dann lesen Sie die Bücher von Professor Augustus Papen. Der Mann gehört zu den genialsten Köpfen unseres Zeitalters. Er wird einmal die Welt verändern.»

Doktor Katzenthal verlor sich weiter in Schwärmereien, und Siggi war unfähig, ihr zu antworten. Es fühlte sich an, als hätte ihm jemand den Williamson vor den Kopf geschlagen. In ihm wirbelten die Gedanken durcheinander wie Blätter im Herbstwind, bis sich ein bestimmter vor alle anderen in den Vordergrund drängte: War alles nur ein Irrtum gewesen? Hatte es nie einen echten Sidis in Pohls Koffer gegeben? Wo war er, in seinen Bemühungen, das Rätsel zu lösen, falsch abgebogen? Bis zu welchem Punkt musste er zurückgehen, um neu anzufangen?

«Herr Malich, möchten Sie vielleicht etwas Stärkeres als Wasser?», fragte sie mitfühlend. «Sie sehen aus, als könnten Sie es brauchen.»

«Nein.» Siggi erhob sich mit einem Ruck. «Verzeihen Sie, dass ich Ihre Zeit verschwendet habe. Ich muss jetzt wirklich gehen.»

«Kommen Sie gern wieder, wenn Sie glauben, ich könnte Ihnen eine Hilfe sein.» Auch Doktor Katzenthal erhob sich. «Ich mochte Enrique, und wenn sein Tod in irgendeiner Weise eine Rolle bei der Entführung Ihrer Freundin gespielt hat, will ich gern alles erzählen, was ich noch von Spontis Reiseberichten weiß.»

«Ja. Danke.» Siggi war noch immer damit beschäftigt, seinen Kopf klar zu bekommen. «Vielleicht komme ich darauf zurück.»

Blind für Frau Ditha, die gerade die Stufen zum zweiten Stock wischte und dabei die Tür zu ihrer Wohnung sperrangelweit offen stehen ließ, stolperte Siggi die Treppen hinab. Er setzte sich in Isäs Fahrzeug, dessen Tempo gut zu seinem momentanen Neben-sich-Stehen passte. Gemächlich rollte er über die Landstraße und wurde von einer gewaltigen Niedergeschlagenheit erfasst. Für einen kurzen Moment hatte er endlich eine Verdächtige und ein Motiv. Doch nun sah es so aus, als hätte er unglaublich viel Zeit verschwendet, und Doro blieb weiter eine Gefangene.

18

Wo zum Teufel bist du gewesen?» Anton stand vor der Tür des Antiquitätenladens und sah ihn böse an. «Ich dachte schon, du bist auch entführt worden. Warum gehst du nicht an dein Telefon?»

Siggi erinnerte sich dunkel daran, dass er sein Handy beim Besuch des Duellkellers ausgeschaltet hatte. Als er es jetzt wieder startete, sah er, dass Anton ihm ein Dutzend Nachrichten geschickt hatte.

«Tut mir leid.» Er rang hilflos die Hände. «Ich dachte, ich hätte eine Spur, doch die hat sich soeben in nichts aufgelöst.» Er zog den Williamson aus dem Hosenbund und reichte ihn an Anton weiter. «Tu mir den Gefallen und verbrenn das Ding. Es ist völlig wertlos und steht symbolisch für die größte Blamage meines Lebens.»

Er schob sich an dem verdutzten Anton vorbei in den offenen Laden hinein, wo er Isä, mit einem strahlend weißen Verband um den Kopf, an seinem angestammten Platz sitzen sah.

«Ich freu mich wirklich, dass du hier so gesund und munter sitzt. Aber jede Wette, dass der Arzt dir Bettruhe nahegelegt hat», platzte es aus Siggi heraus. «Alte Männer, denen man eins übergezogen hat, sollten eine Pause machen.»

«Nicht ganz so alte Männer, die stundenlang von der Bildfläche verschwinden, sollten besser eine gute Erklärung dafür haben», rief Anton hinter ihm wütend.

«Schon gut, schon gut.» Siggi ließ sich in den erstbesten Sessel fallen und berichtete, was sich ereignet hatte, seit Isä und Anton zum Arzt gefahren waren. Als er zu der Stelle kam, wo Doktor Katzenthal ihn über seinen Irrtum aufklärte, lachten auch Anton und Isä ungehemmt los. Letzterer wurde für seine Schadenfreude postwendend bestraft und rieb sich eilig die noch schmerzende Stirn.

«Nicht dass ich so etwas wie Mitleid von euch erwartet hätte. Aber ist euch nicht klar, was das für uns bedeutet? Wir müssen ganz von vorn anfangen!» Verzweifelt fuhr Siggi sich mit den Fingern durchs Haar und dachte an Doro, die noch immer irgendwo festsaß und bestimmt fürchterliche Ängste ausstand, während er falschen Fährten nachjagte. Der Gedanke war so unerträglich, dass er sofort versuchte, ihn zu verdrängen.

«Aber warum denn?», widersprach Anton. «Bis zu einem gewissen Punkt warst du doch ganz erfolgreich. Zeidis klingt noch immer sehr nach Sidis, daran gibt es nichts zu rütteln. Und du hast in diesem Keller ein paar sehr interessante Denkansätze gewonnen. Es geht eher um den Inhalt als um das Buch selbst, was bedeutet: Wir müssen uns auf Leute konzentrieren, die damit etwas anzufangen wissen.»

«Aber wir haben gar keinen Sidis, ist dir das schon aufgefallen?», entfuhr es Siggi. «Ohne ein entsprechendes Buch macht das alles doch gar keinen Sinn.»

«Jack Williamson war vielleicht kein Pseudonym des Wunderkindes Sidis, aber wir könnten trotzdem eines seiner Bücher besitzen.» Anton hob die Hand, um an seinen Fingern abzuzählen: «Mal sehen. Wir können jetzt Jack Williamson ausschließen.»

«Und diesen Untermeyer ebenfalls», sagte Siggi. «Den hat der Kerl, der Isä überfallen und meine Wohnung durchwühlt hat, ja entdeckt und achtlos liegen gelassen. In der Küche hat er zum Glück nicht nach Büchern gesucht, oder es blieb ihm keine Zeit mehr. So bleiben uns jetzt noch Mark Twain und Vendergood. Twain kann man eigentlich ausschließen.»

«Können wir das?», fragte Anton. «Wir sollten ganz genau hinschauen, was uns Eduard Pohl ins Haus getragen hat.»

«Tu dir keinen Zwang an und grüß Tom Sawyer von mir.» Siggi ließ den Kopf hängen. «Ich versuche es mit diesem Vendergood. Auch wenn ich befürchte, dass keiner der beiden etwas mit William Sidis zu tun hatte.»

Einen Augenblick lang wurde es ruhig im Antiquitätenladen. Siggis Erschöpfung und Niedergeschlagenheit gingen auch an den beiden anderen Männern nicht spurlos vorüber.

Schließlich räusperte Anton sich. «Möchtest du auch mal was zu lachen haben? Während du weg warst, ist die Baronin von Pilz hier aufgetaucht. Sie hat mir ein Geschenk mitgebracht. Schau mal.»

Er zog einen kleinen Gegenstand aus der Tasche, der Siggi tatsächlich ein schwaches Grinsen entlockte. «Ein Spielzeug-Chrysler? Du liebe Güte, sie muss wirklich einen Narren an dir gefressen haben.»

«Aber ich bin noch zu jung zum Sterben», winselte Anton, zog das kleine Auto auf und sah zu, wie es surrend unter einer Vitrine verschwand. «Wie werde ich diese schwarze Witwe nur wieder los?»

«Schwierig. Sie ist penetrant. Vielleicht ist Doros Entführer so nett und schafft sie dir vom Hals.» Siggi spürte, wie sein Humor zurückkehrte. Und auch der Hunger, den er schon eine ganze Weile ignoriert hatte. Schon knurrte sein Magen laut und vernehmlich.

«Okay, Zeit fürs Abendessen», beschloss Anton. «Mach

den Laden dicht, und wir plündern deinen schwach bestückten Kühlschrank. Danach sieht die Welt schon wieder anders aus.»

«Für Sie ganz bestimmt, Herr Schauer!» Gunnar Bartels stand plötzlich im Laden, im Schlepptau den schweigsamen Kollegen Schneeweiß, und richtete seinen ausgestreckten Zeigefinger auf Anton. «Johannes Laine? Sie sind verhaftet!»

Anton hob sehr ruhig seine Augenbrauen. Dabei legte er eine Hand auf sein Schlüsselbein. «Wie haben Sie mich gerade genannt?»

«Sie sind Johannes Laine, der Unruhestifter, Hausbesetzer und Steineschmeißer.» Gunnars Miene blieb vollkommen ernst. «Axel? Leg ihm Handschellen an.»

Siggi war einfach nur müde. Er zeigte Gunnar einen Vogel, während Axel Schneeweiß verzweifelt nach den Handschellen suchte.

«Sagen Sie, Herr Bartels, haben Sie den Verstand verloren?», konterte Anton. «Ihr gesuchter Möchtegernterrorist ist schon auf Demos mitmarschiert, da bin ich noch mit der Trommel um den Weihnachtsbaum gerannt. Oder glauben Sie etwa, ich habe mich einfach nur hervorragend gut gehalten und bin in Wahrheit schon im Rentenalter?»

«So ganz verstehe ich es auch nicht», gab Gunnar zu. «Wir haben den Fingerabdruck vom Telefon mit denen auf den Karteikarten verglichen, die ich genau hier angefertigt habe. Und Sie, Herr Schauer, haben doch tatsächlich exakt denselben wie unser gesuchter Schwerverbrecher. Und da es keine zwei Menschen auf der Welt gibt, deren Fingerabdrücke übereinstimmen, ist zweifelsfrei erwiesen, dass Sie in Wahrheit Johannes Laine sind. So verrückt das auch klingt.»

«Was für ein Blödsinn.» Anton verschränkte die Arme vor der Brust. «Da kann nur menschliches Versagen dahinterstecken. Sie wollen mir allen Ernstes einreden, auf meiner Karteikarte sei der Abdruck dieses Laine zu finden?»

«Nicht nur auf Ihrer, sondern auf allen anderen Karten auch, da Sie die Karteikarten mit Ihren noch schmutzigen Fingern zusammengeschoben haben. Ein Patscher hübscher als der andere. Da bleibt kein Raum mehr für Zweifel.»

«Chef?», meldete sich in diesem Moment Schneeweiß mit einem rosig leuchtenden Gesicht zu Wort. «Wir haben keine Handschellen dabei.»

«Keine Handschellen?» Gunnars Augenbrauen vereinten sich zu einer, und der Blick seiner sonst schielenden Augen richtete sich genau auf seinen Kollegen. «Dann sehen Sie sich in diesem Laden nach einem adäquaten Ersatz um. Siggi hat bestimmt etwas im Sortiment, das wir verwenden können.»

«Moment mal», ging Siggi dazwischen und hielt mit einer Hand Axel Schneeweiß davon ab, sein Geschäft auf den Kopf zu stellen. «Anton hat die Karten gar nicht zusammengeschoben. Das war Isä. Gleich nachdem er unsere Namen auf die Blätter geschrieben hatte. Du hast deinen Job nämlich wieder einmal anderen überlassen, Gunnar.»

Gunnars Mund öffnete und schloss sich wie das Maul eines Karpfens, bevor er sich zu dem alten Mann mit dem Kopfverband umdrehte, der seelenruhig neben der Kasse stand.

«War doch lustig, oder?» Isä setzte ein verschmitztes Grinsen auf. «Dieses Sammeln von Fingerabdrücken ist eine Unart, die ich auf jede erdenkliche Weise boykottiere. Schmeißen Sie die drei neusten Errungenschaften in Ihrer Sammlung weg, Herr Bartels. Sie sind völlig wertlos.»

Gunnar schnappte nach Luft. «Sie sind Johannes Laine?»

«Jawohl. Und ich habe bestimmt nicht meine eigene Tochter entführt, das dürfen Sie mir glauben. Überhaupt habe ich mir schon seit einer Ewigkeit nichts mehr zuschulden kommen lassen, für das man mich belangen könnte. Ich bin jetzt nämlich ein friedlicher Rentner.»

«Aber alle hier nennen Sie Isä», wandte Gunnar verwirrt ein und blickte von Anton zu Siggi.

«Ja, denn das bedeutet in meiner Landessprache Papi.» Isäs Grinsen reichte noch immer von einem Ohr zum anderen. «Aber als Papi wird man nicht geboren, den Namen muss man sich schwer erarbeiten.»

Siggi war ebenfalls irritiert. «Ich dachte, Finnen haben so seltsam klingende Namen wie Arto oder Mika oder Häkkinen.»

«Doch nicht alle.» Anton verdrehte stellvertretend für Isä die Augen.

«Nun gut.» Gunnar gab ein unwilliges Schnauben von sich. «Es sieht so aus, als hätte ich soeben meinen Hauptverdächtigen verloren, und da krieg ich echt 'ne Krawatte! Ich kann wieder von vorn anfangen!»

«Das Gefühl kenne ich», brummte Siggi und klopfte Gunnar auf die Schulter. «Wenn es dich tröstet, verrate ich dir, dass du dich heute nicht als Einziger blamiert hast.»

«An den grundlegenden Fakten hat sich nichts geändert.» Isäs Lächeln verschwand. «Ihr alle sucht nach wie vor nach einem Mörder, Entführer und Brandstifter. Und nicht nach einem Steineschmeißer im Ruhestand. Halten Sie mich aus der Sache raus, Herr Bartels, und bringen Sie endlich meine Tochter heim.»

«Würde ich ja gern, aber es gibt keine heiße Spur», würgte Gunnar hervor und schnippte mit den Fingern. «Oder bist du mit deinem Sidis-Dings weitergekommen, Siggi?»

«Im Gegenteil», gab Siggi zu. «Ich trete ebenfalls auf der Stelle.»

«Was hat eigentlich die Untersuchung meines Autos ergeben?», fragte Anton. «Hat sich bestätigt, dass es Brandstiftung war?»

Gunnar nickte. «Daran besteht kein Zweifel mehr.»

«Und was ist mit Eduard Pohl?», bohrte Siggi weiter. «Hast du im Brunnen etwas gefunden, das seine Gesichtsverletzung erklärt?»

«Leider nicht.» Gunnar sah ihn nicht an.

«Dann kommt wohl bald die Kriminalpolizei, um dir den Fall wegzunehmen, richtig?»

«Das klingt doch gut», rief Anton. «Dann finden die Doro hoffentlich im Handumdrehen.»

Gunnar bedachte Anton mit einem Blick, mit dem man Dinge ansah, die einem unter der Schuhsohle klebten. «Noch bin ich im Rennen. Und ich lasse mich nicht gern in die zweite Reihe zurückschieben. Wir werden ja sehen, wer diesen Fall aufklärt.» Die beiden Polizisten marschierten zur Tür hinaus.

«Siehst du, alter Freund», freute sich Anton, «so macht man das. Jetzt ist Gunnar erst richtig motiviert.»

«Das macht ihn nicht unbedingt zu einem besseren Ermittler», meinte Isä.

«Und mit Polizisten kennst du dich ja anscheinend aus, Johannes Laine.» Anton warf dem Alten einen strengen Blick zu. «Nebenbei bemerkt: Ich fand es nicht lustig. Nicht die vertauschten Fingerabdrücke und auch nicht Gunnars Anschuldigung. Irgendwo existiert jetzt eine Karteikarte mit meinem Namen und den Fingerabdrücken eines Möchtegernrevoluzzers. Das ist nicht witzig und kann mir noch irgendwann um die Ohren fliegen.»

«Nicht solange du etwa dreißig Jahre jünger aussiehst als Isä», widersprach Siggi und warf Doros Vater einen neugierigen Blick zu. «Wie hast du es nur geschafft, dich als junger Mann derart in Schwierigkeiten zu bringen?»

Isä zuckte mit den Schultern. «Es waren andere Zeiten. Man hatte eine Meinung und hat diese laut und aggressiv geäußert. Ich habe dafür allerdings keine Tische in Talkshows zerhackt, sondern nur gelegentlich ein Plakat getragen. Und wenn es nötig wurde, habe ich mich verteidigt. Aber das ist alles so lange her, und ihr junges Gemüse könnt nicht nachvollziehen, wie schnell eines zum anderen führen kann. Aber ich gebe zu, dass ich als junger Mann ein aufbrausendes Temperament hatte, was nicht immer hilfreich war. Das hat meine Tochter übrigens von mir geerbt, also sei gewarnt, Siggi.»

Er warf einen Blick auf die Uhr hinter dem Kassentisch. «Es ist spät geworden, und ich muss das geliehene Wägelchen endlich mal wieder abliefern, bevor es jemand als gestohlen meldet. Nicht dass die Polizei doch noch etwas gegen mich in die Finger bekommt.»

Sie sahen dem Alten nach, wie er mit seinem Rollator davonschlurfte. Wenig später hörten sie das feuerrote Elektrofahrzeug hupend vom Hof tuckern.

Siggi wechselte einen langen Blick mit Anton. «Meine seltsame Freundin stammt wohl aus einer ebenso seltsamen Familie. Ich bin schon sehr gespannt, welche Überraschungen ich noch mit Doro erleben werde.»

«Und du wusstest noch nicht einmal ihren Nachnamen?», entfuhr es Anton. «Oder warum hat bei der Erwähnung von Johannes Laine nichts bei dir geklingelt?»

«Weil Doro nicht den gleichen Nachnamen wie ihr Vater hat», verteidigte sich Siggi. «Und der war für mich bis eben immer nur Isä.»

Etwas Warmes drückte sich ohne Vorwarnung von hinten

in Siggis Kniekehlen, begleitet von einem Schnaufen, und brachte ihn fast zu Fall.

«Lola ist genauso müde wie wir», stellte Siggi fest und strich ihr über den Kopf. «Lass uns den Laden dichtmachen und nach oben gehen. Wir müssen vor dem Schlafengehen noch die beiden verbliebenen Bücher genauer unter die Lupe nehmen.»

Auf seinem letzten abendlichen Rundgang durch die Verkaufsräume entdeckte Siggi zum ersten Mal seit Tagen keinerlei Auffälligkeiten. Der Entführer wusste nun, dass die Bücher nicht im Laden waren, und würde bei seinem nächsten Besuch erneut Siggis Wohnung ins Visier nehmen. Oder hatte er das während Siggis Abwesenheit schon getan?

Doch auch in seiner Wohnung fand er alles unverändert vor. Der Bücherhaufen lag noch immer vor dem Wohnzimmerregal, und Lola nahm in der Küche sofort wieder die Gorillamaske zwischen die Vorderpfoten.

Siggi tauschte die Maske sogleich gegen einen gut gefüllten Napf und betrachtete das haarige Ding genauer. «Wie kommt man auf die Idee, einen Überfall in einem solchen Kostüm zu begehen?», fragte er Anton, der am Küchentisch saß. «Ich kann natürlich verstehen, dass unser Täter verkleidet auf der Walpurgisnacht erschien, aber das hier? Aber wenn man bedenkt, dass wir in den letzten Tagen niemanden bemerkt haben, der mehrfach in den Laden kam, um darin herumzuwühlen, könnte der Typ über sehr viele Verkleidungen verfügen.»

«Aber der Gorilla ist schon ein Akt der Verzweiflung gewesen, oder?», meinte Anton. «Er verliert langsam die Nerven.»

«Geschieht ihm recht. Mir geht es auch nicht besser.» Siggi nahm den gut getarnten Mark Twain vom Regal und gab ihn an Anton weiter. Er selbst nahm sich den Vendergood vor.

Seufzend ließ er sich auf einen der Küchenstühle fallen und schlug die erste Seite auf. Zu seiner Enttäuschung handelte es sich auch hierbei um ein Werk in einer ihm unbekannten Sprache. Nur einzelne Passagen sowie das Vorwort waren in Englisch gehalten, wobei schon der erste Satz Vokabeln enthielt, die Siggi während seiner Schulzeit nicht untergekommen waren. Beim Blättern durch die Seiten fand er nicht mal Zeichnungen, die etwas über den Inhalt verrieten. Schnell verlor er die Lust an diesem Buch.

«Wollen wir tauschen?», schlug er Anton vor und sah sehnsüchtig zu dem Mark Twain hinüber. Da fiel ihm auf, dass Anton gar nicht las, sondern ihn nachdenklich anstarrte. «Ist was?»

«Ja, ich dachte noch über Kostüme und Verkleidungen nach, und dabei ist mir etwas eingefallen.» Anton verschränkte die Arme vor der Brust. «Sag mal, hast du heute einen Blick auf deine Internetseiten geworfen und nachgeschaut, was dein Suchaufruf nach dem Teufel und der Wetterhexe ergeben hat?»

«Verdammt, das habe ich ja total vergessen», rief Siggi aus und zog sein Handy hervor. Hastig scrollte er durch seine Nachrichten. «Die Wetterhexe hat sich nicht gemeldet. Aber dafür zwei Teufel, die während der Party die Toilette aufgesucht haben. Und einer von ihnen behauptet, mir dort begegnet zu sein.»

«Das ist dein Zeuge», rief Anton aus. «Schreib ihn an. Sag ihm, du musst ihn heute noch sprechen.»

«Mach ich ja gerade.» Aufgeregt tippte Siggi eine Nachricht an den Teufel namens Magnus. Schon eine Minute später klingelte sein Handy.

«Hallo, hier ist Magnus», sagte der Anrufer. «Wie kann ich helfen?»

«Wir haben uns auf der Party getroffen, richtig? Du bist der Teufel, der gerade am Waschbecken stand, als ich auf die Toilette gekommen bin?»

«Das stimmt», erwiderte der Mann am anderen Ende. «Du hast mir zugenickt, ich habe dir zugenickt, und das war's eigentlich schon. Warum ist das so wichtig?»

«Ich möchte wissen, ob du dich an die Person erinnern kannst, die hereinkam, als du hinausgegangen bist. Jemand muss dir noch an der Tür begegnet sein. Ich war zu dem Zeitpunkt in einer der Kabinen.»

«Doch, doch, das war dieser Kerl mit dem wahnsinnig guten Kostüm. Bis zu dem Zeitpunkt hatte ich den eigentlich für eine Frau gehalten. Aber wenn jemand das Herrenklo aufsucht, ist die Sache wohl eindeutig, oder?»

«Nicht unbedingt», meinte Siggi.

«Ach ja. Vor den Damentoiletten gab es wie immer eine Schlange, das stimmt. Könnte also doch eine Frau gewesen sein. Eilig hatte diese Hexe es in jedem Fall.»

«Die Person trug also ein Hexenkostüm?»

«Es war nicht *ein* Hexenkostüm. Es war *das* Hexenkostüm», antwortete Magnus. «Du weißt schon: die lange Robe mit den Hagelkörnern und Blitzen, dieses fiese bleigraue Make-up und die gewittermäßig dunkel umschatteten Augen. So eine Aufmachung vergisst man nicht. Da hatte jemand aber so richtig Spaß an der Verwandlung.»

«Ja, da könntest du recht haben.» Siggis Blick fiel auf die Gorillamaske, die mittig zwischen ihm und Anton auf dem Küchentisch lag, er bedankte sich bei dem Mann und legte auf. «Es war die Wetterhexe», informierte er Anton, der ihn gespannt ansah. Dann scrollte er auf seiner Seite zurück zu dem Foto, das die Gewinnerin des Wettbewerbs zeigte. Die Gesichtszüge der Wetterhexe waren unter der starken

Schminkschicht allenfalls zu erahnen, und als er den fraglichen Bildausschnitt vergrößerte, entpuppte sich die Aufnahme auch noch als unscharf.

«Jetzt ist klar, warum sie sich bisher nicht gemeldet hat und es bestimmt auch niemals tun wird. Allerdings hilft uns das nur bedingt weiter. Wir wissen nicht, wer hinter dieser Maske steckt. Nicht einmal was das Geschlecht angeht, war sich der Zeuge sicher. Er glaubte, es war ein Mann, weil die Hexe auf die Herrentoilette kam.»

«Das ist kein Indiz», sagte Anton und schlug Mark Twains Roman auf. «Um dich zu verprügeln, wäre die Hexe auf dem Damen-WC definitiv verkehrt gewesen, unabhängig vom Geschlecht. Wir merken uns, dass wir momentan niemandem trauen dürfen, der mehr als Spuren eines Lippenstifts im Gesicht trägt. Es könnte sich um eine Verkleidung handeln.»

Siggi seufzte tief, zog den Vendergood näher zu sich heran und blätterte erneut durch die Seiten, ohne zu verstehen, was ihm der Verfasser eigentlich sagen wollte. Er konnte nicht einmal grob auf den Inhalt schließen.

Während Anton den Twain auf versteckte Inhalte prüfte, tippte Siggi den Namen Vendergood in die Suchmaschine auf seinem Handy ein. Im besten Fall hatte es niemals einen Schriftsteller mit diesem Namen gegeben. Doch erschienen auf dem Display prompt mehrere Einträge. Ein Artikel ließ ihn stutzen, und er klickte ihn an. Nach nur wenigen Sätzen verschwand seine Trägheit und wich höchster Konzentration. Er vergaß Anton, Lola und die Wetterhexe.

«Anton, ich habe es gefunden», rief er euphorisch, schlug das graublau gebundene Buch zu und hielt es seinem Freund hin. «Sieh dir den Buchdeckel an und sag mir, was dir auffällt.»

«Inside», las Anton laut vor. «Und der Verfasser nennt sich

Vendergood. Das steht zumindest über dem Titel. Was ist damit?»

«Wie lautet der Vorname dieses Autors?», fragte Siggi aufgeregt. «Vendergood scheint nur einen Familiennamen zu besitzen. Warum glaubst du, ist das so?»

«Du wirst es mir bestimmt gleich verraten.» Anton klang interessiert.

«Vendergood ist kein Mensch.» Siggi beugte sich vor und sah ihm direkt in die Augen. «Es ist eine Sprache. *Vendergood inside* beschreibt exakt, was das Buch enthält.»

«Eine Sprache?», wiederholte Anton. «Von der habe ich noch nie zuvor gehört. Wo wird sie gesprochen?»

«Nirgendwo. Sie ist eine Erfindung. Die Erfindung eines Kindes. Und jetzt rate mal, wie dieses Kind hieß?»

«William Sidis?» Antons Kinnlade fiel herunter. Fast andächtig nahm er Siggi das Buch aus der Hand und schlug es auf. «Ich verstehe kein Wort.»

«Weil du kein Vendergood sprichst.» Siggi jubelte innerlich. «Dieser Sidis hatte jedes Gespür für sein Umfeld verloren oder nie entwickelt. Er überforderte seine Studenten, indem er Abhandlungen auf Griechisch verfasste. Und dieses ganze Buch schrieb er in einer Sprache, die er sich selbst ausgedacht hatte. Er hat dafür gesorgt, dass der Inhalt sich nur jenen offenbaren würde, die seine Sprache sprechen. Im wahrsten Sinne des Wortes.»

«Das heißt also, wir zwei werden niemals erfahren, worum es Doros Entführer eigentlich geht, weil wir diese abstruse Sprache nicht beherrschen?»

«So ist es», bestätigte Siggi. «Auch Eduard Pohl und Enrique Sponti konnten mit diesem Machwerk nichts anfangen.»

«Das kann ja wohl nicht wahr sein.» Anton zückte jetzt

ebenfalls sein Handy. «Aha. Sidis hat über seine selbst entwickelte Sprache in seinem zweiten Buch geschrieben», verkündete er Sekunden später stolz. «Teile davon sind im Internet einsehbar, wer weiß, vielleicht erschließen sich uns so wenigstens die Kapitelanfänge.»

«Hat dich jetzt der Ehrgeiz gepackt?», fragte Siggi belustigt. «Es ist doch nicht wirklich wichtig, was genau in dem Buch steht. Wir haben Sidis' Buch gefunden, wir können unsere Nachforschungen wieder dort aufnehmen, wo ich mit Jack Williamson, diesem Horror-Autor, falsch abgebogen bin.»

«Vielleicht ist der Inhalt wichtig, er könnte uns direkt zum Täter führen», meinte Anton. «Es kann nicht viele Leute geben, die mit diesem Werk zurechtkommen. Da oben, bei den wenigen wirklich klugen Köpfen unserer Zeit, wird die Luft ziemlich dünn. Außerdem fühle ich mich geradezu ausgeschlossen von einem Buch, das dazu geschrieben wurde, von den meisten Menschen nicht verstanden zu werden. Es macht mich wütend, und damit bin ich bestimmt nicht allein. Kein Wunder, dass William Sidis auf der Uni gemobbt wurde.»

«Er war auch jemand, der sich ausgeschlossen fühlte», gab Siggi zu bedenken. «Möglicherweise ist es ihm gerade mit diesem Buch gelungen, seine Mitmenschen wissen zu lassen, wie es ihm in ihrer Gegenwart oft erging.»

«Acht Konjugationen!» Anton sah von seinem Handy auf. «Und natürlich auch geschlechtsspezifische Artikel. Oh, dieser Sidis war ein grausames Kind.»

«Dann lass dich von dem kleinen William nicht provozieren und schlaf ein paar Stunden», schlug Siggi vor. «Morgen versuchen wir herauszufinden, mit wie vielen Universitätsprofessoren Sponti zu Lebzeiten Umgang pflegte. Irgendjemand wusste von diesem Schatz in seinem Regal und wollte ihn an sich bringen. Ich wette, wir sind der Wahrheit ganz nah.»

«Ruh dich nur aus, du hast es nötig», brummelte Anton, die Nase tief im Buch. «Ich werde mich mit diesem Machwerk auseinandersetzen. Ich lass mir doch von einem kleinen Wunderkind nicht einreden, ich sei zu doof für seine Sprache und seine Theorien.»

Siggi verkniff sich ein Grinsen und gab Lola ein Zeichen, ins Schlafzimmer zu gehen. «Ja. Das sind bestimmt genau die Reaktionen, die Sidis zu seinen Lebzeiten bei seinen Mitmenschen hervorrief. Gute Nacht.» Pfeifend überließ er Anton seinem Schicksal. Er konnte gut damit leben, einem Genie nicht das Wasser reichen zu können.

19

Siggi, wach auf», flüsterte jemand in sein Ohr. «Ich habe eine Spur gefunden. Eine ganz heiße Spur.»

Siggi fuhr aus dem Schlaf hoch und warf dabei Lola fast über die Bettkante. Der Hund verzog sich beleidigt ans Fußende, wo er sich wieder einrollte. In der Dunkelheit stand Anton direkt neben dem Bett und blendete ihn mit dem Handylicht.

Ungläubig warf Siggi einen Blick auf seinen Wecker. Es war kurz vor Mitternacht. «Erzähl mir nicht, du hast in der kurzen Zeit einen Schnellkurs in Vendergood absolviert und das Buch bereits gelesen.»

«Ich habe etwas Besseres entdeckt.» Anton war mit zwei Schritten bei der Tür und knipste unbarmherzig das Deckenlicht an, bevor er sich auf die Bettkante setzte und Siggi einen Streifen Papier entgegenhielt.

Es war ein blütenweißes Blatt, das durchgerissen worden war. Fragend sah er Anton an, der nun vor seinem Bett auf und ab ging.

«Es ist ein Lesezeichen. Jemand hat es zwischen den Seiten des Vendergood hinterlassen. Vermutlich der Entführer.»

«Es könnte von Sponti selbst stammen», entgegnete Siggi.

«Hinterlässt du Lesezeichen in einem Text, den du gar nicht verstehen kannst?»

Das klang zwar recht logisch, war aber nach Siggis Auffassung nicht spektakulär genug, um ihn aus dem Schlaf zu reißen. Anton präsentierte ihm ein weiteres Fundstück, das dem ersten zum Verwechseln ähnlich sah.

«Noch ein Lesezeichen?» Siggi fragte sich, ob er mehr Interesse heucheln sollte.

«Die andere Hälfte eines Papiers, das aus einem Notizblock gerissen wurde.» Anton hielt beide Teile aneinander, die zusammen ein perfektes Quadrat ergaben. «Siehst du den Werbeaufdruck in der oberen Ecke?»

Siggi kniff die Augen zusammen und fischte seine Brille vom Nachttisch. In dezentem Gelb waren auf dem Papier zwei Worte zu lesen.

«Eisenklang Futures. Ich glaube, das sagt mir irgendetwas.»

«Das sollte es auch», bemerkte Anton spitz. «Die Eisenklang-Gesellschaft hat überall im Land ihre Institute. Dort wird im großen Stil geforscht. Vorwiegend auf Gebieten der Naturwissenschaft, aber nicht ausschließlich. Aus dieser Ideenschmiede kommen bahnbrechende Erfindungen. Die melden quasi ständig irgendwelche neuen Patente an.»

«William Sidis hätte an einem solchen Ort glücklich werden können.» Siggi versuchte, Anton gedanklich einzuholen. Obwohl er vom Schlaf noch immer etwas benommen war, gelang es ihm schließlich. «Du meinst, unser Täter steht demnach in irgendeiner Verbindung zur Eisenklang-Gesellschaft, arbeitet eventuell sogar für sie? Dann wäre er in der Lage, die wissenschaftlichen Erkenntnisse, die Sidis im Vendergood-Buch verschlüsselt hat, nutzbar zu machen. Lesen kann er sie ja ganz offensichtlich.»

«So muss es sein. Ich vermute allerdings, er ist nur ein sehr kleines Rädchen im Getriebe, wenn er es nicht wagt, die Ideen als seine eigenen auf den Markt zu werfen, und sich lieber auf die Entdeckung des Sidis-Werks beschränkt», spann

Anton den Faden weiter. «Dieser Mensch kann es natürlich nicht riskieren, dass nach seinem ersten Fernsehinterview ein Trödelverkäufer auftaucht und der ganzen Welt erzählt, auf welch kriminelle Weise er an das Buch gekommen ist.»

«Antiquitätenhändler», verbesserte Siggi, doch Anton sprach schon weiter.

«Hätte er dir den Vendergood einfach durch Entführung und Erpressung abgenommen, hättest du natürlich Nachforschungen dazu angestellt und wärst genauso schnell darauf gekommen wie wir jetzt. Er musste ihn eigenhändig finden, bevor du begreifst, was du da eigentlich besitzt. Er musste das Buch wiederhaben, denn solange es bei Sponti im Regal stand, hat er es wohl nicht bis zum Ende lesen können. Beide Lesezeichen steckten ziemlich weit vorn.»

Siggi sprang aus dem Bett und riss die Türen seines Kleiderschranks auf. «Das passt für mich so gut zusammen, dass es einfach stimmen muss. Wo ist das nächstgelegene Eisenklang-Institut?»

«In Aachen», erwiderte Anton. «Allerdings unterhalten die unweit von Euskirchen, mitten im Nirgendwo, eine kleine Zweigstelle. Quasi nur einen Steinwurf von Spontis und Pohls Heimatort entfernt. Aber in einem solchen Institut wird um diese Zeit bestimmt niemand für uns zu sprechen sein. Auch Wissenschaftler haben so etwas wie Feierabend.»

«Mir egal», meinte Siggi und riss eine Jeans vom Kleiderbügel. «Ich gehe da jetzt rein.»

«Siggi, tu das nicht», mahnte ihn Anton. «Wir haben doch überhaupt keine Beweise.»

Siggi sah Anton in die Augen. «Ich brauche keine Beweise, ich bin nicht die Polizei. Ich will Doro wiederhaben. Was, wenn wir es niemals mit einem Einzeltäter zu tun hatten, sondern doch mit mehreren? Was, wenn dieser ganze Betrieb dahintersteckt und Doro dort bei den Laborratten gefangen gehalten wird?»

«Eine etwas abenteuerliche Theorie. Wieso sollte ...»

«Wir diskutieren jetzt nicht, wir handeln», rief Siggi und wedelte mit einem der Lesezeichen vor Antons Nase herum. «Du bist dir sicher, dass dieser Verein da mit drinhängt, und ich bin es auch. Beweise dafür werden wir schon noch finden. Das Zögern überlassen wir Gunnar und seinem Kollegen, darin sind die einsame Spitze. Mit etwas Glück ist Doro in ein paar Stunden wieder bei uns. Wo ist der Vendergood?»

«Auf dem Küchentisch.»

«Den nehmen wir mit und lassen ihn keine Sekunde mehr aus den Augen. Lola?» Er warf dem Hund einen strengen Blick zu, der träge die Lider hob. «Mitkommen. Wir machen einen Ausflug.»

Schwerfällig, als läge die Last der ganzen Welt auf ihrem Hunderücken, glitt Lola mäßig elegant über die Bettkante und trottete zur Schlafzimmertür hinaus.

«Du kommst doch mit?», vergewisserte sich Siggi bei Anton.

«Auf jeden Fall. Jemand muss schließlich auf dich aufpassen.»

Wenig später saß Siggi hinter dem Steuer seines Transporters und ließ sich von Anton zu der besagten Außenstelle nahe Euskirchen lotsen. Sie sprachen nur wenig miteinander. Siggi malte sich aus, wie er Doro aus dem Gebäude des Forschungsinstituts befreite. Anton, so vermutete er, überlegte sich derweil Strategien, mit denen sich dieses Vorhaben notfalls stoppen ließ.

Immer einsamer wurde die Gegend um sie herum, und Siggi fragte sich, was für Gründe es gab, einen Betrieb irgendwo in die Pampa fern aller Lieferwege zu pflanzen. Nicht einmal sein Laden lag so versteckt wie dieses Institut. Hinter der letzten Straßenlaterne auf ihrem Weg empfing sie ein dunkler Wald, durch den eine erstaunlich gute Teerstraße führte.

«Ende der Fahnenstange», verkündete Anton, als Siggi vor dem vergitterten Tor eines beeindruckend hohen Zaunes stoppte. Dahinter sahen sie in einiger Entfernung die teilweise erleuchteten Fenster eines kastenförmigen Bauwerks. «Tja, das war's dann wohl. Wenn du unbedingt möchtest, drücke ich mal auf den Knopf dort drüben neben dem Briefkasten. Aber ich fürchte, das wird dieses Hindernis auch nicht aus dem Weg räumen.»

«Und was ist mit dem dort?» Siggi wies auf den sich nähernden Lichtkegel einer Taschenlampe, hinter dem sich die dunkle Silhouette eines Mannes gegen den Hintergrund abzeichnete. Eine massige Gestalt, die es offensichtlich eilig hatte.

«Ich halte jede Wette, dass der uns loswerden will», meinte Anton und öffnete die Wagentür.

Auch Siggi stieg aus. Zurück blieb nur Lola, die es sich im Fußraum des Beifahrersitzes gemütlich gemacht hatte.

Kaum erreichten sie das Tor und spähten durch die Gitter, als von der anderen Seite auch schon ein unmissverständlicher Ruf ertönte.

«Verschwindet von hier! Sofort!»

Aus der Nähe betrachtet, konnte Siggi einen Wachmann in Uniform erkennen.

«Aber wir wollten nur ...», begann Anton.

«Mir egal, was ihr wollt», wurde er rüde unterbrochen, «hier kommt in der Nacht keiner rauf.» Er wedelte mit der Taschenlampe.

«Lassen Sie uns doch wenigstens unser Anliegen vortragen», versuchte Anton es erneut.

«Weg hier! Verschwindet, bevor ich handgreiflich werde.»

«Da bin ich aber gespannt, wie das gehen soll», murmelte Anton. «Für was hält der sich eigentlich? Für ein dreiköpfiges Ungeheuer vor den Toren der Hölle?»

«Das hab ich gehört! Mach dich vom Acker, du Klugscheißer, sonst werde ich ungemütlich!»

«Wir werden erwartet.» Siggi war plötzlich die Ruhe selbst. Er wusste, dass sich eine Diskussion mit diesem Mann nicht lohnte. Vielmehr musste der Wachmann verunsichert werden, und da half eben nur, noch eine größere Autorität auszustrahlen als er selbst.

«Niemand wird erwartet, verpiss dich!»

«Wir sind spät dran, aber das ändert nichts an unserem Auftrag. Also machen Sie das Tor auf, bevor ich mein Telefon raushole und jemanden anrufe, der Sie besser zusammenstauchen kann als ich.»

Zum ersten Mal wirkte der Wachmann kurz verunsichert, doch der Zustand hielt nicht lange an. Schon gestikulierte er erneut mit seiner Taschenlampe.

«Hier kommt keiner mehr rein. Nicht vor morgen früh.»

«Der Mann hat offensichtlich seine Anweisungen.» Siggi wandte sich Anton zu. «Da kann man nichts machen. Komm, lass uns fahren. Mit Leuten zu diskutieren, die nicht selbst denken, bringt nichts. Wir sind schon weg!», rief Siggi und gab Anton einen Wink, der ihm kommentarlos zurück zum Transporter folgte.

«Und das war alles?», fragte sein Freund, als sie einstiegen und von Lola und ihrer feuchten Zunge begrüßt wurden. «Bist du nicht eben noch fest entschlossen gewesen, heute Nacht in dieses Gebäude zu gelangen, koste es, was es wolle?»

«Völlig richtig. Und daran hat sich auch nichts geändert.» Siggi steckte den Schlüssel ins Zündschloss.

«Oh, oh. Ich ahne etwas.» Anton legte hastig seinen Sicherheitsgurt an und lehnte sich zurück. «Versprich mir bitte, dass es nicht wehtun wird.»

Siggi antwortete nicht, setzte ein Stück zurück und wendete den Transporter auf der schmalen Zufahrt. Als er die Gitterstäbe des Tors im Spiegel sehen konnte, legte er den Rückwärtsgang ein und trat auf das Gaspedal. Mit fauchendem Motor schoss das Heck des Wagens auf das geschlossene Tor zu.

«Das klappt nie!», brüllte Anton noch und hielt sich am Griff der Beifahrertür fest.

In diesem Moment traf auch schon Metall auf Metall, und ein böses, knirschendes Geräusch übertönte das Brummen des Transporters. Siggi zog den Schlüssel ab und stieg aus. Hinter dem Tor stand der Wachmann, dessen Gefuchtel mit der Taschenlampe nun eher hysterisch als Furcht einflößend wirkte.

«Was habt ihr denn da gemacht, ihr Idioten?»

«Gas und Bremse verwechselt», sagte Siggi in heiterem Ton. «Kann ja mal vorkommen.»

«Das Tor ist völlig verzogen. Wie soll ich das wieder aufbekommen?», lamentierte der Mann weiter und raufte sich das dünne Haupthaar. «Das ist eine Katastrophe.»

«Na, du wirst doch wohl noch einen Seiteneingang haben, Kumpel», meinte Siggi. «Würdest du den freundlicherweise mal öffnen, damit ich uns ein Taxi kommen lassen kann? Vielen Dank.»

«Ihr bleibt, wo ihr seid, und ich rufe die Polizei!»

«Und wie wollen Sie sicherstellen, dass wir in der Zwischenzeit nicht die Flucht ergreifen?», fragte Anton, der ebenfalls ausgestiegen war und Lola am Halsband hielt. Die Boxerdame machte einen etwas unglücklichen Eindruck.

«Siggi, ich glaube, dein Hund hat einen Schock. Sie wackelt so komisch beim Gehen.»

«Ein Hund?» Der Wachmann ließ die Taschenlampe sinken. «Ihr habt einen Hund im Wagen? Der war doch hoffentlich angeschnallt, oder?»

«Also ehrlich gesagt ...» Weiter kam Siggi nicht.

Der Uniformierte, der sich eben noch mit ihm durch die Gitterstäbe hindurch unterhalten hatte, ging zu einer Pforte neben dem großen Tor, die sich kurz darauf öffnete.

«Bringt den Hund hier rein, aber macht schnell!»

Das ließ sich Siggi nicht zweimal sagen. Er hob die tatsächlich etwas zittrig wirkende Lola hoch, ächzte unter ihrem Gewicht und folgte dem Wachmann die Zufahrt hinauf bis zu einem Häuschen aus Metall, neben dem sich eine heruntergelassene Schranke befand. Fremde waren in diesem Institut offensichtlich tatsächlich nicht gern gesehen. Wer hier nichts zu suchen hatte, kam weder bei Nacht noch bei Tage auch nur in die Nähe der Eingangstür.

Der Wachhabende öffnete die Metalltür des Wärterhäuschens und winkte Anton und Siggi zu sich herein.

«Das glaube ich einfach nicht», raunte Anton. «Wie es uns geht, ist dem Kerl völlig egal.»

«Manchen sind die Tiere lieber als Menschen», keuchte Siggi. «Hätte ich nur früher gewusst, dass Lola unser Türöffner ist, dann wäre meine Stoßstange jetzt noch heil.»

«Leg den Hund hier ab.» Der Wachmann warf einen Mantel auf den Boden, damit Lola es auch bequem hatte. Siggi befolgte die Anweisung und sah sich in dem winzigen Raum um. Der Arbeitsplatz war recht spartanisch eingerichtet, mit einem Telefon an der Wand, einem Bildschirm mit wechselnden Kameraperspektiven und einem Tisch mit einer Thermoskanne und einer aufgeschlagenen Illustrierten. Von hier aus hatte der Wachmann ein Auge auf alles, was sich in und um das Institut herum tat. Immer bereit, Eindringlinge abzuwimmeln.

«Sie braucht bestimmt nur einen Augenblick Ruhe», beteuerte Siggi und streichelte der Boxerdame über den Kopf.

Inzwischen füllte Lolas neuer Freund einen Napf mit Wasser und stellte ihn vor sie hin. Aus der Tasche seiner Uniformjacke zog er ein paar zerbröselte Hundekekse, bot sie ihr an und flüsterte beruhigende Worte in ihre Schlappohren. Mit einem Blick erkannte Siggi die Tüte wieder. Es war dieselbe Marke Hundekekse, mit der Lola einige Tage zuvor im Laden bestochen worden war.

Anton, der neben Siggi stand, versetzte ihm einen Stoß und deutete mit einem Kopfnicken auf kleine Käfige an der rückwärtigen Hüttenwand. Leises Rascheln verriet, dass sie bewohnt waren. Im ersten Moment glaubte Siggi an Hamster. Dann aber tauchte der Kopf einer Ratte aus einer grellbunten Plastikröhre auf, die mitten im Stroh lag.

«Ich muss eine Meldung hierüber machen.» Der Wachmann hob den Kopf. Im grellen Licht der Deckenlampe bemerkte Siggi, dass sie beide etwa im gleichen Alter sein mussten. Sein Gesicht war voller Aknenarben, die den Mann vermutlich seit seiner Jugend begleiteten, doch er musste bereits die fünfzig überschritten haben. Auf einer Metallspange an seiner Brusttasche stand der Name *Sperber* eingraviert.

«Bitte gern, Sperber», ermutigte Siggi ihn. «Wir werden ohnehin erwartet, wie ich bereits versucht habe, dir zu erklären. Wegen der Kisten, die abgeholt werden sollen.»

Es war ein riskanter Bluff. Nach kurzem Grübeln war Wachmann Sperber eingefallen, um welche Kisten es sich dabei handeln musste.

«Ach die Kisten! Mein lieber Mann, da seid ihr aber Tage zu spät dran. Darum hat sich längst eine andere Spedition gekümmert. Warum seid ihr denn nicht früher gekommen?»

«Wir hatten Probleme mit dem Wagen», sprang Anton bei und betrachtete die Ratte im Käfig, zu der sich jetzt eine zweite gesellte. Auch Siggi wandte sich den Nagern zu, die wohlgenährt, aber doch nicht ganz gesund aussahen. Das Fell beider Tiere wies kahle Stellen auf, durch die man rosige Haut schimmern sehen konnte.

«Die haben Sie aber gut wieder hinbekommen», meinte Anton, während Siggi noch überlegte, was die Löcher zu bedeuten hatten. «Sind es ausgemusterte Laborratten?»

«Allerdings. Der eine heißt Hamlet, und der andere ist Macbeth. Diese Namen haben sie nicht von mir bekommen, ich habe sie nur beibehalten, weil sie so schön vornehm klingen. Und dank meiner Pflege sehen die beiden bald auch wieder prächtig aus.» In Sperbers Stimme schwang Stolz mit. «Bei mir dürfen sie einen geruhsamen Lebensabend verbringen. Ich finde, das gehört sich auch so, wenn so ein Wesen sein ganzes bisheriges Leben in den Dienst der Wissenschaft gestellt hat.»

«Zweifellos», stimmte Siggi zu. «Ich wundere mich nur, dass es in diesem Institut überhaupt Versuchstiere gibt. Wird hier denn nicht im Bereich der Physik geforscht?»

«So genau weiß ich das gar nicht. Die untersuchen hier alles Mögliche, da ist bestimmt auch Physik dabei.» Sperber zuckte mit den Schultern. «Aktuell sind aber wohl neue Energiequellen der ‹heiße Scheiß›, wie diese eingebildeten Pinsel frisch von der Uni sich gern ausdrücken. In dem Bereich hätte jeder gern die Nase vorn. Und umweltfreundlich muss es natürlich sein.»

«Natürlich.» Siggi sah zu, wie Lola den letzten Hundekeks

aus der Hand ihres Gönners entgegennahm, den Kopf auf den Mantelkragen sinken ließ und die Augen schloss. Ihren Schrecken hatte sie offenbar überstanden. «Versorgst du nur Ratten? Ich frage wegen der Hundekekse.»

«Oh, Ratten mögen auch Kekse, und diese bekomme ich umsonst vom Institut», erklärte Sperber und erhob sich aus der Hocke, woraufhin es sich in der Wachhütte noch enger anfühlte als zuvor. «Aber es gibt dort drinnen tatsächlich auch einige Hunde. Und ich hoffe, wenigstens einen von ihnen zu mir nehmen zu dürfen, wenn seine Zeit rum ist. Ein Hund würde mir in meiner Position schon gefallen. Es macht einfach mehr her, wenn man mit einem Vierbeiner auf dem Gelände patrouilliert.» Sperber griff nach dem Telefon, das neben der Thermoskanne auf dem Tisch gelegen hatte. «Also, dann werde ich mal die Kollegen von der Polizei dazuholen. Es muss schließlich alles seine Ordnung haben.»

«Das ist eine gute Idee», erwiderte Siggi und warf Anton, der nervös auf der Stelle zu treten begann, einen beruhigenden Blick zu. «Da wird wohl ein Revier aus Euskirchen zuständig sein, richtig?»

«Eigentlich schon. Mal sehen, wen ich um diese Zeit erreichen kann», brummelte Sperber und wählte. «Ja, Sperber hier von Eisenklang Futures. Ja, der hässliche Betonklotz im Wald, verdammt noch mal. Wir hatten hier einen Unfall.» Eine kurze Pause entstand. «Ein Transporter ist rückwärts ins Haupttor geknallt, und der Hund des Fahrers hat einen Schock erlitten.» Es folgte eine weitere Pause, in der Anton und Siggi unauffällig einen Blick wechselten. «Nein, dem Hund geht es schon wieder besser, mit Erster Hilfe kenne ich mich aus. Aber das Tor ist total verbogen.» Wieder schwieg er, bevor er sich an Siggi wandte. «Ist euer Wagen stark beschädigt worden?»

«Er fährt bestimmt noch», erwiderte Siggi laut genug, um auch von dem Gesprächspartner des Wachmanns gehört zu werden.

«Fährt noch!», wiederholte Sperber trotzdem und lauschte erneut der Stimme im Telefon. «Ach so? Einfach Personalien notieren und Fotos schießen. Ja gut. Ich dachte nur, Sie würden vielleicht ein paar Leute rausschicken, die sich das mal ansehen ... Ja. Nein. Natürlich weiß ich, dass Sie viel zu tun haben. Ja, es ist eine Lappalie. Ja. Ja. Danke. Gute Nacht.»

Sperber legte auf und atmete tief durch. «Blödes Arschloch», flüsterte er kaum hörbar.

«Ja, unsere Freunde und Helfer haben viel zu tun.» Siggi nickte mitfühlend.

«Der hat mich abserviert», motzte der Wachmann. «Den interessiert einfach gar nicht, was in der Welt vorgeht.»

«Wir bekommen das auch ohne die Polizei geregelt. Ich geb dir meine Karte mit meiner Telefonnummer. Gleich morgen melde ich den Schaden der Versicherung, und dann geht alles seinen Gang. Wirst sehen, Sperber: Schon bald hast du ein nagelneues Tor.»

«Hm.» Er schien noch nicht überzeugt.

«Es ist ja auch völlig klar, wer bei diesem Unfall der Verursacher ist», sagte Anton rasch. «Das Tor kann schließlich nichts dafür.»

«Schon gut.» Der Wachmann gab sich geschlagen. «So machen wir es.»

Als sie zu dritt, gefolgt von einer recht zufrieden wirkenden Lola, aus der Hütte traten, kam ein dunkelblauer Wagen vom Institut herangerollt und hielt direkt vor ihnen. Eine Gestalt im langen dunklen Mantel stieg aus.

«Alles in Ordnung, Sperber?» Es war die Stimme eines Mannes.

«Es hat einen Unfall gegeben, Professor Papen. Aber ich habe die Lage im Griff», beeilte sich Sperber zu versichern.

«Ist jemand verletzt?» Der Mann trat näher an Siggi heran, der sofort den Kopf schüttelte.

«Uns geht es gut, nur unsere Hündin hat einen Schrecken bekommen.»

«Eine Hündin, soso.» Papen ging in die Hocke und streichelte Lola über den Kopf, die sofort fröhlich zu wedeln begann, was Siggi nicht entging. «Vielleicht sollten wir dich zu jemandem bringen, der sich mit Tieren auskennt.»

«Außer Ihnen ist niemand mehr im Haus, Herr Professor», rief Sperber eifrig. «Sonst hätte ich längst alles für eine Untersuchung in die Wege geleitet. Aber Sie sind die einzige Nachteule am Institut.»

«Na, das ist in gewissem Sinne auch erfreulich.» Papen kraulte Lola zwischen den Ohren. «Sonst hätte ich gewiss nicht so entspannt arbeiten können.»

«Gewiss nicht!» Sperber lachte, als sei ihm soeben ein guter Witz erzählt worden. «Sie kommen bei der Damenwelt eben einfach zu gut an.»

Siggi hatte das Gefühl, dem Gespräch nicht ganz folgen zu können, und wagte es, eine Frage zu stellen. «Professor Augustus Papen? Ich habe Ihren Namen erst kürzlich gehört.»

«Oh, mein Ruhm strahlt über die Grenzen dieses Instituts hinaus, haben Sie das gehört, Sperber?» Der Professor lachte. Er mochte ebenfalls in Siggis Alter sein, wie das Grau seiner Schläfen verriet.

«Sie schreiben Bücher, ist das richtig? Bücher über Experimente, die so fantastisch sind, dass man von so etwas bisher nur in Science-Fiction-Romanen gelesen hat.»

«Sie schmeicheln mir.» Papen gab ein zufriedenes Glucksen von sich.

«Und woran arbeiten Sie gerade?», fragte Anton. «Oder ist das streng geheim?»

«Wie man es nimmt.» Der Professor gab Lola einen leichten Klaps und richtete sich auf. «Ich versuche herauszufinden, wie man Schwarze Löcher zur Energienutzung verwenden kann. Das klingt, wie ich zugeben muss, wirklich etwas nach Science-Fiction, aber ich bin davon überzeugt, dass es eines Tages möglich sein wird. Wenn auch vielleicht nicht mir, die menschliche Lebenszeit ist erschreckend kurz.»

«Schwarze Löcher», murmelte Siggi nachdenklich.

«Nun, wenn Sie hier ohne mich zurechtkommen, dann fahre ich weiter.»

«Das wird nicht gehen», sagte Sperber und kratzte sich am Kopf. «Das Rolltor hat sich verzogen. Ich weiß nicht, ob ich es aufbekomme.»

«Haben Sie es denn schon versucht?» Papen hob die Brauen, woraufhin der Wachmann hastig eine Fernbedienung aus der Tasche seiner Uniform zog und einen Knopf betätigte.

Das Kreischen von Metall drang durch die Nacht, die beiden Teile des Tores glitten in der Mitte auseinander und standen nach wenigen Zentimetern wieder still. Nicht einmal Lola hätte durch diesen Spalt gepasst.

«Heißt das, ich sitze hier fest?» Papen wirkte eher amüsiert als entsetzt. «Es ist ja nicht so, dass ich nicht genug zu tun hätte. Nächte wie diese, wo man mich endlich mal in Ruhe lässt, muss man nutzen. Andererseits weiß ich auch, wann es genug ist.»

«Vielleicht lässt es sich mit Muskelschmalz noch etwas weiter auseinanderziehen», schlug Siggi vor.

«Na, dann los, kommen Sie, Sperber.» Papen rieb sich die blassen Hände, mit denen er bestimmt noch nie einen Hammer gehalten hatte. Trotzdem näherte er sich dem verbogenen Tor voller Tatendrang.

«Auf drei», kommandierte Sperber und umfasste die Gitterstäbe der rechten Torhälfte.

Siggi und Papen nahmen sich die andere Seite vor, und mit vereinten Kräften gelang es, die verkeilten Flügel weiter zurückzuziehen. Dabei kreischte das verbogene Metall so laut, dass Siggi die Ohren klingelten.

«Mit eingeklappten Außenspiegeln könnte ich hindurchfahren.» Professor Papen rieb sich zufrieden die Hände.

Er machte Anstalten, zu seinem Wagen zu gehen, und erst jetzt bemerkte Siggi, dass Anton zurückgeblieben war. Er stand neben dem dunkelblauen Auto und spähte durch eines der Seitenfenster ins Innere.

«Schöner Wagen! Fährt er sich gut?», rief er, als Papen sich ihm näherte.

«Ich bin ganz zufrieden», erwiderte Professor Papen. «Er gehört dem Institut, einige von uns fahren dieses Modell.»

«Ich überlege gerade, mir so einen zu kaufen», behauptete Anton. «Mein letztes Auto ist leider ausgebrannt.»

«Ausgebrannt?» Papen riss die Augen auf. «Was für ein Albtraum.»

«Ja, könnte man sagen. Wie steht es mit der Kopffreiheit? Große Männer wie wir haben da ja manchmal Probleme.»

«Möchten Sie einmal Probe sitzen?», fragte Papen und öffnete bereitwillig die Fahrertür.

Anton schien nur auf diese Einladung gewartet zu haben und glitt auf den Sitz. Ein wenig ratlos, was das Ganze sollte, beobachtete Siggi, wie Anton die Hände auf das Lenkrad und den Schaltknüppel legte. Sicher interessierte sein Freund sich nicht wirklich für die Vorzüge dieses Modells. Anton beugte sich ein wenig hinunter, verstellte den Sitz und den

Spiegel, nickte anerkennend und brachte alles zurück in die Ausgangsposition, bevor er ausstieg.

«Schönes Auto. Vielen Dank, ich werde ihn beim Händler bestimmt Probe fahren. Aber jetzt will ich Sie auch nicht länger aufhalten.»

Professor Papen nickte und schüttelte Anton, Siggi und auch dem Wachmann die Hand. Dann setzte er sich hinter das Steuer und lenkte den Wagen perfekt durch die schmale Lücke im Tor.

«Er hätte Chirurg werden sollen», sagte Siggi und nickte anerkennend.

«Ja, das hätte er.» Anton hatte die Hände in die Hosentaschen geschoben und sah dem Wagen nach.

«Wollen wir nun die Formalien erledigen und ein paar Fotos schießen?» Sperber, der Lola versonnen hinter den Ohren kraulte, sah Siggi fragend an.

«Schwarze Löcher ...», wiederholte Siggi nachdenklich und ging dann zurück zu seinem ramponierten Transporter. Fotos wurden geknipst, Nummern ausgetauscht, und zum Abschied schüttelte Sperber der zufriedenen Lola kräftig die Pfote. «Du musst deinem Hund ein Geschirr besorgen, damit er im Wagen angeschnallt ist», empfahl er Siggi noch, bevor der Transporter mit seiner neuen Beule im Heck wieder durch den Wald rollte.

«Schwarze Löcher», wiederholte Siggi ein weiteres Mal und warf Anton, der am Steuer saß, einen fragenden Blick zu. «Nach denen hast du im Wagen von diesem Professor aber nicht gesucht, oder?»

«Nein, ich habe etwas gefunden», erwiderte Anton. «Es lag im Fußraum. Ich habe es aufgehoben, als ich den Sitz verstellt habe.» Er holte ein zerknülltes Blatt Papier aus seiner Tasche und warf es Siggi in den Schoß.

Der faltete es auseinander und strich es glatt. Augenblicklich stockte Siggi der Atem. «Das ist ...»

«Ja», bestätigte Anton. «Ein Kalenderblatt mit dem Datum von vorgestern. Und es sieht genauso aus, als würde es zu dem Abreißkalender in Doros Wohnung gehört haben. Ich denke, wir haben unseren Täter.»

«Das denke ich auch. Seit ich die Ratten gesehen habe, weiß ich Bescheid», erwiderte Siggi, steckte das Stück Papier in die Hemdtasche, holte sein Handy hervor, um im Netz einen Verdacht zu überprüfen, der ihm seit der Begegnung mit dem Wachmann Sperber im Kopf herumging. Er öffnete das Handschuhfach, nahm den Vendergood heraus und begann im Schein seiner Handytaschenlampe darin zu blättern.

«Ich verstehe kein Wort.» Anton wandte ihm das Gesicht zu und fuhr prompt durch ein Schlagloch. Die schlecht geteerte Landstraße hatte sie wieder. «Was haben denn die Ratten damit zu tun?»

«Ist dir denn der Name der ausgemusterten Ratte nicht aufgefallen?» Siggi blätterte weiter.

«Hamlet?» Anton klang pikiert. «Oder Macbeth? Ich wüsste nicht, inwieweit uns das weiterhelfen sollte.»

«Wirklich nicht? Wo es doch in den letzten Tagen ständig um Verkleidungen ging. Habe ich dir nicht erzählt, dass ich Dauerkarten für das Laientheater in Kall habe? Ach nein, das habe ich Baronin von Pilz gegenüber erwähnt. Jedenfalls hat die Truppe von Jonte Zapf vor einiger Zeit *Macbeth* aufgeführt. In dem Stück gibt es übrigens einige Hexen. Drei, wenn ich mich recht entsinne, deren Kostüme aufwendig gestaltet waren. Wie beispielsweise mein Umhang mit den aufgenähten Sternen, der gehörte auch dazu. Den Stoff dafür hatte ich der Truppe zuvor gespendet. Das waren mal Vorhänge, die ich bei einer Haushaltsauflösung mitgekauft habe. Viele der

Kostüme aus dem Fundus der Theatertruppe stammen aus meinem Laden.»

Anton hatte seinen Ausführungen mit offenem Mund gelauscht. «Sag mal, hast du dir bei deiner absichtlichen Kollision mit dem Rolltor den Kopf angeschlagen? Was soll das mit unserem Entführer, diesem Buch oder Professor Papen zu tun haben?»

In diesem Moment fand Siggi, wonach er gesucht hatte: Mittig im Vendergood befand sich eine einzige Seite mit Zeichnungen, und die hielt er Anton unter die Nase. «Wofür hältst du das?»

«Siggi, nimm das Buch weg, ich muss fahren!» Anton schob den Vendergood von sich.

«Ich sage dir, wie das für mich aussieht. Wie die Darstellung mehrerer Schwarzer Löcher.»

«Was? Zeig noch mal her.»

«Nein, du musst ja fahren.»

In diesem Moment gab der Wald sie wieder frei. Vor ihnen leuchtete das rote Warnlicht einer geschlossenen Bahnschranke, vor der bereits ein Wagen wartete.

«Das ist Professor Papen», sagte Anton. «Und sein Ford ist dunkelblau.»

«Ja. Nur dass er nicht ihm, sondern dem Institut gehört.»

Die Schranken hoben sich, die Warnlichter erloschen, und Siggi sah dem Wagen nach, dessen Lichter sich nun schnell entfernten. «Wie heißt denn eigentlich dieser Radiosender, für den der aufdringliche Reporterfritze arbeitet? Kannst du dich noch daran erinnern?»

Anton schüttelte den Kopf. «Wie denn? Du hast den armen Kerl ja kein einziges Mal ausreden lassen. Irgendetwas mit P war es, glaube ich.»

«Peh?» Siggi fiel kein Radiosender mit einem P am Anfang

ein. «Ist ja auch egal. Ich werde ihn schon auftreiben. Immerhin hat er das Foto der Wetterhexe auf meiner Seite hochgeladen. Er kann uns helfen, den letzten Akt dieser Komödie zu spielen.»

«Wenn es nur keine Tragödie wird», erwiderte Anton grimmig. «Um komisch zu sein, hatte dieses Stück bisher ehrlich gesagt ein paar Tote zu viel.»

20

Als Anton am nächsten Morgen erwachte, kam ihm eine klare Erkenntnis: Er konnte unmöglich auch nur eine weitere Nacht auf Siggis Couch zubringen, oder kein Masseur der Welt würde die Verspannungen in seinem Rücken jemals wieder lösen können. Außerdem war er schon viel länger hiergeblieben als vorgesehen, und er musste zurück an seine Arbeit. Auch wenn es bedeutete, sich einen Mietwagen zu besorgen und damit langsam über den Verlust des Chryslers hinwegzukommen.

Er stand auf, um Siggi an seinen Gedanken teilhaben zu lassen, doch der war nicht mehr da. In der Küche wartete noch heißer Kaffee auf ihn. Lola war ebenfalls verschwunden sowie ihre Leine, woraus er schlussfolgerte, dass die beiden zu einem Morgenspaziergang aufgebrochen waren.

Ihm war das sehr recht. Er ließ sich Zeit, ein Frühstück im fast leeren Kühlschrank zusammenzusammeln, duschte ausgiebig und stellte bei einem Blick in seine Reisetasche fest, dass auch der nicht vorhandene Vorrat an frischen Socken seine Abreise erforderte, als es laut an der Tür polterte.

Anton erstarrte. Siggi hatte einen Schlüssel, und Isä kam nie die Treppe zur Wohnung herauf, sondern wartete mit seinem Rollator unten vor der Ladentür. Hastig sah er sich um. Wo war eigentlich der Vendergood hingekommen?

«Siggi, lass mich rein, ich habe nicht den ganzen Tag Zeit», rief eine Männerstimme durch die geschlossene Tür.

Das klang immerhin nicht nach einem Überfall. Anton öffnete die Tür und sah sich einem Mann gegenüber, dessen kahler Kopf eine gewisse Ähnlichkeit mit einem Frühstücksei aufwies. Vor sich trug er einen schwer wirkenden Holzkasten.

«Hallo und guten Morgen! Wo darf ich das Ding abstellen? Es ist ein bisschen schwer.»

Überrumpelt trat Anton beiseite. Der Mann schlug den Weg zur Küche ein und platzierte die Kiste auf Siggis Küchentisch, bevor er Anton die Hand zur Begrüßung reichte.

«Wir wurden uns noch nicht vorgestellt. Ich bin Jonte Zapf, und du musst Anton der Experte sein.»

«Muss ich wohl», erwiderte Anton und überlegte, wann und wo er den Namen des Mannes schon einmal gehört hatte. «Du bist der Chef der Laiendarstellertruppe in Kall.»

«Ganz genau.» Jonte strahlte. «Im nächsten Monat haben wir Dürrenmatts ‹Der Richter und sein Henker› auf dem Spielplan. Willst du kommen?»

«Ich weiß nicht, ob ich da in der Gegend bin», gab Anton zu und deutete auf den Holzkasten. «Und was ist das?»

«Oh, das ist die Hydraulikwinde, mit der wir kleinere Teile der Kulisse auf der Bühne bewegen können», erklärte Jonte und ließ allein bei dem Gedanken an das Gewicht die Schultern kreisen. «Es wirkt recht professionell, wenn das Bühnenbild nicht komplett statisch ist, sondern mal eine Kutsche oder ein Schiff im Hintergrund vorbeizieht.»

«Oder ein fliegender Hexenbesen», schlussfolgerte Anton und dachte an die Attraktion auf Siggis Party.

«Genau», bestätigte Jonte. «Den hatten wir noch von *Macbeth* im Lager. Siggi hat heute in aller Frühe bei mir angerufen und gesagt, er würde die hydraulische Winde noch mal ganz dringend brauchen. Hoffentlich ist er vorsichtig bei dem, was er vorhat. Als ich auf der Party gesehen habe, mit welchem Tempo unser fliegender Hexenbesen losschoss, ist mir fast schlecht geworden. Sag Siggi, dass die Winde kein Spielzeug ist.»

«Mach ich.» Anton begleitete Jonte, der es eilig zu haben schien, zurück zur Tür.

«Und sag ihm auch, dass wir für den Dürrenmatt noch ein paar geeignete Kostüme brauchen. Ich komme in den nächsten Tagen mal vorbei und durchstöbere seine Kleiderkammer.»

Anton nickte und sah Jonte Zapf nach. Auf der Treppe stieß dieser fast mit Moritz Knie zusammen, der die Stufen nach oben gepoltert kam.

«Ich habe eine Nachricht von Siggi bekommen», rief er aufgeregt. «Siggi bittet mich um eine Berichterstattung. Es ist sehr dringend, hieß es.»

«Das mag ja sein, aber ich habe nicht die leiseste Ahnung, worum es geht», gab Anton zu. «Und Siggi ist nicht zu Hause, ich weiß nicht, wo er steckt.»

«Riecht es hier nach Kaffee?» Moritz Knie witterte wie ein Jagdhund.

Anton warf einen Blick auf seine Armbanduhr. Es war gerade erst neun. Zu früh, um den Laden zu öffnen, und auch Isä würde unten noch nicht auf ihn warten. Es sprach nichts dagegen, dem Reporter eine Tasse anzubieten. Immerhin hatte Siggi den Mann einbestellt.

«Kaffee haben wir noch. Sonst fast nichts mehr, weil Siggi gerade nicht zum Einkaufen kommt, aber der Kaffee geht uns so schnell nicht aus.»

Anton schenkte ihm eine kleine Tasse ein, Moritz Knie kippte Unmengen Zucker hinein, und kaum dass er am Küchentisch saß, wo auch der Holzkasten mit der Winde stand, begann er einen Monolog über Gott und die Welt. Anton ließ ihn reden. Das ersparte es ihm, zwanghaft Konversation betreiben zu müssen.

«Und seit zwei Jahren schmeiße ich schon den Laden beim Sender ...»

«Guten Morgen», unterbrach ihn Siggi, der zusammen mit Lola zur Tür hereinkam. Er sah aus wie das blühende Leben und sprühte vor Tatendrang. Als er den Reporter und den Holzkasten in seiner Küche entdeckte, breitete sich ein Grinsen auf seinem Gesicht aus. «Wie ich sehe, können wir direkt starten. Das ist schön. Herr Knie, schalten Sie Ihr Aufnahmegerät ein, ich habe eine Ankündigung zu machen.» Das ließ sich der Reporter nicht zweimal sagen, legte sein altmodisches Equipment neben die Hydraulikwinde, zückte das Mikrofon und begann zu sprechen: «Hallo, liebe Hörerinnen und Hörer. Ich melde mich aus dem Laden *Altes und Antikes* ...»

«*Kunst und Kurioses*», verbesserte Siggi.

«... dessen Besitzer mit erstaunlichen Neuigkeiten aufwarten kann. Was wollen Sie uns erzählen, Herr Malich?»

«Gar nichts. Noch nicht.» Siggi grinste. «Aber heute, um siebzehn Uhr, platzt eine Bombe, die nicht nur die Welt der Sammler, sondern auch die der Wissenschaft erschüttern wird. Mein Experte Anton Schauer und ich haben einen sensationellen Fund gemacht, den wir allen Neugierigen, und natürlich der anwesenden Presse, vorstellen werden.»

«Warum warten?», rief Moritz Knie. «Erzählen Sie uns, um was es geht. Hat sich etwa das legendäre Bernsteinzimmer in Ihrem Lager wieder aufgefunden?»

«Etwas viel Besseres. Aber eine Sensation muss im passenden Rahmen präsentiert werden», widersprach Siggi. «Heute, pünktlich um siebzehn Uhr, werde ich die große Neuigkeit verkünden. Bis dahin habe ich noch viele Vorbereitungen zu treffen, um den eben erwähnten angemessenen Rahmen auf meinem Gelände unmittelbar beim Wunschbrunnen zusammenzuzimmern. Der Teppich für die Gäste wird ausgerollt. Selbstverständlich gibt es auch etwas zu trinken. Wollen Sie mich unterstützen, Herr Knie? Meine Helfer lassen mich heute im Stich, und ich werde wohl alles allein auf die Beine stellen müssen.»

«Nee, lassen Sie mal», rief der Reporter fröhlich. «Ich komme, wenn der Sekt schon kalt gestellt ist. Also Leute, heute um siebzehn Uhr steigt draußen am Brunnen eine Party, und die ganze Welt schaut zu, wenn Siggi Malich die Bombe platzen lässt. Seid dabei!» Knie stoppte die Aufnahme. «Haben Sie sich das so vorgestellt, oder wollen wir das Ganze zur Sicherheit noch mal durchspielen?»

«Es ist perfekt, alle wichtigen Informationen sind enthalten. Jetzt müssen Sie diesen Stoff nur noch halbstündig senden, damit es auch so viele Leute wie möglich erreicht. Es bleibt nicht mehr viel Zeit.»

«Kein Problem.» Der Reporter stürzte den restlichen Kaffee hinunter, tätschelte Lola zum Abschied den Kopf und war wieder verschwunden.

Anton sah die Gelegenheit gekommen, ein paar Dinge zu klären. «Was genau wird hier heute stattfinden, und warum bin ich nicht dabei, um dir zu helfen?»

«Zu deiner eigenen Sicherheit, und um Doros Entführer aus seinem Versteck zu locken. Nur er und ich und das Buch von William Sidis. Dieser Versuchung kann er unmöglich widerstehen. Glaubst du nicht auch?»

«Ich glaube vor allem, dass du vor Sonnenuntergang tot sein wirst. Wir sollten uns raus- und den Laden offen halten, schon vergessen? Du machst gerade das Gegenteil! Hast du keine Angst um Doro?»

«Ich weiß, was ich tue.» Siggi griff nach dem Holzkasten mit der Seilwinde und hoffte, überzeugend zu klingen. Natürlich hatte er Angst um Doro. Doch gerade jetzt musste er sich auf das konzentrieren, was vor ihm lag. Zu ihrem Besten. «Bitte schick Isä wieder nach Hause, bringt euch beide in Sicherheit, ich habe wahnsinnig viel zu tun und habe keine Ahnung, wie viel Zeit mir noch bleibt.»

Doros Geduld war am Ende. Sie hatte keinen Blick mehr für die Vogelschwärme, die vor ihrem Dachfenster vorbeizogen, und das Essen hing ihr zum Hals raus. Die Nacht hatte sie auf einer zu kurzen Luftmatratze zubringen dürfen, die Hände an ein Heizungsrohr gebunden. Bequemer als eine Nacht im Sessel, aber sie würde diese Behandlung kein weiteres Mal erdulden. Lange genug hatte sie die Opferrolle ertragen, jetzt war Schluss damit. Heute würde sie alles auf eine Karte setzen und ihrem Entführer das geben, was er verdiente. Einen Kieferbruch hielt sie für angemessen, mal sehen, ob sich das mit ihren Mitteln bewerkstelligen ließ.

Sie hatte viel Zeit gehabt, um über ihre Flucht nachzudenken, und endlich einen Plan geschmiedet, der funktionieren konnte, ja musste. Der Sessel, an den sie nun wieder gefesselt war, hatte nur noch Schrottwert. Durch ihr hartnäckiges Zerren hatte sich die linke Armlehne aus der Verankerung gelöst, was ihr nicht viel, aber genug Bewegungsfreiheit gab, um sich bei dem Kerl für die Entbehrungen der letzten Tage zu revanchieren. Ungeduldig erwartete sie die Ankunft ihres Entführers. Ihre volle Blase und das Knurren ihres Magens waren so zuverlässig wie jede Uhr. Er musste jeden Moment kommen. Als sich der Schlüssel im Schloss drehte, hielt sie den Atem an. Dann trat er ein, die Duellpistole gut sichtbar im Hosenbund platziert, schloss die Tür wieder ab und trug eine fettige Papiertüte vor sich her, die den unverwechselbaren Geruch von Pommes frites verströmte.

«Mittagszeit», verkündete er heiser, ging zum Radio und schaltete es ein. Anschließend legte er die Tüte beiseite und löste zuerst ihre Fußfesseln.

Doro blickte auf den fleckigen Schlapphut hinab und widerstand der Versuchung, zu früh zuzuschlagen. Gleich darauf konnte sie endlich wieder die Füße bewegen, und er widmete sich als Nächstes dem Knoten an ihrem rechten Handgelenk. Doro biss sich auf die Lippen und umfasste die Lehne fester. Jetzt oder nie.

Mit einem Ruck riss sie die lose Armlehne unter ihrer linken Hand vom Sessel und schlug damit auf den Kopf ihres Peinigers ein. War der erste Schlag noch zaghaft gewesen, so legte sie all ihre Wut in den zweiten und sprang auf die Füße, während er direkt vor ihr zu Boden sackte.

Ihr Überraschungsangriff war geglückt. Sie musste sich beeilen, bevor er realisierte, was überhaupt vor sich ging. Mit zitternden Fingern suchte sie in seinen Hosentaschen nach dem Türschlüssel. Gerade glaubte sie ihn ertastet zu haben, als sie auch schon spürte, wie sich seine kalten Finger um ihr Handgelenk schlossen. Verzweifelt wollte sie erneut mit der hölzernen Stuhllehne auf ihn eindreschen, doch dieses Mal war er vorgewarnt und wich ihr aus. Noch bevor sie wusste, wie ihr geschah, stieß er sie zurück in den Sessel und zog die Pistole aus dem Hosenbund. Den Lauf der Waffe vor Augen, wusste sie, dass sie den Kampf verloren hatte. Es war vorbei.

«Ich kann verstehen, dass du ungeduldig wirst», keuchte ihr Widersacher. «Mir geht es nicht anders. Lieber heute als morgen hätte ich all das gern hinter mir. Aber ich habe keine Wahl. Ich will nicht mehr unsichtbar sein.»

«Ich verstehe kein Wort.» Tränen der Verzweiflung liefen über ihr Gesicht, und als sie sich ungeschickt mit dem Handrücken über die laufende Nase fuhr, baumelte noch immer der traurige Rest der Sessellehne an ihrem Handgelenk. «Sie können es haben, was immer es ist. Siggi wird es Ihnen geben. Warum muss denn alles so kompliziert sein?»

«Das habe ich dir schon erklärt, du dummes Ding.» Auch ihr Entführer klang jetzt erschöpft und resigniert. «Aber es macht nichts, wenn du es nicht verstehst. Glückliche Menschen verstehen ohnehin weniger von der Welt, also sei dankbar dafür. Sei dankbar für deine liebevolle, bildungsferne Erziehung. Willst du jetzt nicht auf die Toilette gehen? Und wasch dir den Rotz ab, wenn du schon mal im Bad bist.»

Doro gehorchte, wankte heulend in das winzige Badezimmer mit dem kleinen Waschbecken, an dem es nur kaltes Wasser gab, und fragte sich, was «bildungsferne Erziehung» mit alldem hier zu tun hatte. Während sie versuchte, die blöde Stuhllehne loszuwerden, liefen ihr unablässig die Tränen über die Wangen. Der Plan war ihr perfekt vorgekommen, aber sie hatte ihren Gegner unterschätzt. Gefahren richtig einzuschätzen war ohnehin noch nie so ihr Ding gewesen.

Als sie die Hände unter den kalten Wasserstrahl hielt, liefen schwarze Schlieren von ihren Handrücken ins Waschbecken. Wo hatte sie die her? Hatte ihr Entführer etwa auf sie abgefärbt? Doro versuchte, die Bedeutung dieser Beobachtung zu erfassen, aber es gelang ihr nicht. In ihrem Kopf flogen heute wieder einmal alle Gedanken wie Schmetterlinge herum und wollten sich nicht sortieren lassen.

Als sie wieder aus dem Bad kam und der Geruch des Essens ihr in die Nase stieg, konnte sie den Ekel vor der bevorstehenden Mahlzeit kaum unterdrücken. Doch all das war vergessen, als sie ihrem Entführer ins Gesicht blickte.

«Ihr Bart ...», murmelte sie und sah auf ihre nun sauberen Hände. So sauber wie seine rechte Gesichtshälfte. Ein Teil des Bartschattens war verschwunden.

«Was ist damit?», fragte er mit heiserer Stimme, griff sich aber nicht ins Gesicht.

«Sie haben überhaupt keinen richtigen Bartwuchs. Sie färben sich nur den Flaum ein, damit er dunkler wirkt. Sie ...»

«Halt die Klappe und iss endlich!»

Doch Doro stand nur da und starrte ihr Gegenüber an, versuchte, hinter die Maskerade aus Hut und Schminke zu blicken, versuchte, sich alles genau einzuprägen.

«Lass das», fauchte der Entführer. «Willst du alles kaputtmachen? Du willst doch überleben, oder? Du willst doch ...» Er unterbrach sich, blickte zum Radio hinüber und drehte es hastig lauter.

«... steigt draußen am Brunnen eine Party, und die ganze Welt schaut zu, wie Siggi Malich eine Bombe platzen lässt, die die Welt der Wissenschaft verändern wird ...», verkündete die Stimme des Radiosprechers gerade. Kurz darauf endete der Beitrag, und es lief wieder Musik. Angesichts der Leichenblässe ihres Entführers ahnte Doro, dass Siggi etwas Ungeheuerliches plante.

«Das kann er nicht tun», flüsterte der Mann mit dem Schlapphut, dessen Hand noch immer die Pistole in der Hand hielt. «Er weiß doch gar nichts. Er ist nicht klug genug, um es zu erkennen. Menschen wie er verstehen ja gar nicht ...»

«Reden Sie von meinem Siggi?», entfuhr es Doro. «Der ist klüger, als er aussieht. Ich mag ja bildungsfern erzogen worden sein, wie Sie es nennen, aber der ist schlauer als wir beide zusammen. Jede Wette, dass er bald vor dieser Tür steht, und dann geht es Ihnen an den Kragen.»

Es hatte sich gut angefühlt, den Druck auf ihren Entführer in diesem offensichtlichen Moment der Schwäche noch ein bisschen zu erhöhen. Aber jetzt, da er vor Zorn bebte, fand sie die Idee plötzlich nicht mehr so klug.

«Also gut. Dann ist es eben so.» Falls diese Worte von ihm so etwas wie Gelassenheit oder sogar Überlegenheit ausdrücken sollten, straften ihn sein Tonfall und seine Körpersprache Lügen. «Ob nun einer mehr oder weniger sterben muss, ist jetzt auch egal. Mir muss man jedenfalls zugutehalten, dass ich die Zahl der Opfer klein halten wollte. Eines hätte eigentlich genügen müssen, verstehst du?»

Doro schüttelte den Kopf und schwieg.

«Stattdessen wird alles nur noch schlimmer und schlimmer! Aber ist das etwa meine Schuld?» Seine Stimme überschlug sich, klang plötzlich weniger heiser, dafür aber fast hysterisch. «Ich habe mich doch die ganze Zeit über bemüht, mir kann man keinen Vorwurf machen, wenn es jetzt so enden muss. Warum macht der Idiot auch so etwas?»

«Siggi ist kein Idiot», wagte Doro zu sagen.

«Und ob er ein Idiot ist, denn er hätte überleben können! Aber das ist jetzt nicht mehr möglich!» Der Entführer zerrte sie an dem ramponierten Sessel vorbei zu einem Heizkörper und fesselte sie an die Rohre wie schon in der vergangenen Nacht.

«Beschwer dich nicht», flüsterte er heiser. «Hättest du den Sessel nicht demoliert, wäre es für dich jetzt nicht so unbequem.»

«Ich habe noch nicht gegessen», erinnerte ihn Doro, weil sie hoffte, mehr über das, was gerade vor sich ging, zu erfahren, wenn er nur noch länger bei ihr blieb.

«Das brauchst du auch nicht mehr. Vielleicht nie mehr. Wir werden sehen.»

Doro beobachtete, wie er das Radio ausschaltete, die Tür aufschloss und verschwand. Eine Weile saß sie da und tat sich selbst leid. Alles war schiefgegangen. Aber offensichtlich nicht nur für sie. Was plante Siggi? War er sich im Klaren darüber, wie sehr ihr Entführer vom Zorn gesteuert war?

Wenig später öffnete sich die Tür erneut. Doch leider war es nicht Siggi, der vor ihr stand. Ihr Entführer hielt diesmal weder eine Pistole noch etwas zu essen in den Händen. Doro hielt den Atem an. Was hatte er damit vor?

21

«Ich will, dass ihr beide geht.» Siggi zog die Teleskopstange des Scheinwerfers so weit es ging auseinander.

«Was immer du vorhast, und ich gebe zu, dass ich den dazugehörigen Aufbau nicht ganz verstehe, es ist viel zu gefährlich, um es allein durchzuziehen», widersprach Anton. «Obwohl ich ursprünglich vorhatte, heute abzureisen, bleibe ich. Auch wenn es bedeutet, dass ich dieselben Socken noch mal tragen muss.»

Sein Freund saß trotzig neben Isä auf der Mauer des Trevi-Brunnens, dessen Wasserstand dank Gunnars Schöpfaktion deutlich gesunken war. Deswegen füllte Siggi das Becken mit dem Gartenschlauch nun wieder auf.

«Darf ich dich an zwei Tote, einen Überfall auf dich und ein abgebranntes Auto erinnern?» Anton gab noch nicht auf. «Ganz zu schweigen von der armen Doro, die irgendwo sitzt und auf ihre Rettung wartet. Falls sie noch lebt.» Für die letzte Bemerkung fing er sich einen schmerzhaften Rippenstoß von Isä ein. «Der Kerl schreckt vor nichts zurück. Wenn du schon meinst, den Köder spielen zu müssen, dann akzeptier, dass wir in der Nähe bleiben und notfalls eingreifen werden. Oder meinst du, ich will heute Abend einen toten Siggi aus dem Brunnen fischen?»

«Ich habe Vorsichtsmaßnahmen getroffen», erklärte Siggi. «Macht euch keine Sorgen um mich und verlasst jetzt bitte demonstrativ das Gelände. Wir können nicht sicher sein, ob wir nicht schon längst beobachtet werden. Ich komme zurecht. Wirklich.»

«Unsinn», polterte Isä. «Man muss sich nur mal ansehen, was du da für einen Mist gebaut hast. Die Scheinwerfer hast du viel zu hoch angebracht, und sie sind in verschiedene Richtungen ausgerichtet. Wen willst du damit anstrahlen, deinen Schornstein? Mal ganz davon abgesehen, dass die Stecker jetzt nicht mehr bis runter zu den Verlängerungskabeln reichen.»

«Und das ist auch gut so.» Siggi stemmte die Hände in die Hüften. «Könnte mir mal bitte jemand vertrauen?»

«Nein. Und was soll dieses Blumengesteck mitten im Weg? Ist das so eine Art Stolperfalle für den Mörder?» Anton wies auf eine Schale mit Hängebegonien, die auf einem niedrigen Sockel am Anfang des roten Teppichs stand, der schnurgerade zwischen den aufgestellten Stuhlreihen bis zum Brunnen verlief.

«Man könnte fast den Eindruck gewinnen, du planst eine Hochzeitszeremonie», fuhr Anton fort. «Wer soll denn über diesen Teppich wandeln, mit dem du dir so viel Mühe gegeben hast?»

Siggi schwieg und überprüfte, ob von der Spanplatte, die er unter den roten Pfad gelegt hatte, auch wirklich nichts zu sehen war. Dann wandte er sich wieder seinen beiden hartnäckigen Freunden zu.

«Verschwindet bitte endlich und lasst euch in eurem eigenen Interesse nicht so schnell wieder blicken. Fahrt auch dieses kleine Elektroauto vom Hof. Hier darf nichts mehr parken außer meinem Transporter. Alles muss einsam und verlassen wirken, wenn unser Ehrengast eintrifft.»

«Was ist mit Lola?», fragte Anton vorsichtig. «Darf sie dich wenigstens beschützen?»

«Auf keinen Fall. Die muss damit leben, dass sie heute gut sichtbar neben der Eingangstür angeleint wird. Das wird sie mir bis zum nächsten Weihnachtsfest nicht verzeihen, aber ich kann nicht riskieren, dass ihr etwas zustößt.»

«Mir gefällt das alles nicht», motzte Isä weiter. «Es gibt immer einen anderen Weg, hat mir mein Sozialarbeiter erzählt, als ich diese Anzeige wegen Widerstands gegen die Staatsgewalt an der Backe hatte. Gewalt ist keine Lösung, musste ich mir damals ständig anhören. Aber du hast gerade ein Teppichmesser neben dem Brunnen deponiert, ich habe es genau gesehen.»

«Siehst du: Ich habe eben an alles gedacht.» Siggi schob das unscheinbare Messer, das er für alle Fälle bereitgelegt hatte, noch dichter an die Umrandung und versetzte nebenbei dem Rollator von Isä einen Stoß, der vorwärtsglitt und direkt vor dem alten Mann zum Stehen kam. «Wir wollen doch alle, dass Doros Entführer seine gerechte Strafe bekommt. Und dafür müsst ihr jetzt verduften.»

«Es ist völlig unnötig, sich deswegen in Gefahr zu bringen», polterte Isä. «Wenn wir den Kerl erst einmal haben und meine Tochter wieder frei ist, kann sie ihn identifizieren!»

«Das wird sie nicht können. Genauso wenig wie wir», entgegnete Siggi. «Dafür hat er bestimmt gesorgt. Er verkleidet sich!»

Siggi warf seinen Freunden noch einmal einen unmissverständlichen Blick zu, und endlich zogen sie murrend ab. Er winkte dem Papamobil nach, als es mit den beiden an Bord vom Hof rollte. Dann kettete er eine wenig begeisterte Lola mit ihrer Leine an die Sitzbank vor dem Haus.

«Okay, das war's. Jetzt komm schon her», flüsterte Siggi vor sich hin und ging zurück zum Brunnen. «Ich bin ganz allein und nie im Leben so klug und gerissen wie du. Du willst es doch haben, bevor ich dir alles ruiniere.»

Lustlos zupfte er den mittig zwischen den Stuhlreihen ausgerollten roten Teppich in Form und gab sich alle Mühe, nicht zu der nagelneuen Kamera hochzublicken, die diesen Bereich seines Hofes seit heute genauestens überwachte.

Doch je mehr Zeit verstrich, ohne dass sich jemand blicken ließ, desto nervöser wurde Siggi. Bald war es siebzehn Uhr, dann würden Neugierige auf den Hof strömen und es war zu spät. Warum kam niemand? War der Aufruf im Radio nicht von der richtigen Person gehört worden?

Als er beiläufig die Hand in die Tasche steckte und dort eine Münze ertastete, entschied er, Fortuna auf die Sprünge zu helfen und warf sie in den Brunnen, wo sie zu Boden sank und aus seinem Blickfeld entschwand.

«Sie müssen dem Brunnen den Rücken zudrehen und die Münze über die Schulter werfen.»

Siggi fuhr herum. Hinter der letzten Stuhlreihe stand eine große, breitschultrige Gestalt in einem fast bodenlangen Trenchcoat und mit einem Schlapphut, dessen Krempe die Augenpartie vor Blicken verbarg. Der dunkle Bartschatten auf den Wangen machte die Verkleidung als drittklassiger Detektiv aus einem Groschenroman perfekt.

«Bin ich zu früh dran?» Der Besucher ging lässig an der Schale mit den Begonien vorbei und betrat den roten Teppich. «Ich habe im Radio gehört, dass hier heute eine ganz außergewöhnliche Antiquität der Welt präsentiert werden soll.»

«Nun ja, vielleicht nicht unbedingt der Welt, aber doch ganz allgemein der Öffentlichkeit», stellte Siggi richtig und tat einen Schritt rückwärts, woraufhin er mit der Wade an den Beckenrand stieß. Die Gestalt jedoch war in der Mitte des Teppichs stehen geblieben und machte keinerlei Anstalten, sich ihm weiter zu nähern. Das war nicht gut.

«Sie kommen gerade rechtzeitig, um sich den besten Platz zu sichern», sagte Siggi und deutete auf die vorderste Stuhlreihe. «Suchen Sie sich einen aus.»

Tatsächlich folgte die Person seiner Aufforderung und kam nun langsam über den roten Teppich auf ihn zu. Siggi zählte die Schritte. Noch vier, noch drei, noch zwei. Jetzt war der seltsame Gast nah genug. Und als er die Duellpistole auf sich gerichtet sah, wusste er, dass sein Besucher derselben Meinung war.

«Ein schönes Stück», stellte Siggi fest und deutete auf den Lauf. «Die ließe sich gut verkaufen. Was wollen Sie dafür haben?»

«Das Vendergood-Buch natürlich.» Die Zeit des Versteckspielens war offensichtlich vorbei. «Leider kann ich Ihnen im Tausch dafür nur eine Kugel dalassen. Schade, dass es so weit zwischen uns kommen musste.»

«Ja, das ist sehr bedauerlich», bestätigte Siggi und trat einen winzigen Schritt beiseite, damit die Kamera über ihm den auf ihn gerichteten Pistolenlauf auch ganz bestimmt erfasste. «Haben Sie Doro auch mit dieser Waffe bedroht? Hatte sie Angst, als sie von Ihnen verschleppt wurde?»

«Angst genug, um zumindest für eine Weile keine Dummheiten zu begehen. Was man von Ihnen nicht behaupten kann. Wie ist es Ihnen nur gelungen, absolut alles falsch zu machen?»

«Ich lasse mir eben nicht gern vorschreiben, wie ich mich zu verhalten habe. Auch von einem tätlichen Angriff auf der Toilette lasse ich mich nicht einschüchtern.»

«Wo ist der Sidis?»

«Suchen Sie ihn doch.» Siggi ließ die Duellpistole nicht

aus den Augen. «Oder nennen Sie mir einen wirklich guten Grund, warum ich ihn herausgeben sollte. Ich meine, eines ist doch klar: Sobald Sie ihn haben, müssen Sie mich töten.»

«Muss ich das?» Die raue Stimme hatte einen lauernden Unterton.

«Ja, denn egal, wo dieses Buch wiederauftaucht, ich werde den Besitzer als Brandstifter, Mörder und Entführer entlarven. So gesehen wäre der Sidis wertlos für Sie, falls ich überlebe. Und die Ideen darin? Die können Sie selbst nicht umsetzen. Sie können zwar lesen, aber Sie sind nicht gut genug, um den Ideen eines Sidis Leben einzuhauchen. Dafür braucht es den Mann, den Sie lieben. Wollen Sie ihn mit dem Vendergood beeindrucken?»

«Ich wiederhole mich nur ungern: Wo ist der Sidis?»

«Machen Sie mir ein Angebot, dem ich nicht widerstehen kann, und dann werden wir weitersehen.»

«Wie wäre es mit dem Leben Ihrer Freundin?»

«Na, das nenne ich doch mal einen guten Vorschlag. Sie wollen also das Buch und mein Leben gegen das von Doro eintauschen? Schön, ich bin einverstanden. Erlauben Sie, dass ich vorausgehe?»

Der Wink mit der Duellpistole war unmissverständlich. Siggi tat einen Schritt vorwärts, und die Gestalt im Trenchcoat ließ ihn passieren. Er betrat den roten Teppich und hielt sich dicht an den Stuhlreihen.

Jetzt ging es um den Bruchteil von Sekunden. Siggi warf sich zwischen die Stühle, ertastete die rechteckige Fernbedienung, die er hier platziert hatte, und presste den Knopf hinunter. Ein sausendes Geräusch ertönte, als die hydraulische Winde in ihrem Versteck unter dem Blumengesteck mit voller Leistung anzog und die unter dem Rot verborgene Spanplatte in einen fliegenden Teppich verwandelte.

Siggi hörte einen erschrockenen Schrei und rappelte sich gerade noch schnell genug auf, um mitanzusehen, wie die Person im Trenchcoat das Gleichgewicht verlor und rückwärts über den Brunnenrand kippte.

Sofort sprang Siggi hinterher in den Brunnen, griff nach dem bereitstehenden Teleskopstab des Scheinwerfers und drückte ihn der Länge nach auf die Brust seines Gegners, der soeben prustend und spuckend wieder auftauchte.

«Und da geht er hin, der hübsche Bartschatten», murmelte Siggi und drückte noch ein klein wenig fester zu, damit die Arme keinen Freiraum bekamen, um nach ihm zu greifen. «Wie fühlt es sich an, Doktor Katzenthal? Wie ist das, wenn man hilflos im Wasser liegt, ohne jede Chance, sich selbst daraus zu befreien? So ist Eduard Pohl gestorben. War er Ihr erstes Opfer?»

«Er hat mich ausgelacht!» Sie spuckte Wasser. «Ich wollte wissen, ob die gestohlenen Bücher im Koffer waren, und er hat mich ausgelacht.»

«Ja, dafür kann man schon mal ertränkt werden.» Siggi drückte mit der Teleskopstange fest zu, als sie versuchte, sich aufzurichten. «Oder war Pohl doch Ihr zweites Mordopfer? Haben Sie an Enrique Sponti zuvor geübt? Weil er den Sidis niemals freiwillig hergegeben hätte? So war es doch, Sie selbst sagten mir bei unserer einzigen Begegnung: Was Sponti einmal gehört hat, bleibt auch seins.»

«Wie lange wissen Sie schon, dass ich es bin?» Angestrengt versuchte sie, den Kopf über Wasser zu halten.

«Als ich die Ratten im Schuppen des Wachmanns sah, wurde mir einiges klar. Eisenklang Futures arbeitet mit Labortieren. Und die werden natürlich fachmännisch betreut. Von einer Tierärztin. Die Information aus dem Internet, dass es im Umfeld von Euskirchen keine praktizierende Ärztin mit dem Namen Katzenthal gibt, war da fast überflüssig. Sie arbeiten exklusiv mit den Ratten und Hunden von Eisenklang Futures. Ratten meine ich auch im übertragenen Sinn.»

«Ernsthaft? Die Ratten haben mich verraten? Sie haben mich also nie erkannt, als ich in Ihrem Laden ein und aus ging?» Eine gewisse Befriedigung schwang in ihrer Stimme mit. «Kein einziges Mal?»

«Sie nicht», gab Siggi zu. «Aber Ihre Kostüme riefen in mir ein eigenartiges Gefühl der Vertrautheit wach. Ich spreche von dem blauen Umhang der Wetterhexe und dem gewaltigen Hut mit Schleier auf dem Kopf der alten Dame, die hinter Pohl in der Reihe stand, kurz bevor er ersoff. Auch diesen Fischerhut erkenne ich wieder, denn ich vergesse nie etwas, das durch meine Hände gegangen ist, da bin ich wie ein Elefant. Sie konnten natürlich nicht wissen, dass ich die Laiendarstellertruppe von Kall mit Kostümen beliefere. Auch wenn mein Freund Jonte mir nicht die Namen aller freiwilligen Helfer nennen konnte, die derzeit den Kostümfundus in Schuss halten, so erinnerte er sich doch an eine große Frau mit kurzen roten Haaren. Es war ein Fehler, ganz ohne Maskierung die Kostüme zu entleihen. So hatte ich seit der letzten Nacht alle Hinweise, die ich brauchte, nur leider keinen einzigen Beweis.»

«Den haben Sie auch jetzt nicht», fauchte sie und strampelte wild mit den Beinen.

«Das würde ich so nicht sagen.» Siggi hob das Gesicht zur Kamera. «Bitte einmal lächeln, damit jeder sieht, wer hier gerade noch eine Pistole auf mich gerichtet hielt. Apropos: Wo ist die überhaupt?» Er sah sich suchend um.

«Sie müssen mich gehen lassen.» Ihre Stimme klang jetzt eher gebieterisch als bittend.

«Nein, meine Liebe. Das muss ich nicht.» Siggi stellte einen Fuß auf ihre Brust, so, wie sie einige Nächte zuvor einen auf seinen Rücken gestellt hatte.

«Nicht!» Sie stöhnte gequält auf. «Meine Gallenoperation ist noch nicht lange her.»

«Ach ja, die dumme Gallen-OP.» Siggi verstärkte den Druck auf ihren Brustkorb ganz leicht. «Deshalb konnte Pohl den Nachlass von Enrique Sponti vor Ihnen plündern. Weil Sie zum Zeitpunkt seines Todes im Krankenhaus lagen. Zu blöd, dass unter den entwendeten Büchern ausgerechnet der Vendergood war, was?»

«Ich sage überhaupt nichts mehr. Nehmen Sie den Fuß da weg! Es war mein gutes Recht, das Buch für mich zu beanspruchen. Die Ideen von Sidis sind für jene bestimmt, die sein Werk lesen können. Sponti konnte es nie. Und dieser ekelhafte Schmarotzer Pohl erst recht nicht.»

«Und das gibt Ihnen also das Recht zu töten, ja? Weil Sie Vendergood beherrschen. Weil auch Sie ein Sidis-Kind waren.» Siggi spürte einen Anflug von Mitleid, als ihre Mimik ihm verriet, dass er richtig geraten hatte, doch er unterdrückte ihn. «Wo ist Doro?»

«Wo ist das Buch?»

Die Frau war wirklich zäh. Mit einer Hand packte Siggi ihren roten Haarschopf und zog sie für einen kurzen Moment unter Wasser.

«Doro», wiederholte er, als sie spuckend wieder hochkam.

«Sidis», lautete die geflüsterte Gegenforderung.

Prompt wiederholte Siggi die Prozedur noch einmal.

«Aufhören!» Es war die Stimme von Gunnar Bartels, die über den Hof scholl. Überrascht sah Siggi auf und konnte den Polizisten auf sich zulaufen sehen. Hinter ihm folgten Anton und Isä. Er hätte wissen müssen, dass die beiden sich nicht raushalten würden.

«Nennen Sie mir einen Grund, warum ich Sie entkommen lassen sollte», brüllte er Doktor Katzenthal an und drückte ihren Kopf diesmal nur so weit unter Wasser, dass sie noch atmen konnte.

«Damit Doro überlebt.»

Siggi erstarrte und sah die reine Bosheit in den Augen der Frau. Augenblicklich ließ er ihre Haare los. Gunnar hatte soeben schnaufend den Brunnenrand erreicht.

«Ich gehe doch nicht in die Höhle des Löwen, ohne mich abzusichern. Wenn ich nicht zurückkomme, wird Ihre kleine Freundin sterben», hörte Siggi sie flüstern.

«Doktor Irene Katzenthal?», keuchte Gunnar und kletterte zu ihnen ins Becken. «Ich verhafte Sie wegen Mordes an Enrique Sponti. Sie haben das Recht zu schweigen. Alles, was ...»

«Sponti?», fiel ihm Siggi ins Wort. «Ist das sicher?»

«Ja.» Gunnar nickte und schob ihn beiseite, um der Frau Handschellen anzulegen. «Diesen Mord können wir ihr auf jeden Fall beweisen.»

«Hast du den Mann exhumiert?» Siggi stand zitternd im knietiefen Wasser und sah zu, wie sein Opfer wieder auf die Füße kam. Er hatte die Beherrschung verloren und schämte sich ein bisschen. Dieser Frau war es gelungen, das Schlechteste in ihm wachzurufen.

«Das war nicht nötig», erklärte Gunnar. «Seine Wohnung ist noch so, wie sie bei seinem Tod war. Wir haben Arsen in den Haarproben aus seiner Bürste und in tiefgefrorenen Essensresten gefunden. Frau Ditha hat uns verraten, wer für Sponti in seinen letzten Wochen gekocht hat. Genau, wie sie es dir bereits gesteckt hatte. Du hättest mir ruhig etwas mehr vertrauen können, ich mache meine Arbeit schon.»

«Sie hat Doro in ihrer Gewalt. Frag sie, wo Doro ist.»

«Ich habe nicht die leiseste Ahnung, wovon dieser Mann redet.» Doktor Katzenthal bedachte ihn mit einem eiskalten Blick.

Siggi hätte sie am liebsten zurück in den Brunnen geschubst, doch da war Anton plötzlich neben ihm und legte ihm einen Arm um die Schulter. «Lass es, Siggi. Sie ist es nicht wert. Doktor Katzenthal ist nur eine arme Frau, die den Rest ihres Lebens hinter Gittern verbringen wird.»

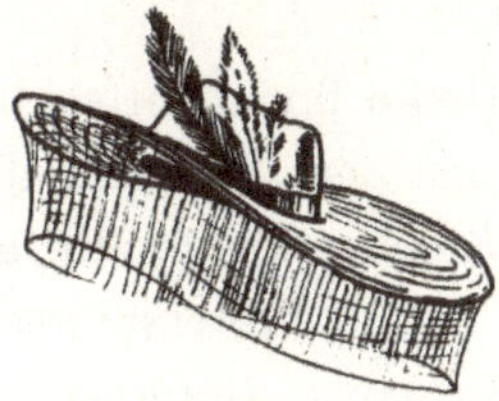

22

Wenig später steckte Siggi wieder in trockener Kleidung und versuchte, dem Internet alles zu entlocken, was es über Doktor Katzenthals Lebenslauf zu wissen gab. Anton versorgte ihn gerade mit Kaffee, als Gunnar in den Antiquitätenladen marschierte. Der Ausdruck in seinem Gesicht sah nicht nach guten Nachrichten aus.

«Aber sie muss uns sagen, was sie mit Doro gemacht hat», rief Siggi, noch bevor der Polizist etwas sagen konnte. «Ich finde einfach keinen Anhaltspunkt: Zweitwohnsitze, Ferienhäuser oder sonst etwas unter dem Namen Katzenthal. Prügel die Wahrheit notfalls aus ihr raus.»

«Das ist keine legitime Verhörmethode. Wir sind in der Eifel und nicht in Guantanamo.» Gunnar ließ sich von Anton eine Tasse Kaffee geben und setzte sich in den Sessel neben den Glasfiguren.

«Du musst sie zum Reden bringen!», drängte Siggi weiter. «Sie hat vorgesorgt, bevor sie zu mir kam. Um sich selbst abzusichern, hat sie es genannt. Doro wird sterben, wenn wir sie nicht schnell finden!»

«Doktor Katzenthal hat geredet», widersprach Gunnar. «Wie ein Wasserfall sogar. Aber über Doro hat sie kein Wort verloren. Wo ist eigentlich dieses Buch, um das sich alles dreht?», fragte Gunnar und wirkte erstaunlich ruhig.

«Jetzt fang du nicht auch noch damit an. Aber bitte. Wenn es uns weiterbringt, kannst du es haben.» Siggi schob sein

Hemd hoch, entfernte vorsichtig die Pflaster, mit denen er sich den in Frischhaltefolie eingeschweißten Sidis auf den Bauch geklebt hatte, und reichte ihn an Gunnar weiter.

«Ein interessantes Versteck. Wenigstens hast du ihn nicht in deiner Unterhose verwahrt. Ziept aber schon etwas am Brusthaar, oder?»

Gunnar riss die Tüte auf. Er blätterte mit hochgezogenen Brauen in dem Buch. «Ist es nicht völlig verrückt, eine Sprache zu erfinden, die nirgends gesprochen wird? Und dann sieht das auch noch alles so kompliziert aus. Wenn man schon eine Sprache entwickelt, dann doch eine, die die Kommunikation zwischen den Leuten erleichtert, oder?» Er schlug das Buch zu. «Ich habe mich schlaugemacht, was das traurige Leben dieses William Sidis betrifft. Wusstest du, dass Doktor Irene Katzenthal ein sogenanntes Sidis-Kind ist?»

«Ich hatte es vermutet», erwiderte Siggi. «Immerhin war sie in der Lage, das Buch zu lesen.»

Gunnar nickte. «Ihre Eltern waren große Anhänger der Sidis-Methode. Allerdings hat sie bei ihr wohl nicht so gut funktioniert wie bei Sidis selbst. Ähnlich wie bei der Schwester dieses Wunderkindes. Scheint wohl doch keine todsichere Methode zur Aufzucht von Genies zu sein. Na, immerhin hat es bei ihr ja für ein Studium und einen Doktortitel gereicht. Damit hätte sie auch einfach zufrieden sein können.»

«Aber sie war es nicht», schlussfolgerte Anton, der mit verschränkten Armen an der Vitrine lehnte. «Ihr Ehrgeiz und der Wunsch nach Anerkennung ließen so etwas wie Zufriedenheit gar nicht erst aufkommen.»

«Ihre Leistungen lagen nie weit genug über dem Durchschnitt, um sie aus der Masse hervorstechen zu lassen. Doktor Katzenthal hält sich selbst für eine Versagerin», bestätigte Gunnar. «Und dann ist da dieser Professor Papen, den sie verehrt. Mehr als alles andere wollte sie ihn beeindrucken. Und als sie das Buch in Spontis Regal entdeckte, reifte der Plan, für ihn die Sidis-Theorien zu übersetzen und nutzbar zu machen. Damit wollte sie sich für Papen unentbehrlich machen.»

«Das entschuldigt gar nichts», fauchte Siggi. «Und erst recht nicht, wenn sie uns nicht verrät, wo Doro ist.»

«Sie bleibt dabei, dass sie keine Ahnung hat, was wir eigentlich von ihr wollen», sagte Gunnar. «Sie hat keine Ahnung, wie Arsen in das Essen von Enrique Sponti gekommen ist. Eduard Pohl hat sie selbstverständlich auch nicht getötet, sondern lediglich des Diebstahls überführen wollen. Und wo Doro ist, weiß sie natürlich nicht. Sie gesteht lediglich, von dem Sidis in deinem Besitz gewusst zu haben.»

«Sie lügt wie gedruckt!», rief Siggi und ballte die Hände zu Fäusten, damit niemand sah, wie sehr er zitterte. Die Zeit verstrich, und Doro war noch immer nicht gefunden. Was um alles in der Welt hatte Katzenthal getan, um sich abzusichern? «Sieh dir die Aufnahmen meiner Überwachungskamera an, dann siehst du die Pistole, mit der sie mich bedroht hat! Die Frau ist zu allem fähig!»

«Kollege Schneeweiß hat die Pistole aus dem Brunnen gefischt, und Frau Katzenthal leugnet den Überfall auf dich auch gar nicht. Sie sagt, allein der Name Sidis hat sie so getriggert, dass sie die Beherrschung verloren hat. Ach, und ich soll dir von ihr ausrichten, dass es ihr leidtut.»

«Bring mich in ihre Zelle, damit ich sie mir vorknöpfen kann.» Siggi hatte Mühe, die Beherrschung nicht erneut zu verlieren.

«Was ist mit dem Brandanschlag auf meinen Chrysler und dem Angriff auf Siggi?», wollte Anton wissen. «Leugnet sie die auch?»

«Doktor Katzenthal ist an dem fraglichen Abend nicht einmal in der Nähe des Antiquitätenladens gewesen. Zwar kümmert sie sich ehrenamtlich um die Pflege der Theaterkostüme in Kall, aber natürlich nutzt sie diese nicht, um Verbrechen zu begehen.» Gunnar blickte unglücklich in seine leere Kaffeetasse. «Die Frau mag kein wissenschaftliches Genie sein, aber sie ist außerordentlich clever. Es wird schwer werden, ihr ihre Taten zu beweisen.»

«Damit kommt sie nicht durch», zischte Siggi mit zusammengebissenen Zähnen. «Egal, wie gut sie lügt, sie kann ihren Kopf nicht aus der Schlinge ziehen.»

«Vermutlich nicht», stimmte Anton ihm zu. «Nur ist Doro gerade in Lebensgefahr. Doktor Katzenthals Wohnung muss durchsucht werden», wandte er sich an Gunnar. «Und auch ihr Arbeitsplatz bei Eisenklang Futures. Wir müssen uns beeilen!»

«Ich habe Schneeweiß bereits zu diesem Institut geschickt», sagte Gunnar. «Allerdings gehe ich nicht davon aus, dass Doktor Katzenthal Doro in einem Aktenschrank eingeschlossen hat.»

«Und in ihrer Wohnung war nicht genug Platz, um Doro vor mir zu verstecken, als ich sie überraschend besucht habe», sagte Siggi. «Wo also kann sie sie gefangen halten?»

Verzweifelt zerrte Doro an dem Heizungsrohr und konnte gleichzeitig ihren Blick nicht von dem Mitbringsel lösen, das ihr Entführer auf einem Tisch neben dem ramponierten Sessel zurückgelassen hatte. Es handelte sich um ein handelsübliches Räucherstäbchen. Allerdings keines von diesen dünnen Exemplaren, die sich binnen einer knappen halben Stunde in einen Wurm aus grauer Asche verwandelten. Dieses hatte eine Brenndauer von gut drei Stunden, wie er ihr seelenruhig erklärt hatte. Mit dieser Variante einer Nebelmaschine aus Naturprodukten hätte man problemlos ein mittelgroßes Yogastudio verpesten können, in Doros kleinem Gefängnis aber war der Geruch schon nach einer halben Stunde unerträglich gewesen. Das Hauptproblem mit diesem betörenden Hippie-Accessoire waren aber nicht ihre Kopfschmerzen oder die brennenden Augen. Es war vielmehr die Tatsache, dass das untere Ende in einem Klumpen Brennpaste steckte, wie Doro sie für ihr Käsefondue verwendete. Drum herum waren zerknüllte Taschentücher verteilt worden, und als Untergrund für den Brandsatz hatte eine leere Plastiktüte herhalten müssen, es war also nur eine Frage der Zeit, bis all das in Flammen stehen würde.

Ihr Entführer hatte ihr beim Entzünden des Stäbchens versichert, dass es vermutlich nicht dazu kommen würde. Drei Stunden Brennzeit wären lang genug, um den albernen Trödler ein für alle Mal auszuschalten. Doch falls etwas schiefging, sollten keine losen Enden zurückbleiben, so waren seine Worte.

Doro wollte kein loses Ende sein, aber noch weniger verspürte sie den Drang, hier drinnen zu sterben, und die winzige Glut des Stäbchens fraß sich kontinuierlich tiefer, ohne dass jemand zur Tür hereinkam, um diesem Albtraum ein Ende zu setzen. Doro hatte alles versucht, sich zu befreien, doch das Heizungsrohr war stabiler, als es aussah. Und sosehr sie sich auch dagegenstemmte, an den Fesseln riss oder mit dem Kopf gegen die Wand schlug, sie kam nicht frei, und niemand eilte ihr zu Hilfe. Fast zwei Drittel des Räucherstabs waren schon in Rauch aufgegangen, fast zwei Stunden waren demnach bereits verstrichen. Was, wenn der Plan ihres Peinigers gescheitert war? In dem Fall war zumindest ihr Siggi noch am Leben, aber was wurde dann aus ihr?

Der Gestank war inzwischen kaum noch auszuhalten, Doro fühlte sich benommen. Nie wieder würde sie ein Räucherstäbchen abbrennen, sofern sie diesen Tag überlebte. Energisch klopfte sie gegen das Heizungsrohr. Ihr neuer Sitzplatz hatte gegenüber dem Sessel wenigstens einen Vorteil: Sie war an einen Resonanzkörper angebunden worden. Falls es doch einen Menschen in diesem Gebäude gab, der ihr helfen konnte, müsste er ihr Pochen eigentlich hören. Leider wollte ihr nicht einfallen, wie man ein SOS-Signal über die Rohre verschicken konnte, also klopfte sie die Rhythmen von Liedern, die ihr gerade in den Sinn kamen. Das half ihr auch, nicht über den Tod nachzudenken. Ein wenig zu langsam begann sie, *Help* von den Beatles auf das Metall zu trommeln, und dachte an Siggi. Warum war er noch nicht gekommen, um sie zu retten?

Auf der Bühne des leeren Festsaals rief Siggi laut nach Doro. Über ihm brannte ein kaltweißes Arbeitslicht, neben ihm stand Jonte, wischte sich unablässig den Schweiß von der Glatze und atmete schwer.

Während Gunnar auf dem Polizeirevier erneut Doktor Katzenthal verhörte und sein Kollege den Forschungsbetrieb von Eisenklang Futures zum Erliegen brachte, waren Anton, Isä und Siggi zu dem einzigen Ort gefahren, der sich ebenfalls mit Doktor Katzenthal und ihren Aktivitäten in Verbindung bringen ließ: der Treffpunkt der Laientheatertruppe, an dem auch die Kostüme und Requisiten verwahrt wurden. Gemeinsam mit Jonte hatten sie den Probe- und Spielort der Laiengruppe vom Keller bis zum Dach auf den Kopf gestellt. Sie waren über Gerümpel geklettert, hatten sich in dunkle Winkel vorgewagt und waren schließlich enttäuscht an den Ausgangspunkt ihrer Suche zurückgekehrt. Nur Anton rannte noch immer irgendwo im Gebäude herum, während Siggi bereits davon überzeugt war, am falschen Ort zu sein. Sie hatten hier absolut nichts gefunden. Keine Spur von Doro und keine Anzeichen dafür, dass sie jemals hier gewesen war.

Isä, der sich aufgrund seiner Langsamkeit nicht ernsthaft an der Durchsuchung beteiligt hatte, stand, auf seinen Rollator gestützt, neben der ersten Stuhlreihe und bedachte ihn mit einem finsteren Blick.

«Du kannst jetzt nicht aufgeben», rief der Alte zu ihm hinauf. «Meine Tochter braucht dich.»

«Ich hatte nicht vor, aufzugeben, ich habe nur keine Idee mehr, wo sie sein könnte», log Siggi und wandte sich an Jonte. «Haben wir wirklich überall nachgeschaut?»

«Siggi, wir waren sogar im alten Kohlenkeller, deine Freundin ist leider nicht hier», erwiderte er.

Anton, der in diesem Moment die Bühne betrat, hielt sich den Bauch, als ob er Seitenstechen hätte. «Ich bin sogar in den Kniestock hineingekrochen. Keine Spur von Doro.»

«Denk nach, Siggi», feuerte Isä ihn an. «Wo hat diese Kanaille meine Tochter hingebracht?»

Siggi fehlten die Ideen und die Worte, doch Anton kam ein weiterer Gedanke. «Was ist mit den Wohnungen von Sponti und Pohl? Kann Doro dort sein?»

«Das hätte doch jemand gemerkt. Allen voran wir, weil wir beide Wohnungen gesehen haben», widersprach Siggi. «Und es war sehr schwer für uns, überhaupt dort hineinzugelangen. Natürlich hatte die Katzenthal als Mieterin auf demselben Flur es leichter. Dennoch bin ich überzeugt, dass sie der angebliche Sponti-Erbe war, den Frau Ditha im Flur getroffen hat.»

«Wie soll sie das angestellt haben?», meinte Anton. «Sagtest du nicht, der hätte einen Schlüssel gehabt?»

«Sie muss Frau Ditha Spontis Schlüssel entwendet haben. Ich hab gesehen, dass die einfach ihre Wohnungstür offen lässt, während sie das Treppenhaus reinigt.»

«Trotzdem glaubst du nicht, sie könnte Doro dort versteckt haben», wiederholte Anton.

«Nein, wie soll das gehen? Doro wird sich nicht still verhalten. Irgendjemand in den Wohnungen darunter hätte etwas gehört, wenn über ihnen jemand tagelang gefangen gehalten worden wäre. Es sind ja nicht alle so taub wie Pille.»

Kaum hatte Siggi den Satz ausgesprochen, wirbelten die Gedanken in seinem Kopf durcheinander. Langsam, weil er die Bedeutung selbst noch nicht ganz erfassen konnte, begann er: «Frau Ditha hat Pille Vorwürfe wegen der Lautstärke ihrer Musik gemacht. Die Bässe würden immerzu wummern. Aber Pille hat immer gekontert, dass sie bestimmt nicht die lauteste Bewohnerin im Haus wäre. So eine Bemerkung hat sie schon bei unserer allerersten Begegnung vom Stapel gelassen.»

«Etwas geht in dem Haus vor sich. Pille hat es gehört, aber nicht einordnen können. Und Frau Ditha schiebt alles auf Pille, weil die schon immer der Sündenbock war. Wir müssen sofort nach Euskirchen», schlussfolgerte Anton, sprang von der Bühne und durchquerte im Laufschritt den Saal. Siggi rannte ihm nach.

«Dann sind wir hier fertig?», rief Jonte den beiden nach.

«Das sind wir!»

Und Isä rief: «Ich halte euch nicht auf. Rettet meine Tochter!»

Doro hustete. Mittlerweile war jeder Atemzug in dem verräucherten Zimmer eine Qual. Sie lehnte den Kopf an den Heizkörper und schloss die Augen. Für einen Moment stellte sie sich vor, wie Lola dem Mistkerl in die Waden biss, während Siggi ihm den Schlapphut mit einem Fausthieb zerbeulte. Das Schließen der Augen hatte einen weiteren Vorteil. Dann musste sie den kümmerlichen Stummel nicht sehen, der von dem Räucherstäbchen übrig geblieben war. Nicht mehr lange, und die Glut würde die Brennpaste erreichen. Wie standen ihre Chancen, dass dieser Docht aus Räucherwerk nicht ausreichte, um den weißen Klumpen zu entzünden? Bald würde sie es wissen.

Im Nebenzimmer ging kurz die Musik aus und wieder an. Ihr Entführer war zurück. Er war heimgekommen und hörte jetzt Queen, anstatt das Räucherstäbchen zu löschen. Jeden Moment würde dieses Zimmer anfangen zu brennen! Niemand, der bei Verstand war, wechselte einfach die Platte, während sich eine Tür weiter eine Katastrophe anbahnte.

Doch die Minuten verstrichen, ohne dass er sich bei ihr blicken ließ. Da kam ihr ein Gedanke: War es gar nicht ihr Entführer, der nebenan Musik hörte? Befand sich jemand anders in ihrer Nähe, der nicht wusste, in welcher Gefahr sie beide schwebten?

Doro versuchte, trotz Knebel laut zu jaulen. Gleichzeitig klopfte sie gegen den Heizkörper. Das musste doch eigentlich jemand hören. Noch eine ganze Weile randalierte sie weiter, dann verfiel sie in den stoischen Rhythmus des Liedes von nebenan. Nur noch Millimeter trennten den kleinen Glutpunkt des Räucherstäbchens von der Brennpaste. Die letzten Atemzüge ihres Lebens verstrichen.

23

Machen Sie schneller», rief Siggi.

Frau Ditha schloss die zwei verlassenen Wohnungen im dritten Stock auf und trat zusammen mit dem Kleinkind auf ihrer Hüfte beiseite. Während Anton sich vergewisserte, ob Siggi bei seinem ersten Besuch in Pohls Reich etwas entgangen war, stürmte Siggi in den Flur von Enrique Sponti und riss sämtliche Türen auf. Anschließend würden sie sich gemeinsam um die einzige Wohnung kümmern, für die Frau Ditha keinen Schlüssel hatte: die von Doktor Katzenthal.

Siggi sah in jedem Schrank nach und schaute sogar unter das Bett. Im Wohnzimmer riss er, ohne recht zu wissen, warum, alle Polster von den Sitzen, als ob es möglich wäre, Doro in einer Sofaritze zu verstecken. Schließlich stand er schwer atmend in dem von ihm verursachten Chaos und versuchte, seinen Denkfehler zu finden. Sowohl Frau Ditha als auch Pille hatten mehr Geräusche im Haus wahrgenommen als üblich. Wie es möglich war, über die Bässe aus der Dachgeschosswohnung hinweg überhaupt etwas zu hören, verwunderte ihn. Die ließen auch jetzt Spontis Weingläser in den Vitrinen im Takt klirren.

Siggi legte den Kopf in den Nacken und dachte nach. Dabei fiel sein Blick auf den hässlichen Wasserfleck über dem Bücherregal. Stirnrunzelnd betrachtete er ihn und fragte sich, ob ihm soeben der nächste Denkfehler unterlief.

«Anton?», rief er. «Komm mal rüber!»

Einen Augenblick später stand sein Freund neben ihm. «Bei Pohl ist Doro nicht. Hat dieses Haus eigentlich einen Keller?»

Siggi ging nicht auf seine Frage ein. Stattdessen wies er zur Decke. «Das ist der Wasserfleck, der Spontis Bücher ruiniert hat, richtig? Dadurch sind sich Sponti und Katzenthal überhaupt nähergekommen. Sie sagte, sie war schuld an dem Schaden.»

«Und? Was soll damit sein?» Anton sah ihn verständnislos an.

«Aber das funktioniert doch gar nicht», stellte Siggi fest. «Ihre Wohnungen liegen nebeneinander auf demselben Flur. Wie konnte ein Versehen bei ihr zu einem Wasserfleck an seiner Decke führen?»

«Keine Ahnung, ich kenne mich mit solchen Dingen nicht aus. Vielleicht verlaufen die Rohre in diesem alten Haus etwas eigenartig.»

Siggi sah ihn ungläubig an, dann rannte er in den Hausflur, wo Frau Ditha wartete, drängte sich an ihr vorbei und eilte die Treppe zum Dachgeschoss hinauf. Noch bevor er den Treppenabsatz erreichte, stieg ihm ein merkwürdiger Geruch in die Nase.

«Du liebe Güte, was raucht die denn gerade?», rief Anton hinter ihm und hustete.

Siggi trommelte bereits mit den Fäusten gegen Pilles Tür. «Aufmachen! Du scheinheiliges Monster, mach sofort die Tür auf!»

Zaghaft wurde die Tür geöffnet. Vor ihnen stand eine verstört dreinblickende Pille. «Ist was passiert?» Sie sah von Siggi zu Anton und wieder zurück.

Siggi hatte keine Zeit für Erklärungen. Er drängte sich in Pilles Wohnung, warf zuerst einen Blick ins Bad, dann in die

Küche und verstand die Welt nicht mehr. Auch hier gab es keinen Hinweis darauf, dass Doro jemals einen Fuß über die Schwelle gesetzt hatte. Dabei war er sich für einen kurzen Moment so sicher gewesen.

Pille drehte die Musik ab und baute sich vor ihm auf. «Hey, ich habe dir bei dem Sidis-Problem geholfen, schon vergessen? Warum führst du dich so auf, als ob ich dich irgendwie hereingelegt hätte?»

«Der Wasserschaden.» Siggi sprach so laut und deutlich, wie es ihm möglich war. «Der, der Spontis Bücher versaut hat. Der hatte seinen Ursprung nicht im dritten Stock, sondern hier oben. Wenn Doktor Katzenthal also behauptet, sie hätte ihn verursacht, dann hängst du mit drin. Sie war bei dir, als es passierte. Ist sie deine beste Freundin? Solltest du mich in die Irre führen?»

«Quatsch.» Pille verschränkte die Arme vor der Brust. «Mit der Frau habe ich nichts zu schaffen. Und im Moment bin ich stinksauer auf die. Dieser Gestank kriecht in jede Ritze, all meine Sachen werden nach diesem Zeug riechen. Das lasse ich mir nicht gefallen. Ich habe keine Ahnung, wofür sie ihre Abstellkammer benutzt, aber definitiv nicht nur, um leere Koffer zu lagern. Das geht mich ja auch gar nichts an. Aber es stinkt jedenfalls!»

Siggi wollte gerade fragen, von welcher Abstellkammer die Rede war, als Anton ihm eine Hand auf den Mund legte. «Seid mal alle ruhig. Hört ihr das nicht?»

Siggi lauschte einen kurzen Moment auf das rhythmische Klopfen, dann zog er Antons Hand fort. «Das ist *We Will Rock You* von Queen. Völlig unverkennbar. Jedes Kind kennt den Anfang des Songs und ...»

«Aber meine Musik ist doch jetzt aus», wandte Pille ein. «Warum ist der Beat immer noch zu hören?»

«Weil er von der Heizung kommt», sagte Anton, ging in die Hocke und legte sein Ohr an eines der weiß getünchten Rohre.

Siggi lauschte wie elektrisiert dem immer gleichen Rhythmus. «Da klopft jemand an die Rohre! Wie war das gerade mit der Abstellkammer? Wo ist die?»

«Eine Tür weiter», erwiderte Pille. «Das ist ja das Problem. Ich kann verstehen, dass sie mehr Platz für ihren Krempel braucht. Aber in letzter Zeit konnte ich sie öfters nebenan hören, und das will schließlich was heißen.»

«Nebenan?», wiederholte Siggi entgeistert und rannte zurück auf den Treppenabsatz. Da war sie: genau wie am ersten Tag, als er sich zusammen mit Anton die einzelnen Etagen angesehen hatte. Neben Pilles Wohnungstür gab es eine zweite, die statt einer Klinke nur einen Knauf hatte. Keine Klingel, kein Namensschild, nichts, das darauf hindeutete, dass auch hinter dieser Tür jemand wohnte. Aber der zunehmende Gestank hatte seinen Ursprung genau dort.

«Das ist der Lagerraum von Frau Doktor», bestätigte Frau Ditha, die ebenfalls heraufgekommen war. Mit so vielen Leuten war es auf dem kleinen Treppenabsatz unter der Dachschräge nun ziemlich eng geworden. «Ursprünglich war es wohl mal ein Gästezimmer, es gibt sogar ein kleines Bad. Sie hat das Zimmer vom Vermieter als zusätzlichen Stauraum zur Verfügung gestellt bekommen, aber im Grunde wussten wir, dass sie es für ihre Bücher und als Büro nutzt.»

«Warum hat das niemand bisher erwähnt?» Siggi rüttelte verzweifelt am Knauf.

«Vielleicht bedeutet der Gestank, dass sie ein Ungezieferproblem hat», sagte Frau Ditha, ohne auf Siggis Frage einzugehen. «Bestimmt hat sie versucht, das Viehzeug auszuräuchern.»

Siggi schlug mit aller Kraft gegen das Holz. Von drinnen erklang ein seltsames Geräusch.

«Was ist das?» Frau Dithas Augen wurden groß. «Klingt wie ein Tier.»

Panisch warf Siggi sich gegen die Tür, deren Rahmen unter seinem Gewicht ächzte.

«Lass mich mal.» Anton stieß einen Kampfschrei aus und trat gegen das Holz. Das Schloss gab nach, und eine blaue Rauchwolke quoll zu ihnen hinaus auf den Flur.

Augenblicklich brachen alle auf dem Treppenabsatz in Husten aus. Siggi zog sein Taschentuch hervor, hielt es sich vor den Mund und betrat mit tränenden Augen das Zimmer.

Fast hätte er Doro in dem dichten Nebel dort unten am Fußboden gar nicht gesehen. Doch dann lief er zu ihr, riss die Dachluke über ihrem Kopf auf und nahm ihr den Knebel ab.

«Alles ist gut.» Er schloss sie in die Arme und hielt sie ganz fest. «Ich hab dich.»

«Der Tisch brennt», keuchte sie in sein Ohr. «Siggi ...»

Er fuhr herum und hätte schwören können, dass die helle Stichflamme in der Zimmermitte bei seinem Eintreten noch nicht gelodert hatte. Schon sah er sich nach irgendetwas um, womit er das Feuer ersticken konnte. Da erschien Anton, stieß eine weitere Tür auf und drehte einen Wasserhahn voll auf. Sekunden später klatschte Antons tropfnasser Pullover mitten in die Flammen und setzte dem Spuk ein schnelles Ende.

Siggi hielt Doro im Arm und genoss den frischen Lufthauch, der durch die offene Luke zu ihnen hereinströmte. Mit ihm lichtete sich auch der Nebel, und die Gesichter der Zuschauer im Treppenhaus bekamen Konturen. Gerade als Siggi Anton bitten wollte, das Wasser wieder abzudrehen, bevor erneut ein Schaden entstand, begann Pille zu applaudieren, und der kleine Junge auf Frau Dithas Arm stimmte mit ein.

«Du hast dir für meine Rettung Publikum mitgebracht?» Doro sah ihn mit weit aufgerissenen Augen an. «Das sieht dir ähnlich, Siggi Malich, einfach unglaublich!»

Ein paar Tage später stand Siggi mit Lola zu seinen Füßen am Teichufer, die Angel fest in der Hand. Neben ihm kämpfte Anton noch mit seinem Köder, der einfach nicht an den Haken wollte, während Doro bereits die Kohlen in den Grill kippte.

«Falls ihr nichts fangen solltet, habe ich noch ein paar Würstchen in der Kühltasche», rief sie. Kurz darauf knallte ein Sektkorken. «Schließlich ist das hier meine Befreiungsparty, als Ersatz für die verpasste Walpurgisnacht.»

«Meine Mutter hat mir einen Kuchen mitgegeben.» Gunnar baute noch seine Angel zusammen. «Sie meint, für Doros Rettung hätte ich eine Beförderung verdient.»

«Ach was», brachte Siggi heraus und verkniff sich jede weitere Bemerkung. «Wo steckt eigentlich dein Kollege? Wollte er nicht mit uns feiern?»

«Mir fehlt er nicht», rief Isä, der auf seinem Rollator saß und in den blauen Himmel hinaufsah. «Ich weiß genau, wer meine Tochter gerettet hat.»

«Schneeweiß spricht heute mit Professor Papen, um das Motiv von Doktor Katzenthal besser zu verstehen. Sie soll den armen Mann nahezu gestalkt haben», sagte Gunnar.

«Der Nachtwächter Sperber hatte so etwas über Papens Wirkung auf Frauen angedeutet», fügte Anton hinzu und versuchte die Angel auszuwerfen, wobei sich sein Köder vom Haken löste, mit einem leisen Platscher eintauchte und versank. «Professor Papen ist bestimmt froh, sie losgeworden zu sein. Du solltest ihm ein Angebot für den Sidis zukommen lassen. Er ist viel zu interessant für seine Arbeit, als dass er das Buch jemand anders überlassen kann. Selbst wenn er sich jetzt erst einen Übersetzer suchen muss.»

«Wenn ich bedenke, dass sie es sogar fertiggebracht hat, mir die wissenschaftlichen Veröffentlichungen dieses Mannes als Lektüre zu empfehlen, packt mich noch immer die Wut.» Grimmig umklammerte Siggi den Griff seiner Angel. «Sie war sich so sicher, dass ich den Sidis nicht als solchen erkennen und lesen würde.»

«Du hast den Sidis ja auch nicht lesen können», meinte Anton. «Es war eine Menge Glück im Spiel.»

«Eigentlich tut sie mir leid.» Doro reichte den Männern die gefüllten Sektgläser. «Sie wollte einfach mehr als die Pflegerin von ein paar Versuchstieren sein, sondern von dem Mann, den sie liebte, ernst genommen werden.»

«Ein seltsamer Weg, jemanden beeindrucken zu wollen», fand Anton. «Ihm ein Buch vorzulesen, das keiner außer ihr entziffern konnte. So seltsam wie die ganze Frau.»

«Und ich habe die ganze Zeit über nicht mal gemerkt, dass sie eine Frau ist», maulte Doro. «An ihr ist auf jeden Fall eine Schauspielerin verloren gegangen. Damit wäre sie vielleicht sogar glücklich geworden. Ein bisschen Rampenlicht und Beifall hätten ihrer Geltungssucht sicher gutgetan.»

«Ja», stimmte Siggi zu. «Nur sah die Sidis-Methode, nach der sie erzogen wurde, einen solchen Werdegang nicht vor.»

«Man muss seine Kinder ihren eigenen Weg finden lassen», brummte Isä. «Schaut euch mein Mädchen an: Ist sie nicht perfekt geraten?»

Siggi schmunzelte, warf einen Seitenblick auf Doro und legte einen Arm um sie. «Ja, das ist sie. Wie gut, dass ich sie wiederhabe.»

In diesem Moment klingelte Antons Telefon. Er überrumpelte Doro, indem er ihr seine Angel in die Hand drückte, und warf einen Blick aufs Display. «Unterdrückte Nummer. Na so was.»

Er nahm ab, lauschte den Worten am anderen Ende und verzog das Gesicht. Eine Sekunde später fiel sein Telefon in den Teich und ward nicht mehr gesehen.

«Was ist los?», fragte Doro und versuchte, ihm die Angel wiederzugeben.

«Das war Baronin von Pilz», ächzte Anton. «Sie will, dass ich sie besuche, um den Wert ihrer Antiquitäten zu schätzen. Sie sagt, sie hat ein paar ganz seltene Bücher, die ich mir unbedingt anschauen muss.»

«Sie ist ziemlich hartnäckig, was?» Siggi grinste. «Aber noch kannst du ihr entkommen. Dafür brauchst du aber einen schnellen Fluchtwagen. Soll ich mich für dich umhören?»

ENDE

Waldi Lehnertz

Mord im Antiquitätenladen

Eine echte Rarität! Der erste Krimi von 80-Euro-Waldi, bekannt aus der ZDF-Sendung «Bares für Rares»

304 Seiten

Das Leben könnte so schön sein – ein See, eine Angel, ein friedlicher Morgen. Doch stattdessen erlebt Antiquitätenhändler Siggi den Schock seines Lebens. Jemand ist in sein Geschäft eingebrochen und hat ihm etwas hinterlassen: Da sitzt ein Mann tot im Sessel und starrt ihn an. Siggi ruft sofort die Polizei, doch als sie endlich eintrifft, ist der Tote spurlos verschwunden. Keine Leiche, kein Tatort, keine Ermittlungen. Aber er weiß doch, was er gesehen hat! Ist er vielleicht das nächste Opfer? Siggi ist kurz davor durchzudrehen – wäre da nicht Doro, seine neue Putzhilfe. Immerhin sie glaubt ihm. Wenn die Polizei nichts tut, dann müssen die beiden eben selbst ermitteln.

«Dieser Krimi ist großartig! Ein sehr, sehr lesenswertes, kurzweiliges Buch, das nach einer Fortsetzung verlangt. Vielleicht wird es sogar mal verfilmt.» Horst Lichter

Weitere Informationen finden Sie unter **rowohlt.de**